컴퓨터 활용

파워포인트 2013

한 혜 경 · 윤 정 희 공저

오성 미디어

머리말

한 해 동안 연구와 강의를 병행하며 빠듯한 시간을 쪼개어 예제를 만들고 내용 구상한 때가 얼마 지나지 않은 것 같은데 벌써 책을 탈고하게 되어 매우 기쁘고 행복합니다. 매 순간을 소중히 여기며 긍정적 사고로 바쁜 일정을 잘 소화한 우리들에게 박수를 먼저 보냅니다.

본 교재를 통해 독자들이 Office 2013 프로그램을 익히고 응용할 수 있을 뿐만 아니라 실무에 활용할 수 있도록 내용을 구성하였습니다.
[기본 학습]은 오피스의 기본 기능과 실무 능력 향상을 도모 할 수 있도록 알차게 편집하였습니다. 그리고 [실전 학습]을 통해 실무 적응력을 익히고 자가 진단과 복습을 할 수 있도록 구성하였습니다.
본 교재를 통해 학습하는 모든 학생들이 오피스 기능을 정확히 익히고, 현장실무 능력을 향상 시킬 수 있기를 간절히 희망합니다.

이 책을 통해 대학에서 오랜 시간 오피스 강좌 강의를 하며 터득한 문서 작성을 위한 팁과 노하우를 제공하자고 합니다. 프레젠테이션 능력은 포인트를 잡아 개인이나 기업이 요구하는 사항을 빠르고 정확하게 해결하는 것이 중요합니다. 그리고 유사 샘플 예제를 많이 만들어봄으로써 자신감을 키우는 것 또한 중요한 과정입니다. 필자는 이 책을 가지고 공부하는 독자들이 업무에서 바로 쓰는 파워포인트 기술을 읽혀 컴퓨터 활용의 지표가 되길 기원합니다.

우선 같은 길을 걷고 있는 박수희 교수, 윤정희 교수 그리고 오성미디어 사장님께 깊은 감사의 맘을 전합니다. 그리고 글로벌IT비즈니스과 교수님들께 무한 감사와 이 기쁨을 함께 나누고 싶습니다.

마지막으로 매일 딸을 위해 기도하시는 부모님과 오빠 가족 모두 너무 감사하고 조카 한별에게 사랑한다고 말하고 싶습니다.

한 혜 경

Contents

Office PowerPoint 2013

1장 슬라이드 꾸미기

2장 슬라이드 편집 및 환경 설정

3장 이미지와 일러스트레이션

4장 텍스트와 미디어

5장 슬라이드 쇼

Office PowerPoint 2013

Office 2013 프로그램 기능을 익히고 새로운 기능을 숙지하여 빠르고 효과적인 업무를 진행 할 수 있게 한다.

1 Office 2013 화면 구성

1. 클라우드와 연동된 편집 · 저장 그리고 공유 기능

로그인을 하면 언제 어디서나 어떤 기기든지 파워포인트 2013을 열어볼 수 있고 편집은 물론 저장도 할 수 있다. 이것은 클라우드(Cloud) 서비스인 '원드라이브(OneDrive)' 를 통해서 가능하다. 그리고 오피스 2013에서도 원드라이브에 저장된 문서를 열어볼 수 있고 편집도 할 수 있다. 오프라인일 때도 원드라이브 폴더의 파일을 가져올 수 있는데 파일을 변경하고 온라인으로 전환하면 변경 내용이 자동으로 동기화된다.

2. 클라우드에 저장한 문서 공유

그룹 내 프로젝트 진행에도 유용한 오피스 2013은 클라우드에 저장한 문서를 공유할 수 있어 공동 제안 작업을 하는 데에 유익하다. 문서 공유가 가능한 시스템에서 공유를 위해 사용자를 초대하면 된다. 초대받은 팀원들은 문서를 함께 편집하고 메모로 의견을 남길 수 있다.

3. 발표자를 위한 다양한 파워포인트 2013

파워포인트 2010에는 발표자가 프레젠테이션 할 때 발표 시나리오를 종이문서로 따로 준비해야 했다는데 파워포인트 2013은 [발표자 보기]를 이용해 청중이 보는 화면과 발표자가 보는 화면을 이중화시킬 수 있는 기능이 추가 되었다.

4. 사용이 편리해진 엑셀 2013

엑셀 2010에서는 문서마다 창이 따로 열리지 않아 작업 시 불편함이 많았다.

그러나 엑셀 2013은 통합 문서마다 창이 따로 열려 작업이 수월해졌다. 차트 작업 시 어떤 그래프를 그려야 하는지 고민하는 동안 프로그램에서 차트를 추천해준다. 엑셀 2013에서 삽입 탭의 새로운 추천 차트 단추를 사용하면 데이터에 적합한 다양한 차트 중에서 선택할 수 있어 편리하다.
[빠른 채우기] 기능을 통해 쉽고 빠르게 데이터를 분리할 수 있으며, 데이터 분리도 간편해졌다. [빠른 분석] 기능으로 엑셀 2010보다 서식과 차트 작성이 간편해졌다.

5. PDF와 HWP가 호환되는 워드 2013

오피스 2013은 다양한 시작 옵션을 제공하는데 최근에 사용한 파일이나 자주 사용하는 서식 파일들을 한 눈에 볼 수 있다. 워드의 경우 기존에는 다른 형식, HWP 문서는 호환이 되지 않았으나 오피스2013은 호환이 된다. HWP 문서는 물론 PDF 파일도 열어볼 수 있고 편집까지 가능하다.

읽기 모드에서 표, 차트, 이미지를 더블 클릭하면 개체를 확대해서 볼 수 있는 팝업 창이 나타난다. 태블릿에서 작성한 문서를 열었을 때는 전자책을 보는 것처럼 문서의 도구 메뉴가 보이지 않아 화면 효율이 높고 읽기가 편리하다.

결론적으로 마이크로소프트 오피스 2013와 오피스 2010를 비교하면 오피스 2010이 기존의 개인 중심의 문서 작업이나 업무 환경을 위한 것이었다면 오피스 2013은 기업의 구성원 간 협력으로 업무를 수행 할 수 있도록 다양한 기능을 제공 한다는 점이 차이라고 할 수 있다.

2 파워포인트 2013 새로운 기능

1. 발표자 도구

한 컴퓨터에 두 개 이상의 모니터가 연결되어 있을 경우 서로 다른 화면이 나타나게 하여 발표자에게 도움을 주는 기능이다. 발표자 도구를 사용하면 발표자의 모니터에는 슬라이드와 슬라이드 노트를, 청중에게는 슬라이드만 표시 할 수 있다.

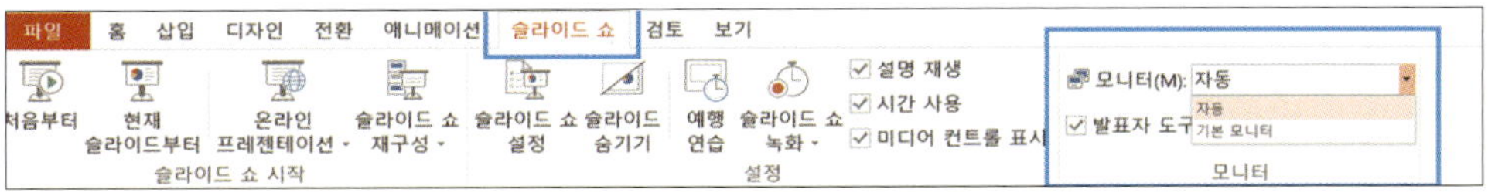

2. 와이드스크린

와이드스크린이나 HD 형식을 지원하는 디스플레이 기기로의 변화에 맞게 파워포인트 슬라이드를 16:9 슬라이드를 기본 사이즈로 지정하여 해상도의 와이드스크린 테마도 지원한다.

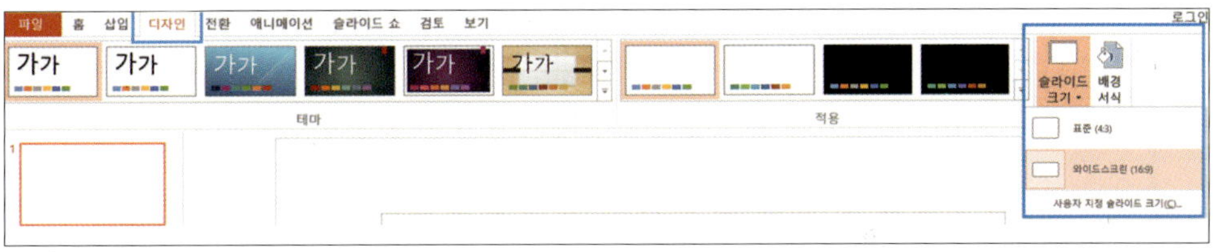

3. 균등한 간격으로 개체 정렬

개체 삽입 시 스마트 가이드가 자동으로 나타나 차트와 그림, 도형 등의 개체가 균등한 간격으로 배치되도록 알려준다.

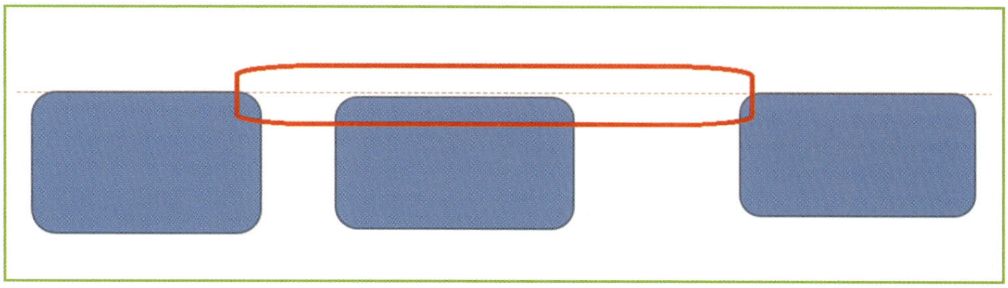

4. 공통 도형 결합

도형의 조합으로 일반 도형 두 개 이상을 결합하여 또 다른 도형 아이콘을 만들 수 있다.

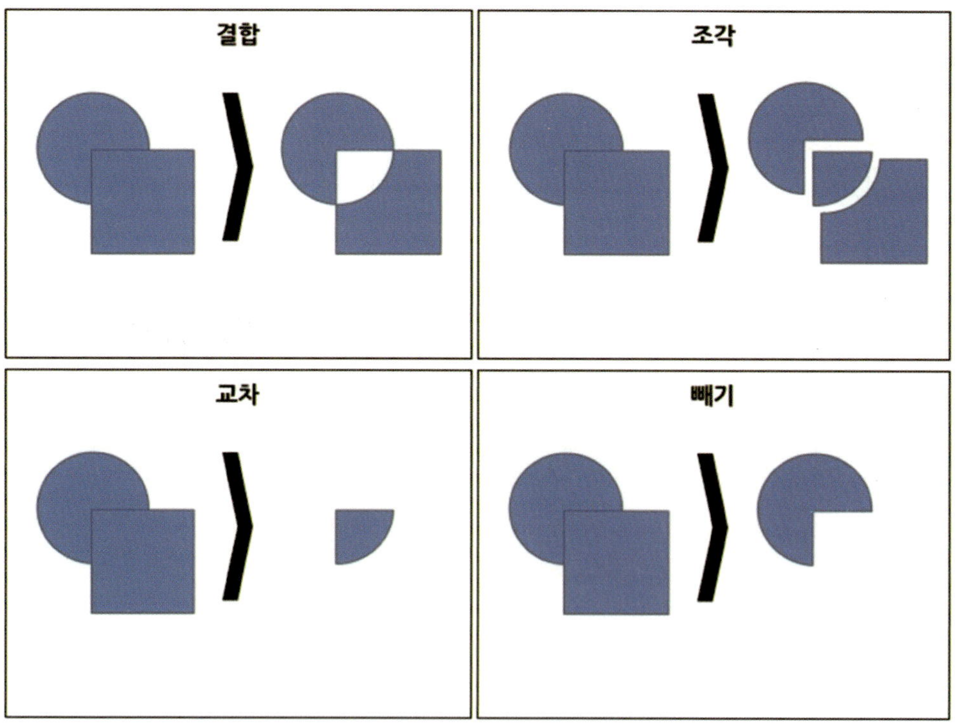

5. 색 일치를 위한 스포이트

개체 화면에서 스포이트를 이용하여 정확한 색을 캡처한 후 다른 모든 도형에 적용 할 수 있다.

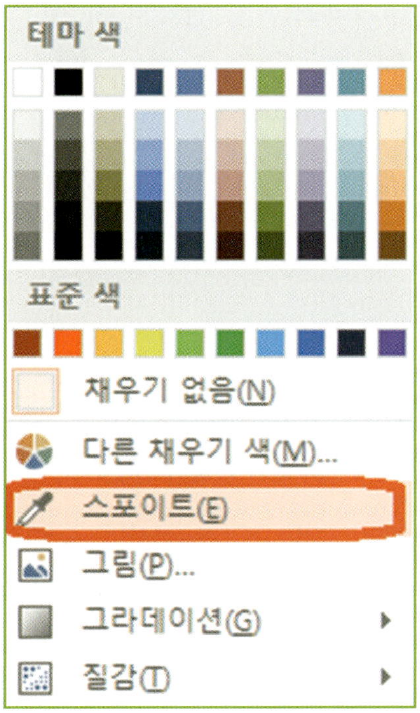

6. 클라우드로 강력해진 협업·공유 기능

[계정] 메뉴를 이용하면 Microsoft live ID로 연결을 할 수 있고 작성한 파워포인트 문서를 컴퓨터 하드 디스크에 저장할 수 있을 뿐 아니라 스카이드라이버에서도 함께 저장하여 장소의 제약 없이 언제든지 미리 작성한 파워포인트 파일을 열어볼 수 있다.

[파일] 메뉴 – [계정]을 누르면 Office 365 계정이 설정된 것을 확인 할 수 있다.

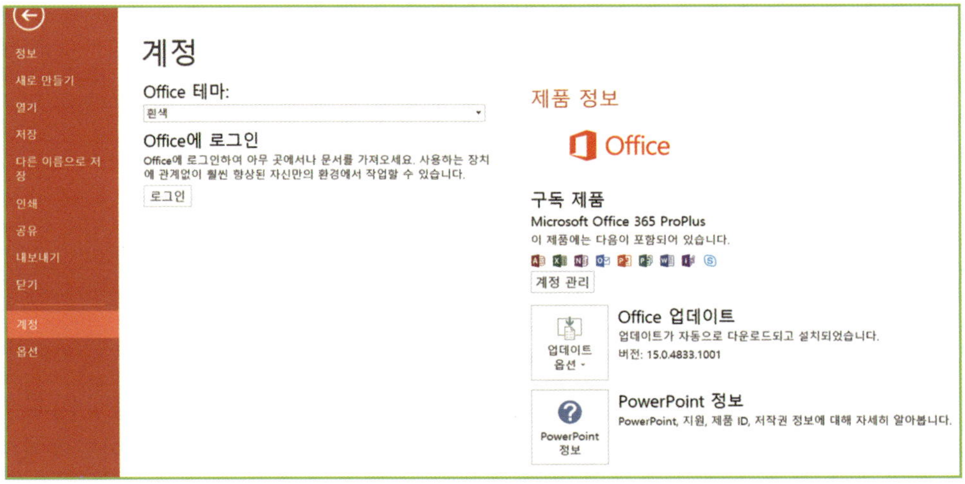

클라우드에 저장을 하고 친구들을 초대하여 프리젠테이션를 공유할 수 있다. 공유를 하면 각자 프리젠테이션를 보고 수정 사항이나 알려주고 싶은 부분은 메모로 남겨서 일을 더욱 효율적으로 할 수 있다.

단계 1에는 OneDrive에 문서를 저장하고 단계 2에서는 문서를 공유한다. 저장이 완료되면 바로 공유가 시작 된다.

Ⅰ. 초대

파워포인트 2013의 백스테이지 뷰를 보면 이전 버전에서는 볼 수 없었던 [계정]이란 메뉴를 볼 수 있다. [계정] 메뉴로 이동하면 Microsoft live ID로 연결을 할 수 있다.
이 기능을 이용하면 작성한 파워포인트 문서를 컴퓨터 하드 디스크에 저장할 수 있을 뿐만 아니라 Skydrive에도 함께 저장하여 장소의 제약 없이 언제든지 작성한 파워포인트 파일을 열어볼 수 있다. Skydrive 뿐 아니라 Office365 등의 제 3의 공간에도 저장이 가능하다.

[파일] 메뉴 – [공유] – [초대] – [클라우드에 저장]을 선택한다.

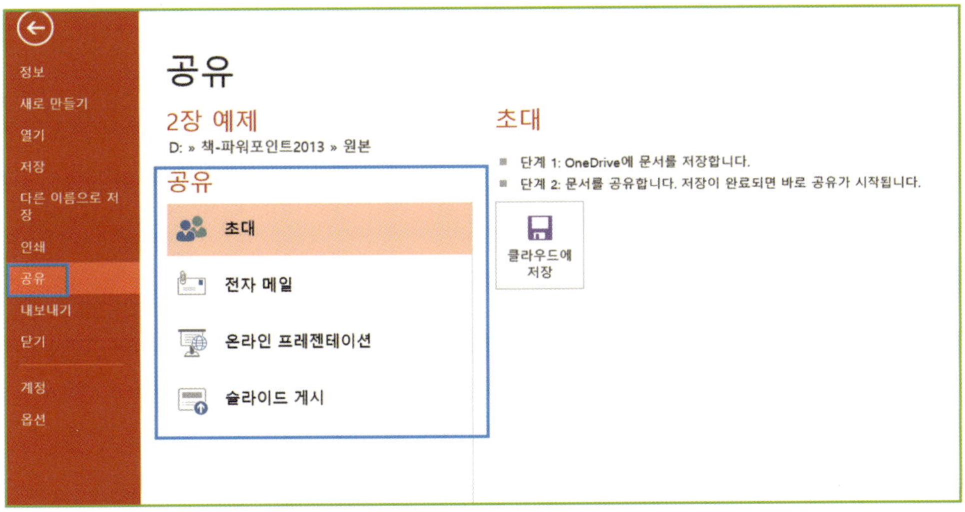

[파일] 메뉴 – [다른 이름으로 저장] – [폴더 선택] – [파일 선택] – [열기]을 선택한다.

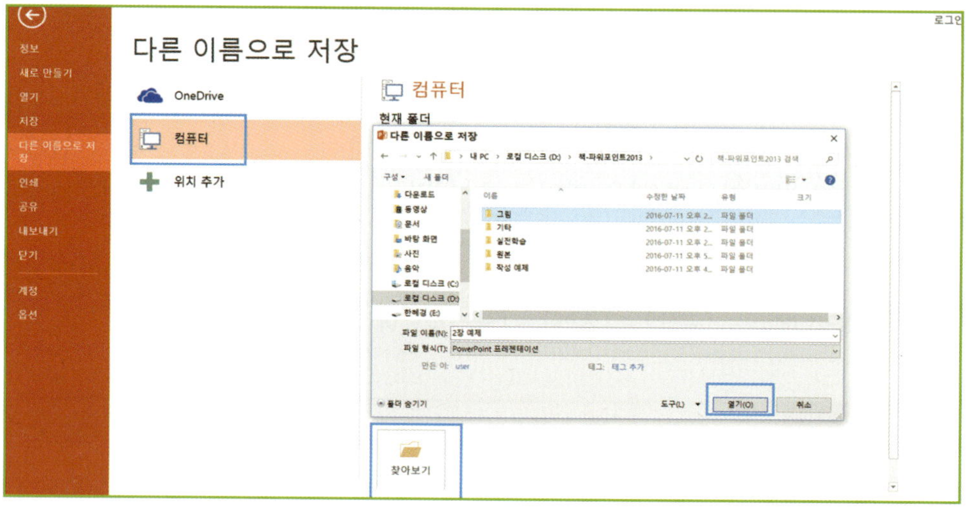

Ⅱ. 전자 메일

파워포인트 2013에서 전자 메일의 기능이 다양해 졌고 세부 기능은 다음과 같다.

① 첨부 파일로 보내기

모든 사람이 이 프레젠테이션의 개별 복사본을 받을 수 있다.

② 링크로 보내기

모든 사람이 이 프레젠테이션의 동일 복사본에서 작업을 할 수 있고 모두에게 최신 변경 내용을 표시한다. 그리고 전자 메일 크기를 작게 유지하는데 프레젠테이션이 공유 위치에 저장 되어 있어야 가능하다.

③ PDF로 보내기

모두에게 PDF 첨부 파일로 전달 할 수 있고 레이아웃, 서식, 글꼴 이미지를 유지 한다. 그러나 이 기능은 내용 변경이 쉽지 않은 단점이 있다.

④ XPS로 보내기

모두에게 XPS 첨부 파일로 전달 할 수 있고 레이아웃, 서식, 글꼴 이미지를 유지 한다. 그러나 PDF 기능과 마찬가지로 내용 변경이 쉽지 않은 단점이 있다.

⑤ 인터넷 팩스로 보내기

팩스 기기 없이 팩스를 보내는 기능이다.

[파일] 메뉴 – [공유] – [전자 메일] – [첨부 파일로 보내기]을 선택한다.

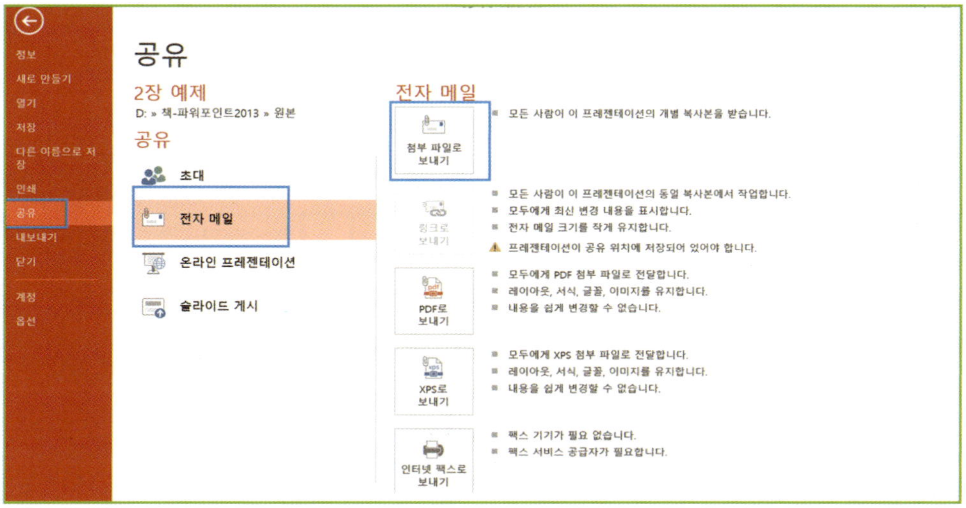

Outlook이 설치되어 있지 않을 경우 계정을 추가하여 프레젠테이션 내용을 첨부 파일로 추가하여 보낼 수 있다. Outlook 설치는 각자 해보자.

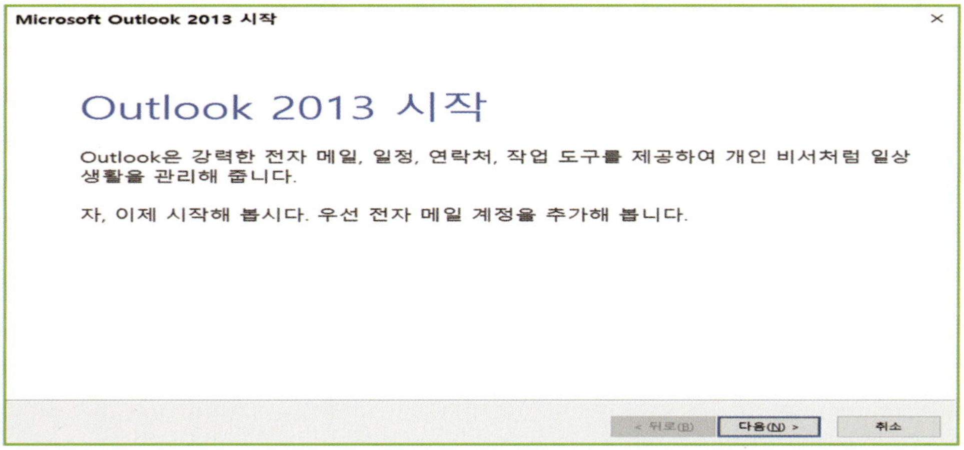

3 파워포인트 2013 시작

[파워포인트 2013]을 실행하는 방법에는 여러 가지가 있으나 일반적인 방법으로 설명하겠고 각각의 컴퓨터에 설치 된 오피스에 따라 개인차는 있을 수 있으니 참고만 하길 바란다.

파워포인트 2013을 실행하기 위해 컴퓨터 왼쪽 하단에 있는 [시작 단추]을 클릭 – [Microsoft Office 2013] 클릭 – [PowerPoint 2013]을 선택하면 프로그램이 열린다.

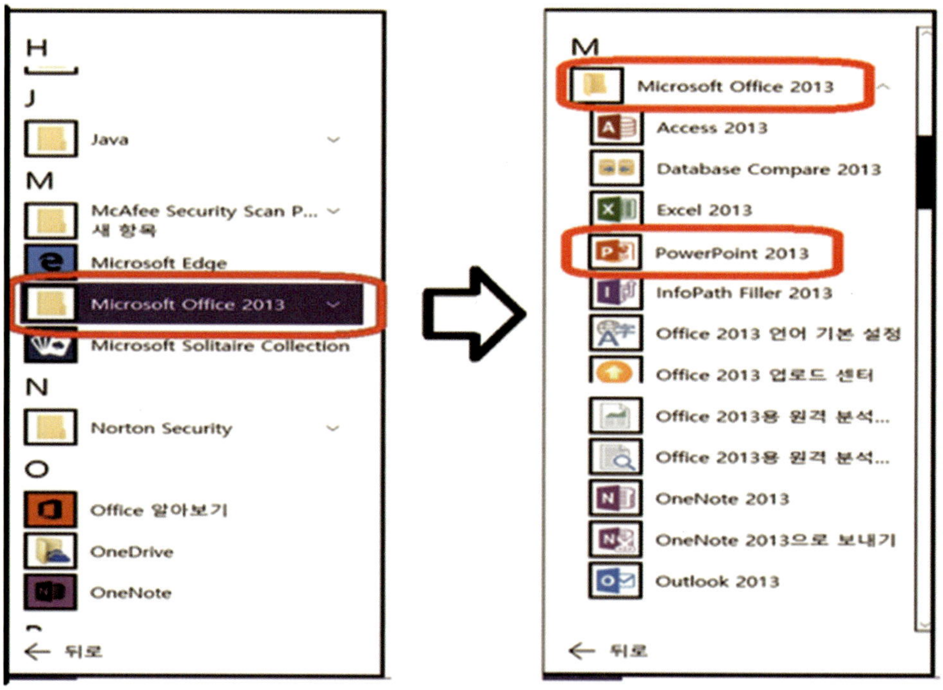

1장 슬라이드 꾸미기

- 프레젠테이션 만들기
- 새 슬라이드 삽입
- 레이아웃 변경
- 디자인 서식
- 구역 만들기
- 글꼴 서식 및 정렬
- 글머리 기호
- 번호 매기기
- 단락
- 줄 간격 및 단 설정
- 텍스트 방향
- 서식 복사
- 저장 및 다른 형식으로 저장
- 기존 프레젠테이션 열기

01 프레젠테이션

1장에서는 프레젠테이션을 작성하고 서식 파일과 글꼴 편집 및 단락을 이용하여 작업 내용과 용도에 맞게 슬라이드를 편집하고 다양한 저장 방법에 대해 학습한다.

[1장 예제] 파일 사용

1. 파워포인트 2013 화면 구성

1. 파워포인트 2013 화면 구성

[파워포인트 2013]에서 익혀야 할 화면 구성은 다양하나 기본적으로 기억해야 할 기능 위주로 설명 한다.

[시작 단추]을 클릭 – [Microsoft Office 2013] 폴더 클릭 – [PowerPoint 2013]을 선택한다.

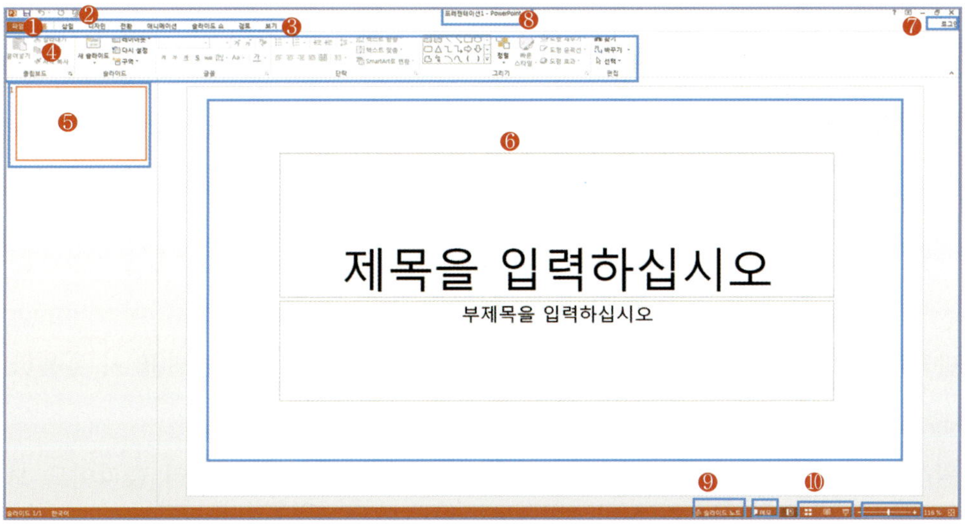

① 파일

파일을 열거나 닫고 저장 및 인쇄할 수 있다. 새로 만들기, 열기, 저장, 인쇄, 공유, 내보내기, 계정 그리고 파워포인트 2013 옵션 등을 사용할 수 있다.

② 빠른 도구 모음

자주 사용하는 도구들을 모아둔 것으로 저장, 실행 취소, 다시 실행, 처음부터 시작 명령 단추가 포함되어 있고, 사용자가 자주 사용하는 명령들을 아이콘으로 추가 및 편집하여 다양하게 구성하여 사용할 수 있다.

③ 탭

리본 메뉴를 선택하면 펼쳐지고 작업 상황에 따라 기본적으로 제공되는 탭 외에 상황별 탭이 추가로 나타난다.

④ 리본 메뉴

파워포인트 2013의 리본 메뉴는 더욱 직관적으로 명령을 찾아 수행 할 수 있도록 사용자 인터페이스가 새롭게 개선된 구조다.

⑤ 축소판 그림 창

슬라이드의 축소판 그림을 나타내는 공간으로, 문서의 순서나 슬라이드를 다루는 작업을 합니다.

⑥ 슬라이드 창

프레젠테이션 제작시 필요한 모든 편집 작업을 수행하는 곳이다.

⑦ 사용자 계정

사용자의 계정이 등록 된 ID로 로그인한 사용자의 정보가 보인다.

⑧ 제목표시줄

현재 사용하고 있는 프로그램 이름과 사용하고 있는 파일 이름이 나타난다. 저장하지 않은 통합 문서는 기본적으로 프레젠테이션1, 프레젠테이션2 순으로 나타나며 프레젠테이션을 저장하면 저장된 파일 이름이 표시된다.

⑨ 슬라이드 노트 창

발표자가 슬라이드 내용에 대한 상세한 설명을 입력하는 곳으로 발표 시 유용하다.

⑩ 화면 보기 단추

원하는 문서 보기 상태로 이동할 수 있는 단추로 기본 보기, 여러 슬라이드 보기, 읽기용 보기, 슬라이드 쇼 아이콘이 있는 곳이다.

1-1 프레젠테이션 만들기

[새로 만들기]는 사용자가 직접 디자인은 물론 내용을 구성하여 프레젠테이션을 제작할 수 있다. 프레젠테이션 작업 중 [새 프레젠테이션]으로 시작하려면 프레젠테이션, 비즈니스 방향, 4:3, 학력, 파랑 그리고 그림의 기존 항목을 사용하여 새로 만들기가 가능하다. 그리고 파워포인트를 시작하면 기본 보기라는 보기 상태에서 화면이 열린다.

[파일] 메뉴 – [새로 만들기] – [새 프레젠테이션] 명령을 클릭한다.

범주의 [프레젠테이션] 선택 – [건강 및 체력 단련] 클릭 – [만들기] 명령을 선택한다.

추천 검색어에 있는 다양한 목록은 사용자가 목적에 맞게 선택하여 프레젠테이션을 만들 수 있고 시간과 노력을 줄일 수 있는 장점이 있다.

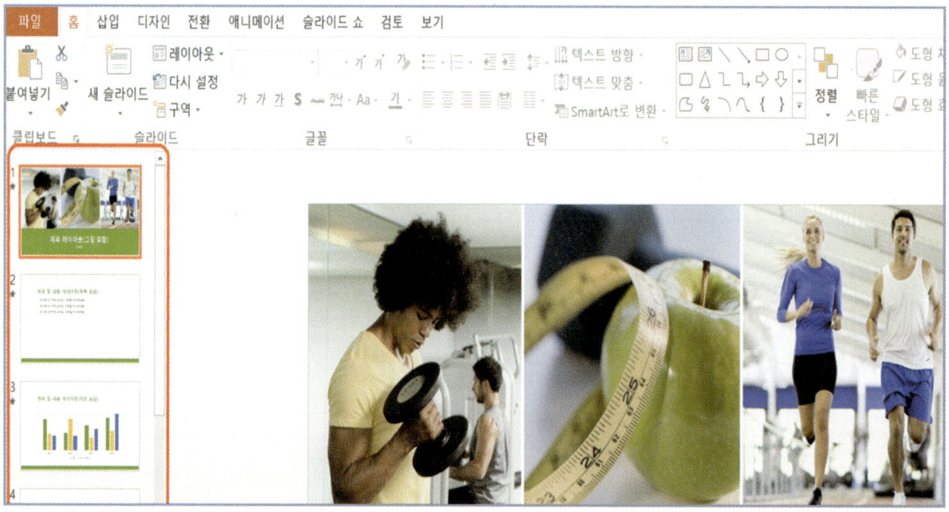

프레젠테이션을 만들 때 가장 중요한 것은 시선을 끄는 발표 자료를 만드는 것으로 잘 만들어진 자료는 발표의 흐름을 돕고 청중의 이해를 높여주기에 정성을 들일 필요가 있다.

[새로 만들기] 내에 있는 프레젠테이션을 사용하면 주제와 내용을 분류하여 선택 할 수 있고 시간과 노력을 줄일 수 있어 초보자에게 적합 한 기능이다.

1-2 새 슬라이드 삽입

[새 슬라이드 삽입]은 현재 작업 중인 슬라이드에 추가로 슬라이드를 삽입하고자 할 때 사용하는 기능이다. 종류로는 제목 슬라이드(그림포함), 제목 및 내용, 구역 머리글, 내용 2개, 비교, 제목만, 빈 화면, 내용(캡션 포함), 그림(캡션 포함) 그리고 세로 제목 및 텍스트 등이 있다.

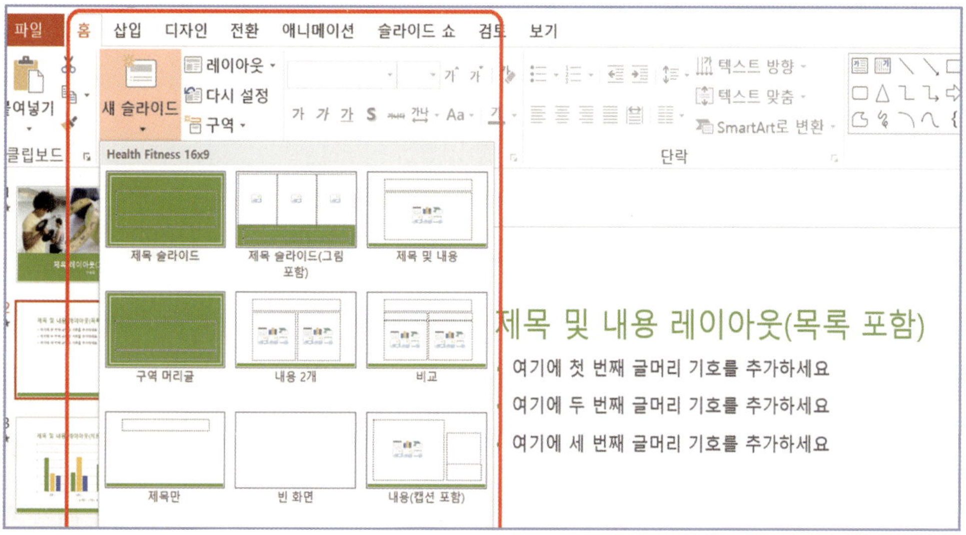

슬라이드 1을 선택 후 [홈] 메뉴 – [슬라이드] 그룹 – [새 슬라이드] – [제목 및 내용] 명령을 클릭한다.

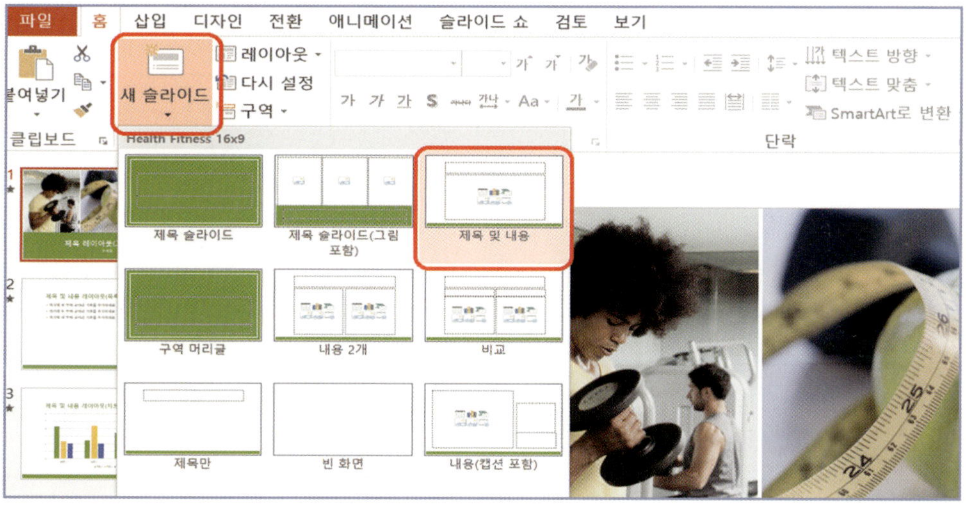

아래 그림처럼 표지 다음에 새 슬라이드가 추가 되어 슬라이드 1 다음에 [제목 및 내용] 슬라이드가 나타남을 알 수 있다.

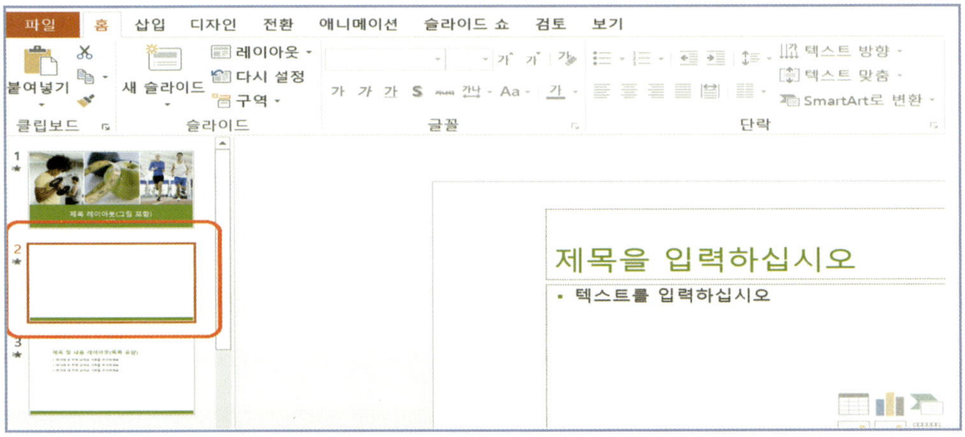

1-3 레이아웃 변경

[레이아웃 변경]은 선택한 슬라이드를 작업 내용에 맞게 다양한 [레이아웃]으로 변경할 수 있다. 레이아웃 종류에는 제목 슬라이드, 제목 및 내용, 콘텐츠 2개, 비교, 제목만, 빈 화면, 캡션 있는 콘텐츠, 캡션 있는 그림, 제목 및 세로 텍스트, 세로 제목 및 텍스트의 다양한 레이아웃 형식이 있다.

슬라이드 3을 선택 후 [홈] 메뉴 – [슬라이드 그룹] – [레이아웃] – [비교] 명령을 클릭하여 만들 수 있다.

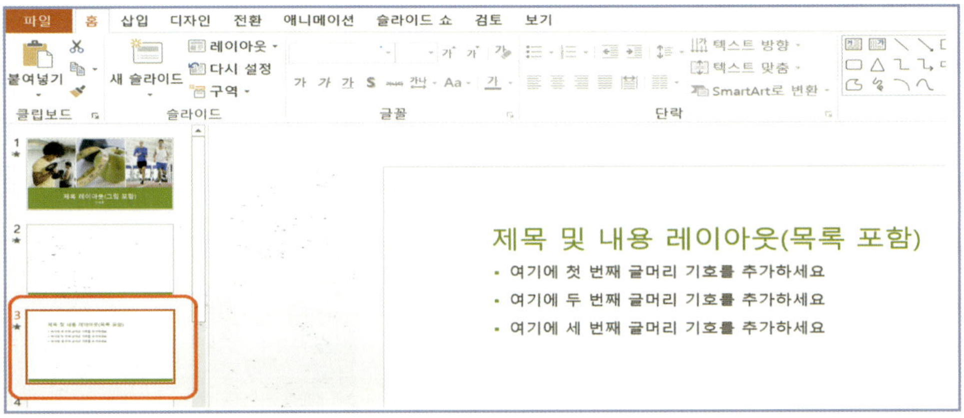

[제목 및 내용] 레이아웃은 많은 글 내용 포함 시 적합하고 [비교] 레이아웃은 글과 개체를 삽입하고자 할 때 사용하는 것이 좋다.

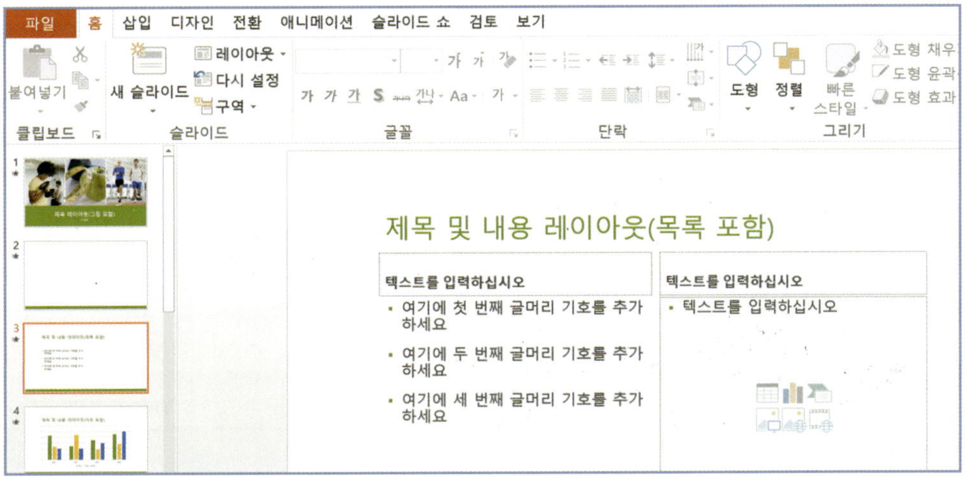

슬라이드 3의 레이아웃이 [비교] 레이아웃으로 변경 되어 텍스트와 개체를 삽입할 수 있는 형식으로 바뀐 것을 확인 할 수 있다.

1-4 디자인 서식

실습을 위해 우선 [1장 예제] 파일을 열어 보자.

① [파일] 메뉴 – [열기] – [1장 예제] 파일을 연다.
② [디자인] 메뉴 – [테마] 그룹 – [테마 자세히]를 선택 – [물방울]을 클릭한다.

[1장 예제]의 모든 디자인이 [물방울]로 변경 되었다.

적용 된 디자인을 취소 하고자 할 때에는

[디자인] 메뉴 – [테마] 그룹 – [테마 자세히] – [Office 테마]를 클릭하면 디자인이 초기화 된다.

디자인 서식의 상세 설명은 2장 테마 부분에서 자세히 다루기로 하고 1장에서는 개념만 익히는 것으로 하겠다.

Ⅰ. 제목 텍스트 꾸미기

제목에 효과를 주기 위해 다음 기능들을 적용해 보자.

① 슬라이드 3을 클릭 한 후 제목인 [프랑스 명절]을 선택한다.
② [파일] 메뉴 – [그리기] 그룹 – [빠른 스타일] – [강한 효과 – 파랑, 강조 1]을 클릭한다.

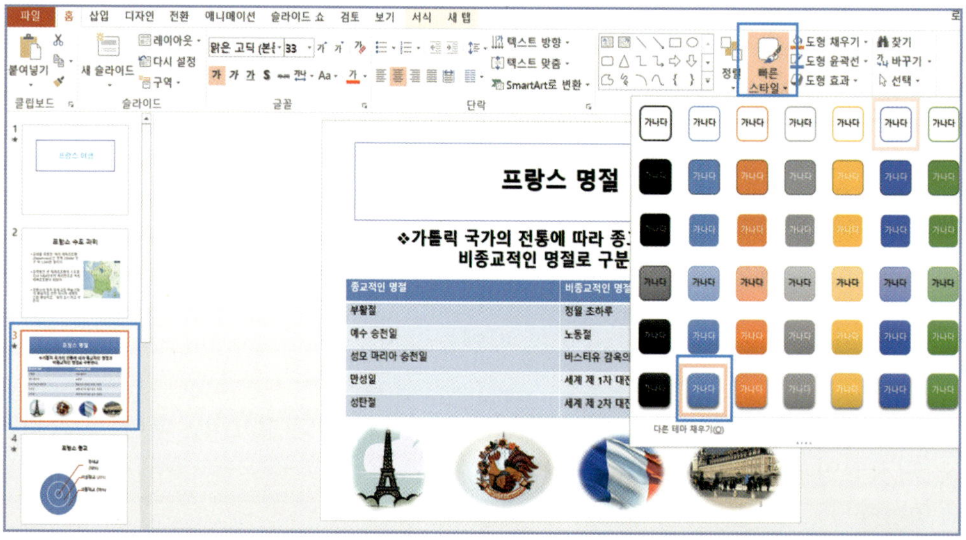

[그리기] 그룹 – [도형 효과] – [기본 설정] – [기본 설정 4]을 클릭한다.

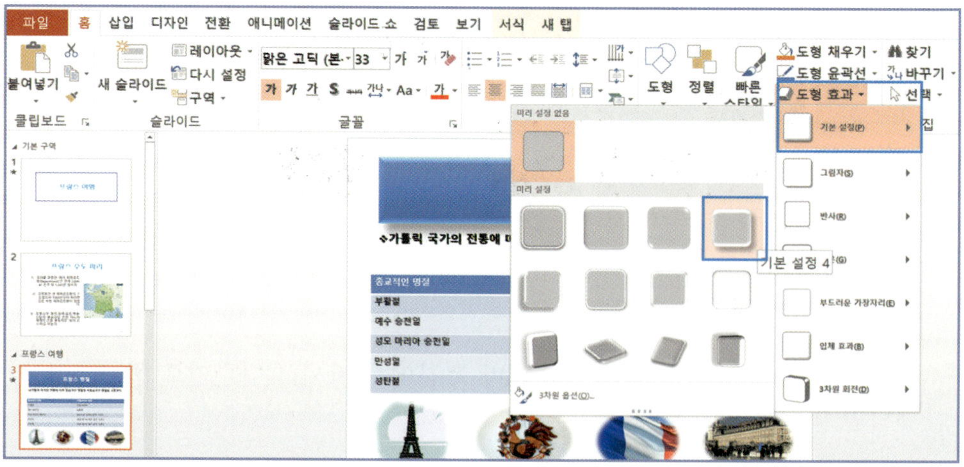

슬라이드 3의 제목 도형이 입체적으로 변경되어 생동감 있는 슬라이드로 변경되었다.

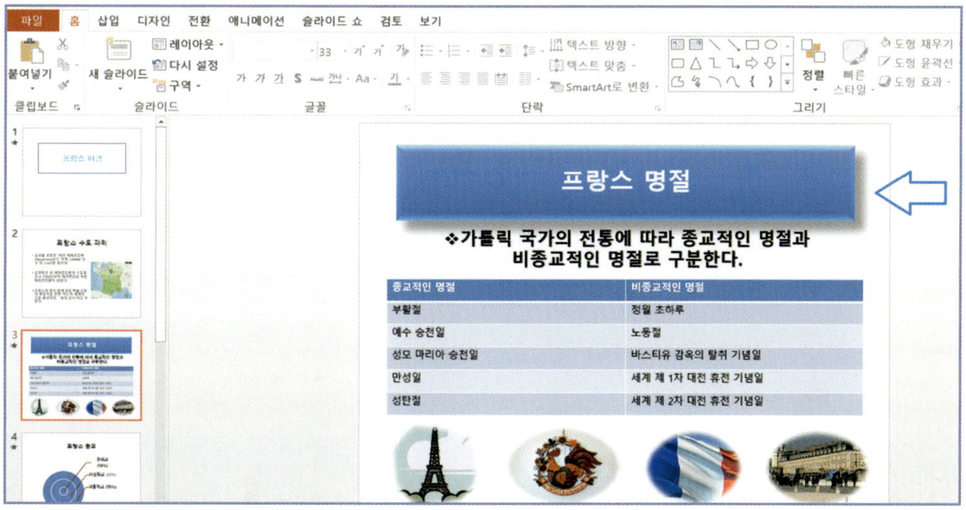

1-5 구역 만들기

슬라이드를 관련 된 내용별로 그룹화하여 보관하고 정리하면 더욱 다양한 디자인을 적용하여 작업 할 수 있다. 관련된 슬라이드를 구역으로 나누고 구역을 알기 쉬운 이름으로 변경 가능하다. 각 구역별로 다른 서식과 서로 다른 테마 등의 효과를 줄 수 있고 이동 및 인쇄도 가능하다.

슬라이드 3을 선택 후 [홈] 메뉴 – [슬라이드] 그룹 – [구역] – [구역 추가] 명령을 선택한다.

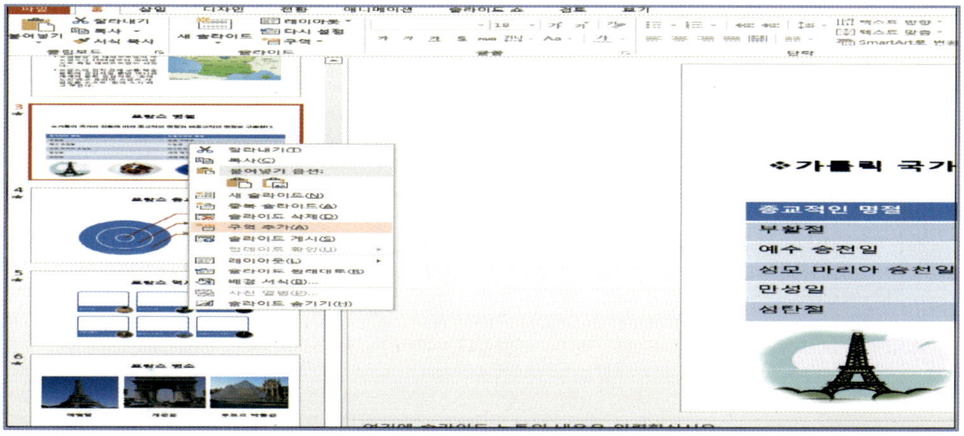

구역의 이름 변경은

[제목 없는 구역] 위에서 마우스 오른쪽 단추 선택 – [구역 이름 바꾸기] – 구역 이름에 [프랑스 역사]를 입력 – [이름 바꾸기]를 클릭한다.

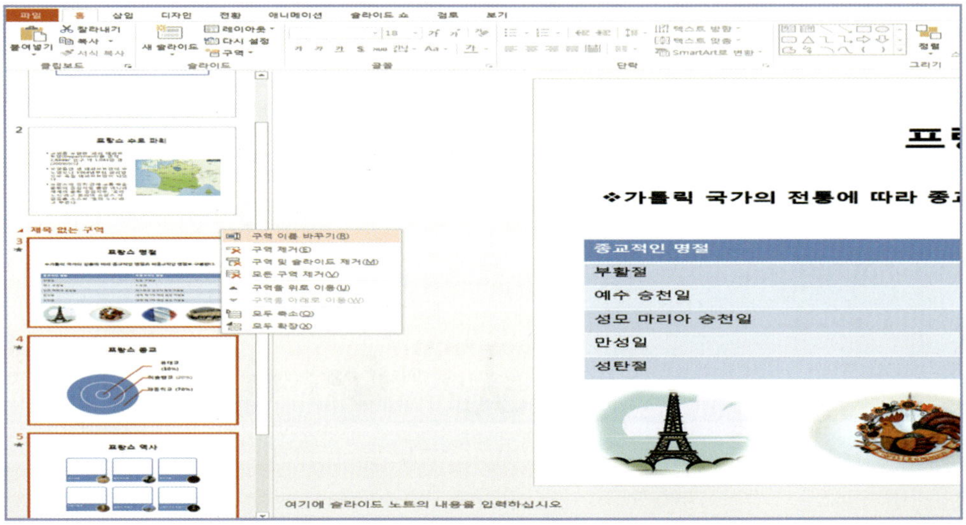

[기본 구역]에는 슬라이드 1, 2가 속하고 [프랑스 여행] 구역에는 슬라이드 3부터 슬라이드 8까지가 포함 된다.

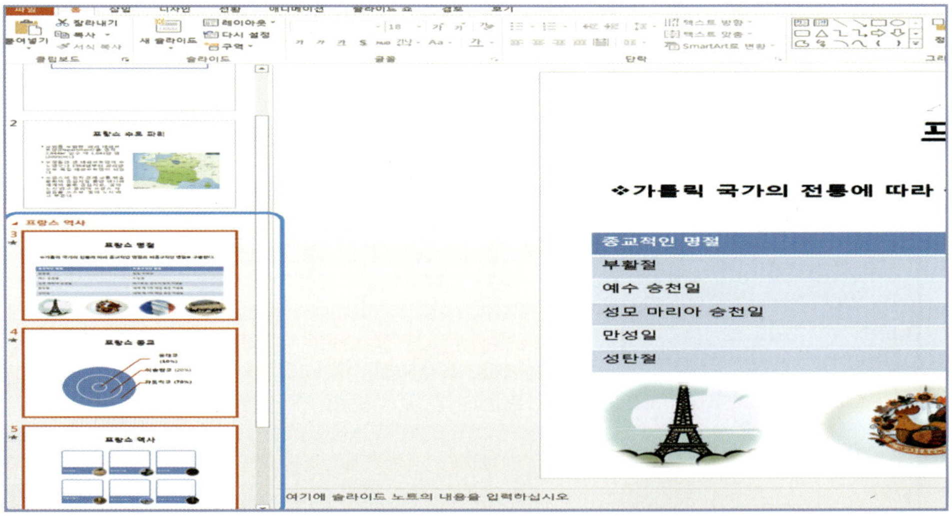

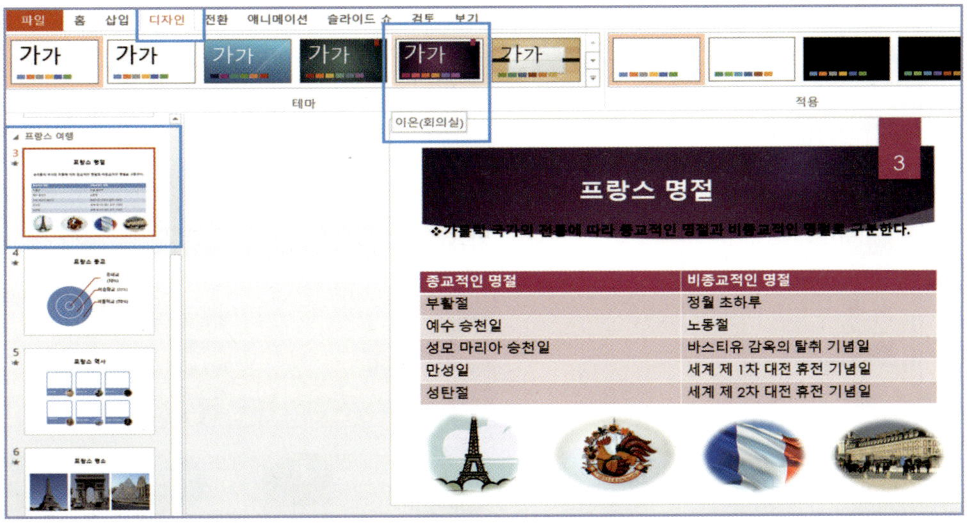

슬라이드 3 선택 후 [디자인] 메뉴 – [테마] 그룹 – [이온 (회의실)] 테마 명령을 선택한다.

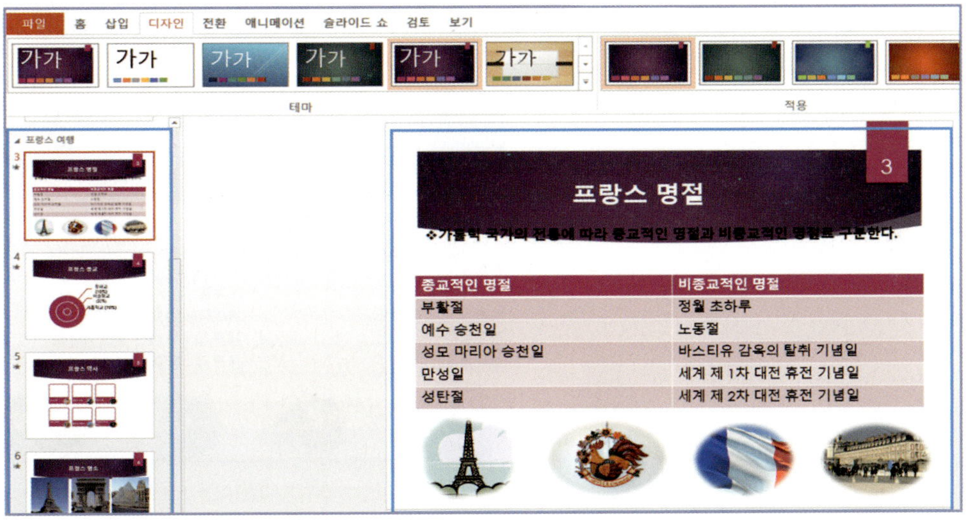

구역 축소 관리는

[홈] 메뉴 – [슬라이드] 그룹 – [구역] – [모두 축소] 명령을 선택하여 간단히 목록 형식으로 요약하여 볼 수 있다. 이 기능은 프레젠테이션 내용이 많을 때 구역별로 구분하여 보고자 할 때 유용하다.

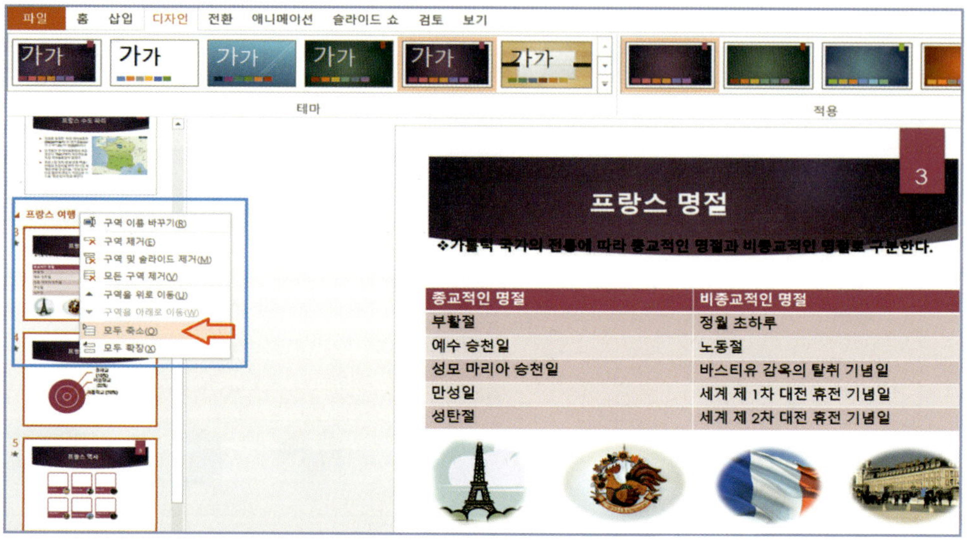

아래 그림처럼 [기본 구역 2]과 [프랑스 여행 6] 구역으로 축소되어 진다.

1-6 글꼴 서식 및 정렬

Ⅰ. 글꼴 서식

[글꼴 서식]은 슬라이드 레이아웃에 포함된 텍스트 개체 틀에 각각 다른 글꼴

크기를 설정할 수 있고, 사용자가 원하는 글꼴, 글꼴 크기, 색 변경, 모든 서식 지우기, 텍스트 그림자 그리고 문자 간격 등을 변경할 수 있다.

슬라이드 1의 제목 텍스트 상자의 [프랑스 여행]을 선택 후 [홈] 메뉴 – [글꼴] 그룹 – [HY 동녘B] – 명령을 클릭한다.

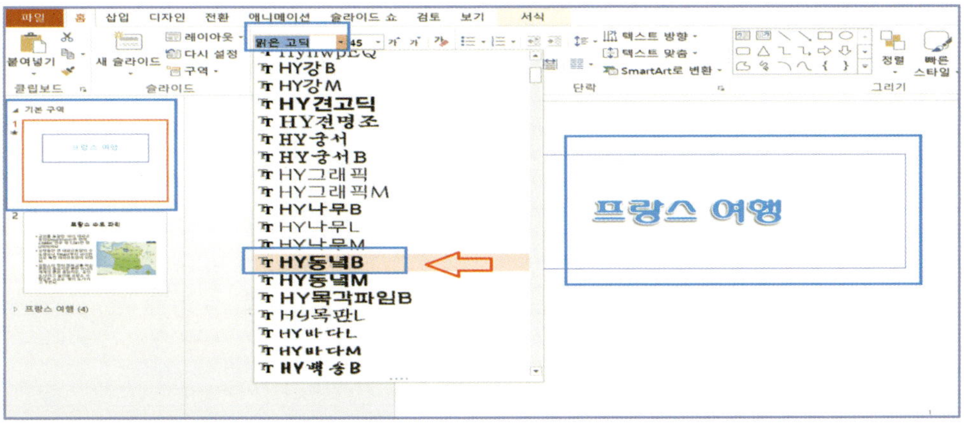

제목 텍스트 상자의 글꼴이 [HY 동녘B]로 변경 되는 것을 확인 할 수 있다.

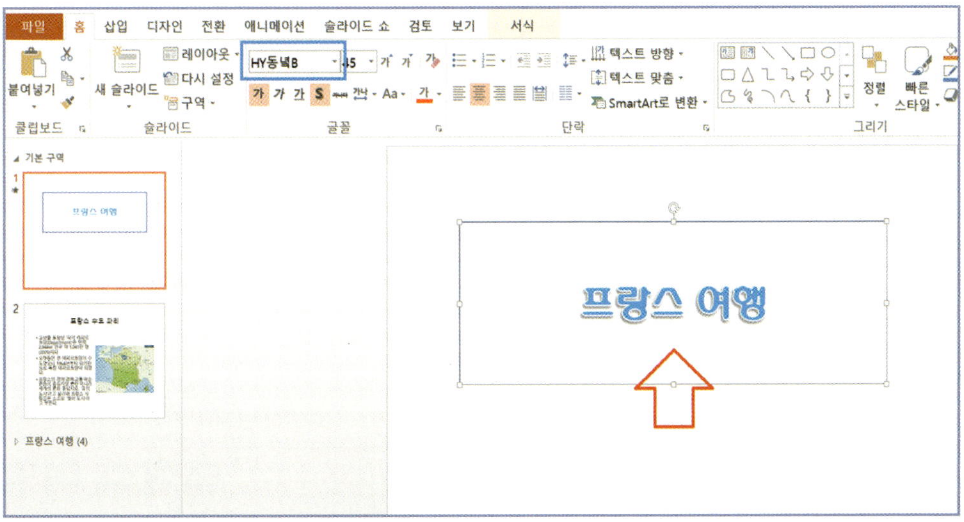

슬라이드 2의 제목 텍스트 상자의 [프랑스 수도 파리]를 선택 후 [홈] 메뉴 – [글꼴] 그룹 – [글꼴 크기 : 40] – [가 가 S] – [가] 명령을 클릭한다.

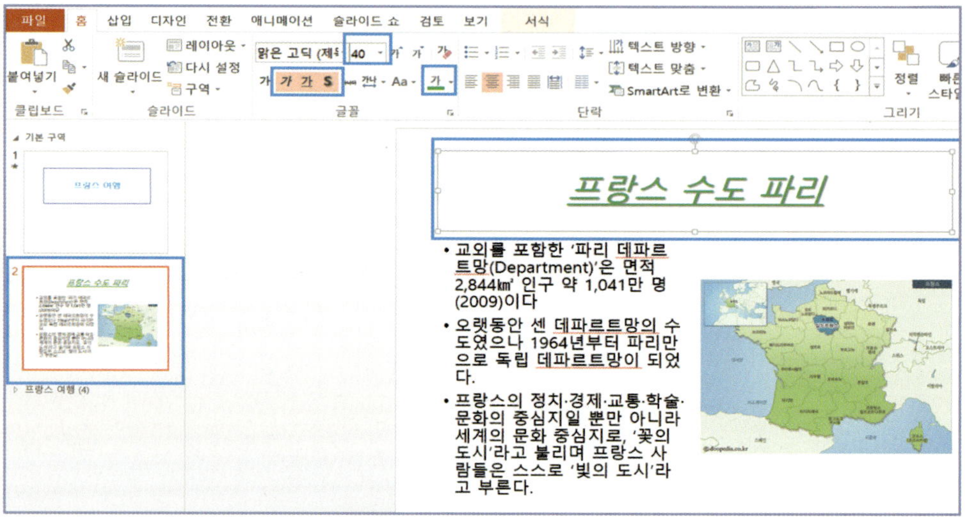

Ⅱ. 서식 지우기

내용에 적용한 서식을 지울 때 편리한 기능으로 글자가 선택 된 상태에서 [서식 지우기]를 클릭하면 이미 적용 된 글자의 크기, 서체, 글꼴 변경 등의 서식이 모두 지워지고 처음 입력했던 모양으로 돌아간다.

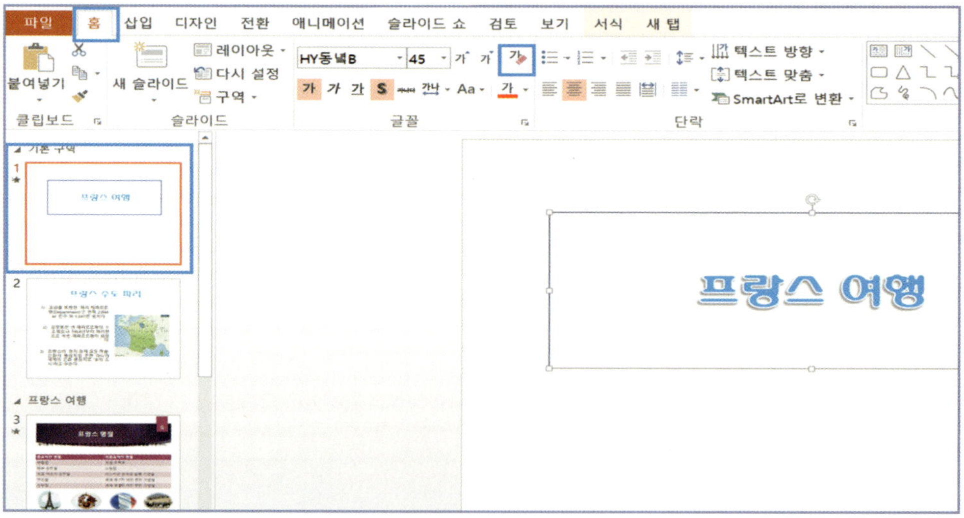

슬라이드 1의 제목 텍스트 상자의 [프랑스 여행]을 선택 후 [홈] 메뉴 – [글꼴] 그룹 – [모든 서식 지우기] – 명령을 클릭한다.

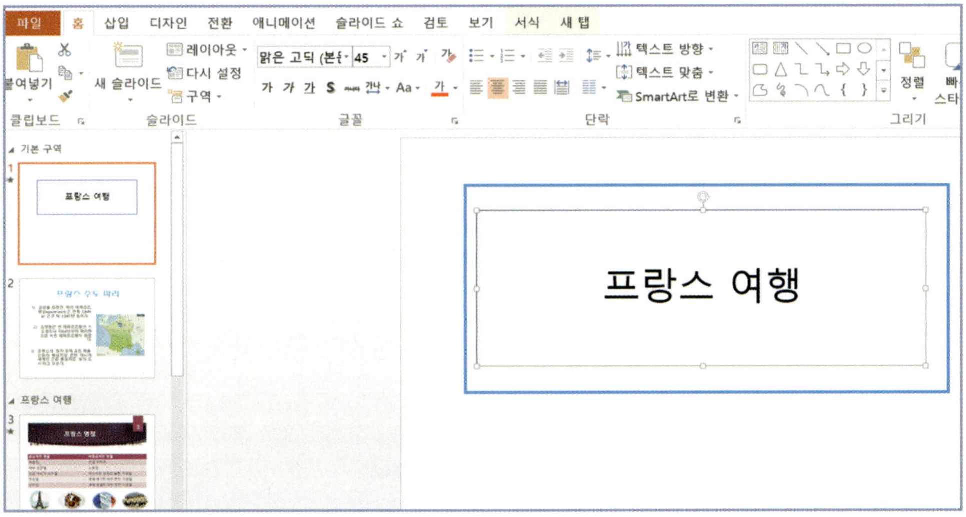

[홈] 탭의 글꼴 도구 모음을 이용하여 서식을 바로 적용 할 수도 있으나 특정 효과 서식은 글꼴 대화 상자의 [자세히]를 이용해야만 적용 할 수 있다. [글꼴] 대화 상자를 이용하면 취소선, 이중 취소선 그리고 위 첨자등과 같은 다양한 밑줄 스타일을 적용할 수 있다.

슬라이드 2의 텍스트 상자 선택 후 [홈] 메뉴 – [글꼴] 그룹의 자세히 단추 – [문자 간격] 명령을 클릭한다.

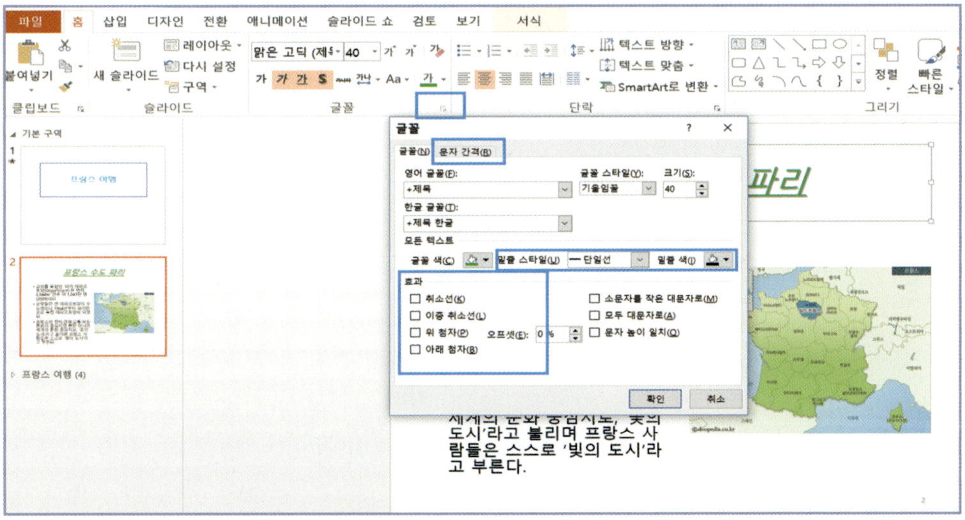

단락 정렬은 [정렬 아이콘]을 이용하면 좀 더 간편하다. 우선 적용하고 싶은 내용에 범위를 지정하고 원하는 아이콘을 클릭한다.

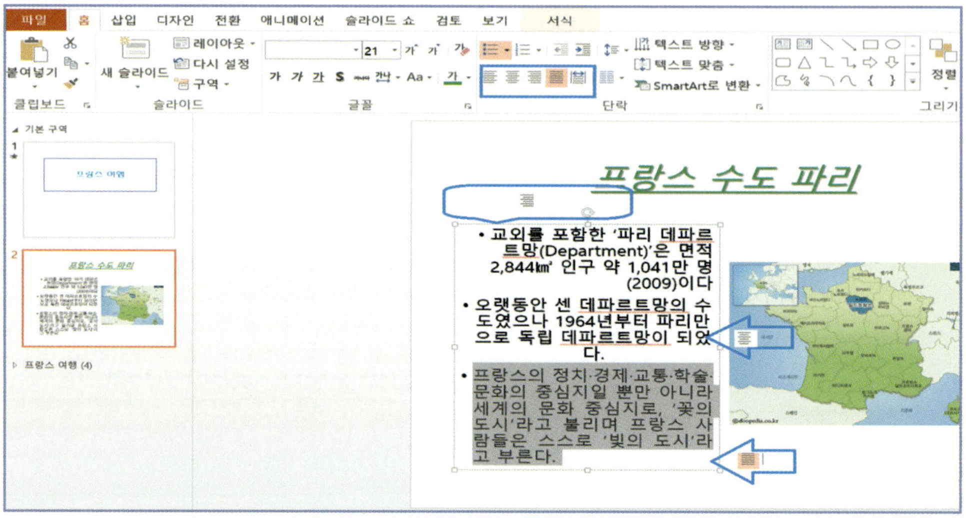

1-7 글머리 기호

[글머리 기호]는 제목 및 내용 슬라이드에 텍스트를 입력하면 각 항목 앞에 [글머리 기호]가 표시되어 내용을 보기 쉽고 일목요연하게 정리해 준다. 이러한 글머리 기호는 다른 여러 가지 특수 기호나 그림으로 변경이 가능하다.

Ⅰ. 글머리 기호 적용

슬라이드 2를 선택 후 [글머리 상자] 클릭 – [홈] 메뉴 – [단락] 그룹 – [글머리 기호] – [별표 글머리 기호] 명령을 클릭한다.

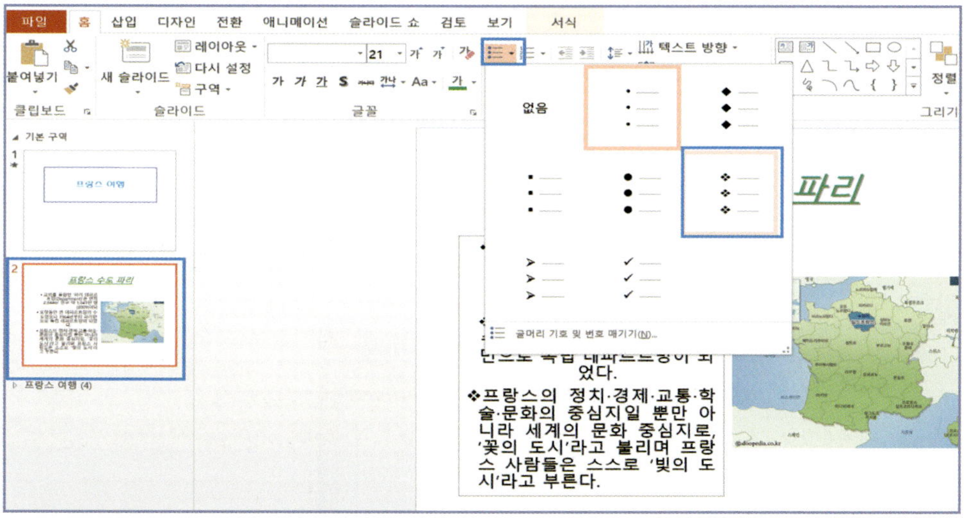

슬라이드 2의 글머리 기호가 [별표 글머리 기호] 모양으로 변경 된 것을 확인 할 수 있다.

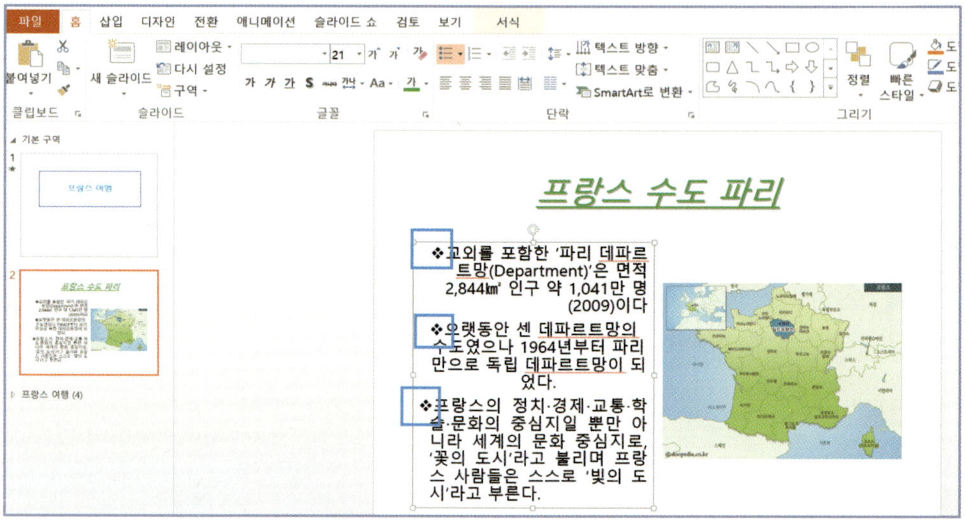

글머리 기호에는 다음과 같이 다양한 모양이 있고 그 외의 것을 사용하고자 할 때에는 [그림]이나 [사용자 지정]을 통해 컬러풀하고 다양한 기호를 추가 할 수 있다.

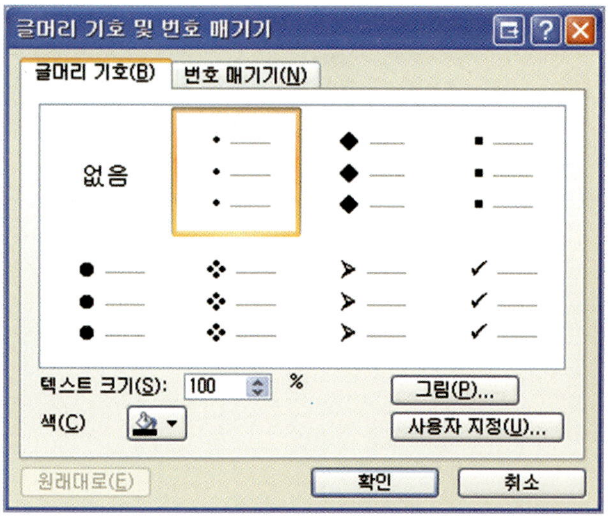

Ⅱ. 글머리 기호 서식 적용

글머리 서식을 통해 글머리 모양과 텍스트 크기, 글머리 색 그리고 저장 된 그림을 불러 올 수 있는 기능이다.

슬라이드 2를 선택 후 [글머리 상자] 클릭 – [홈] 메뉴 – [단락] 그룹 – [글머리 기호] – [글머리 기호 및 번호 매기기] 명령을 클릭한다.

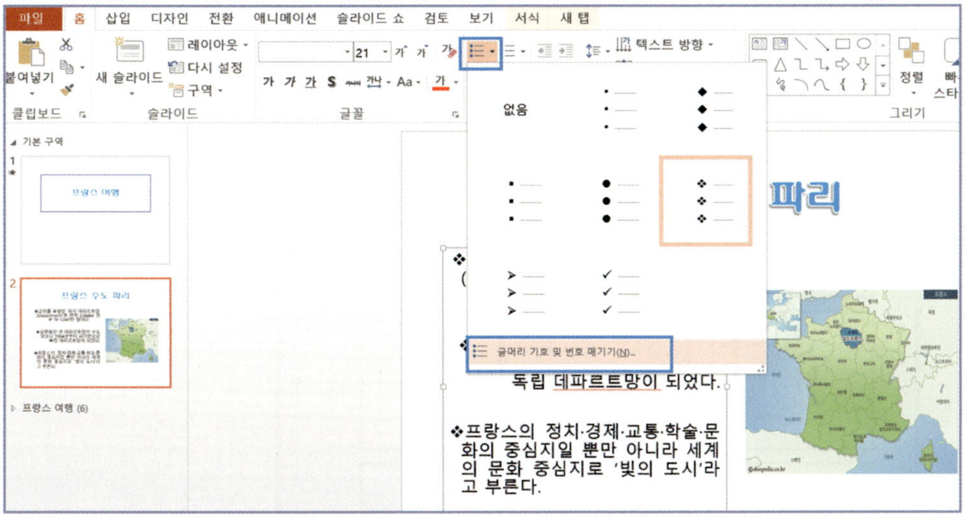

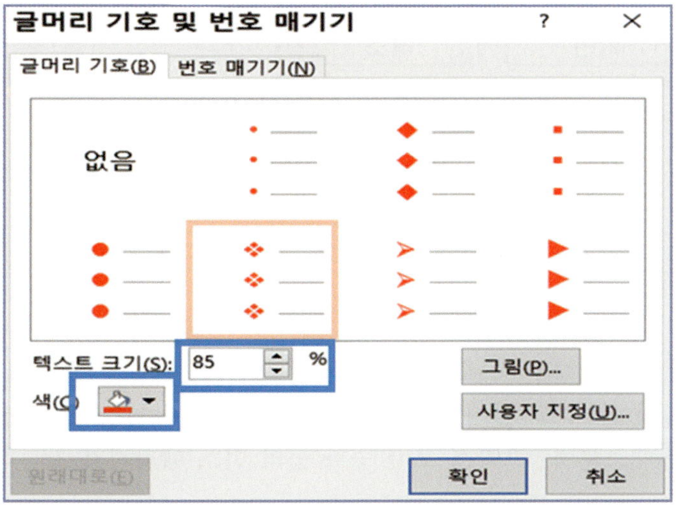

저장 된 글머리 기호를 사용하고자 할 때는

[그림] 버튼 – [가져오기] – [파일 선택]을 이용하여 가져올 수 있다.

1-8 번호 매기기

[번호 매기기]는 순서를 나타내는 목록으로 [번호 매기기] 서식을 이용하여 각 항목에 일련번호를 설정 할 수도 있어 다양한 방식으로 표현이 가능하다. 일반 숫자, 원 숫자, 알파벳 대소문자, 그리스 로마 숫자 등의 번호 매기기가 가능하고 수준 조정을 할 수 있다.

슬라이드 2를 선택 후 [글머리 상자] 클릭 – [홈] 메뉴 – [단락] 그룹 – [번호 매기기] 선택 – [1) 2) 3)] 명령을 클릭한다.

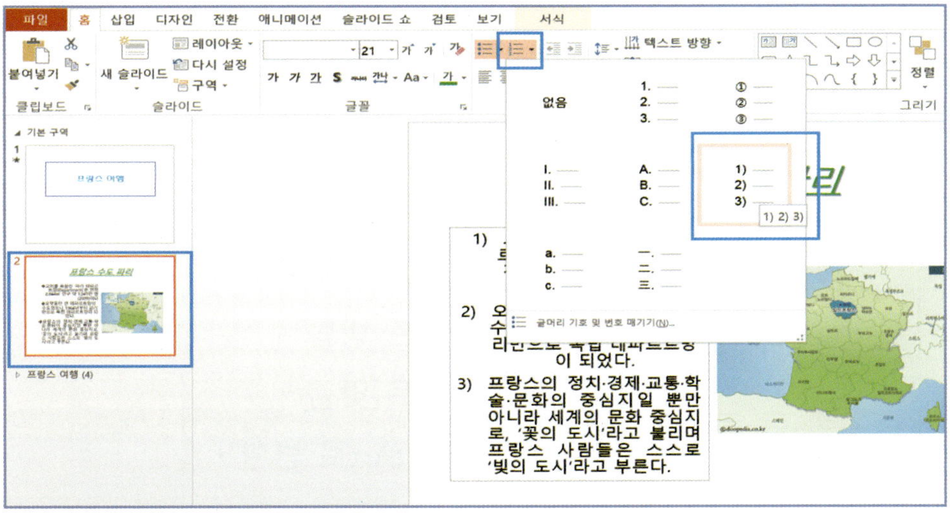

슬라이드 2의 [프랑스 수도 파리]의 글머리 텍스트가 목록 있는 숫자 형식으로 변경 되는 것을 확인 할 수 있다. 그리고 [글머리 기호 및 번호 매기기]에서 [색]과 [시작 번호]를 변경하여 다양한 형식으로 글머리 기호 편집이 가능하고 [텍스트 크기] 변경도 할 수 있다.

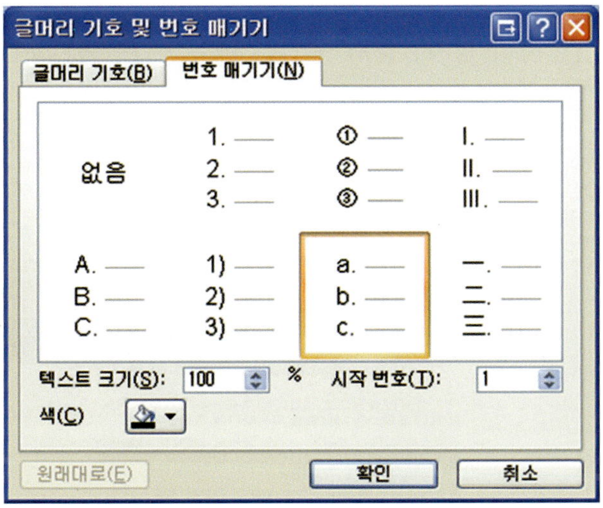

1-9 단락

[단락]이란 글을 내용이나 형식을 중심으로 크게 끊어 나눈 단위로 Enter 키를 누르기까지의 모든 줄을 의미한다. 단락을 이용하여 글머리 기호나 줄 간격, 맞춤, 텍스트 방향 그리고 스마트아트로 변환 등의 작업을 할 수 있다.

단락 단위로 [맞춤] 단락의 [줄 간격]과 [목록 수준 늘림]과 같은 단락 서식을 설정할 수 있다. 대표적인 단락 서식으로는 단락 맞춤과 단락 간격이 있다.

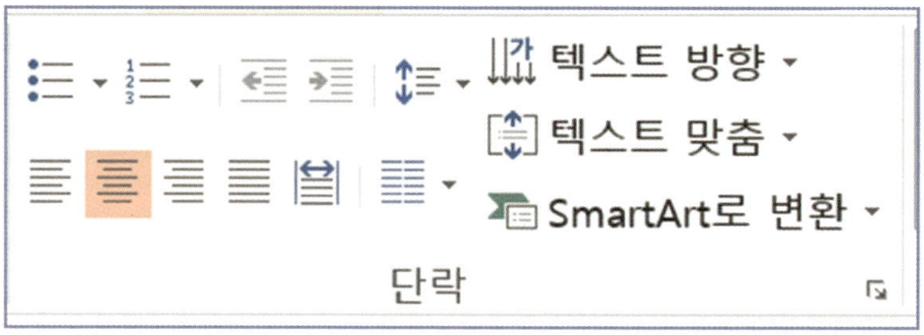

I. 텍스트 맞춤

텍스트 맞춤에는 위쪽, 가운데, 아래쪽으로 문서의 내용을 설정 할 수 있다.

슬라이드 7을 선택 후 [글머리 상자] 클릭 – [홈] 메뉴 – [단락] 그룹 – [텍스트 맞춤] – [위쪽] 을 클릭한다.

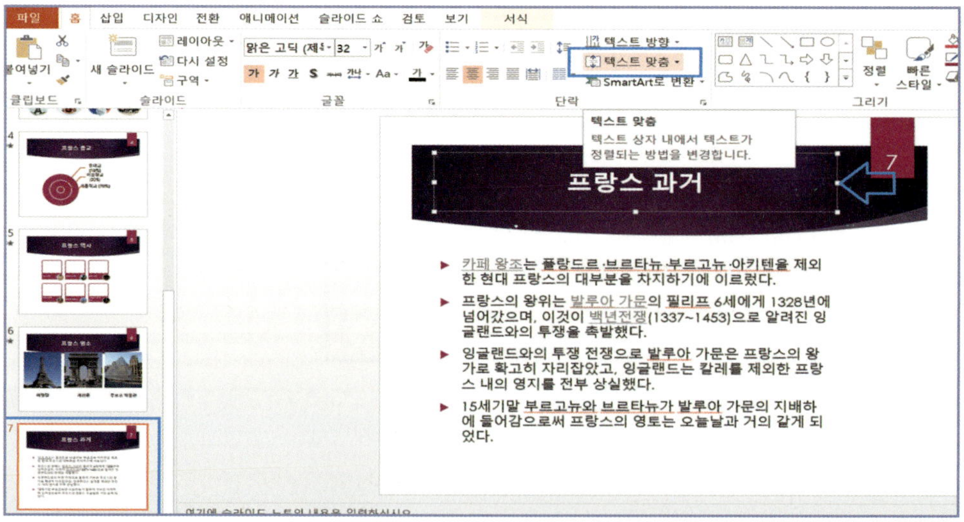

〈프랑스 과거〉 제목 텍스트가 위쪽으로 맞춰짐을 확인 할 수 있다.

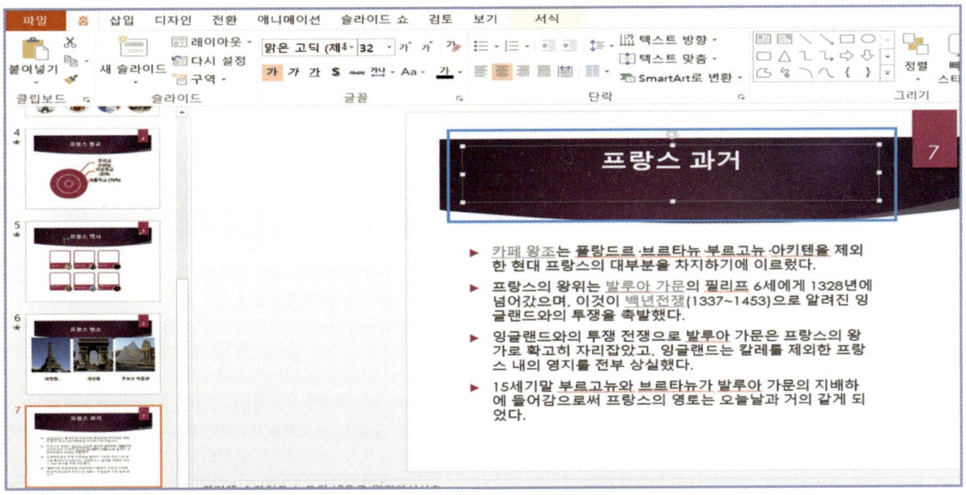

1-10 줄 간격 및 단 설정

Ⅰ. 줄 간격

내용의 양에 따라 줄 간격을 다르게 설정함으로 문서를 좀 더 예쁘고 스타일리쉬하게 작업 할 수 있다.

슬라이드 7을 선택 후 [글머리 상자] 클릭 – [홈] 메뉴 – [단락] 그룹 – [줄 간격] – [1.5]를 선택하여 줄 간격을 넓힐 수 있다.

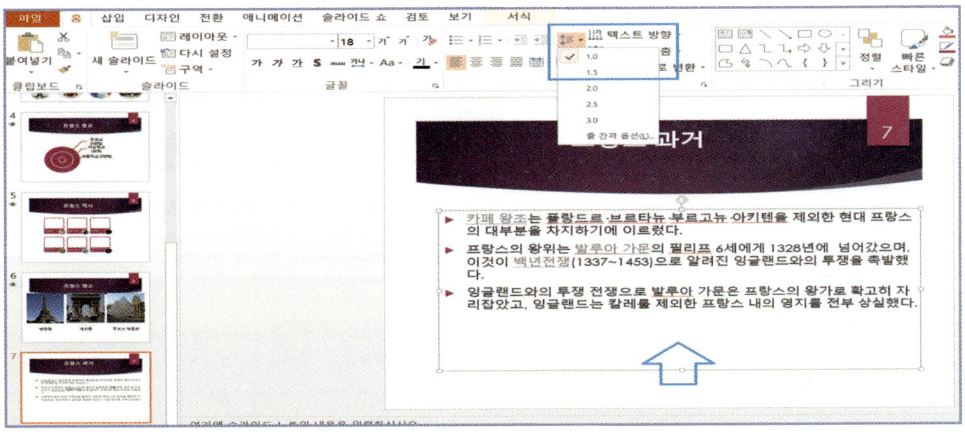

슬라이드 7의 글머리 상자 내용이 줄 간격 [1.5]로 넓혀져 보기 좋게 꾸며 졌다.

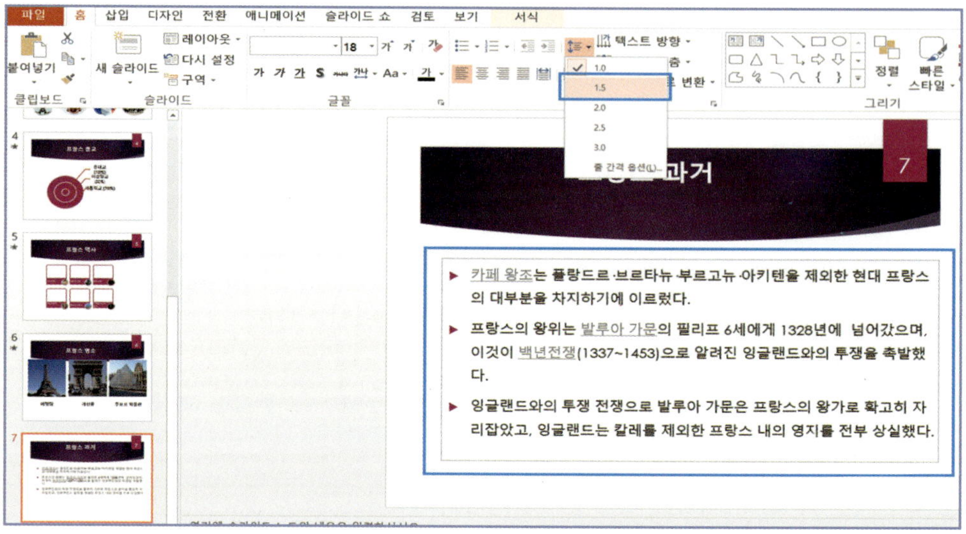

Ⅱ. 단 설정

신문이나 잡지를 보면 많은 내용을 게시하고자 여러 단으로 나누어 글을 쓴 것을 볼 수 있다. 즉 단 설정을 통해 지면 활용도를 높일 수 있는 장점이 있기에 자주 사용하는 기능이다.

슬라이드 7을 선택 후 [글머리 상자] 클릭 – [홈] 메뉴 – [단락] 그룹 – [단] – [2단]을 선택하여 문서를 다양하게 편집 할 수 있다.

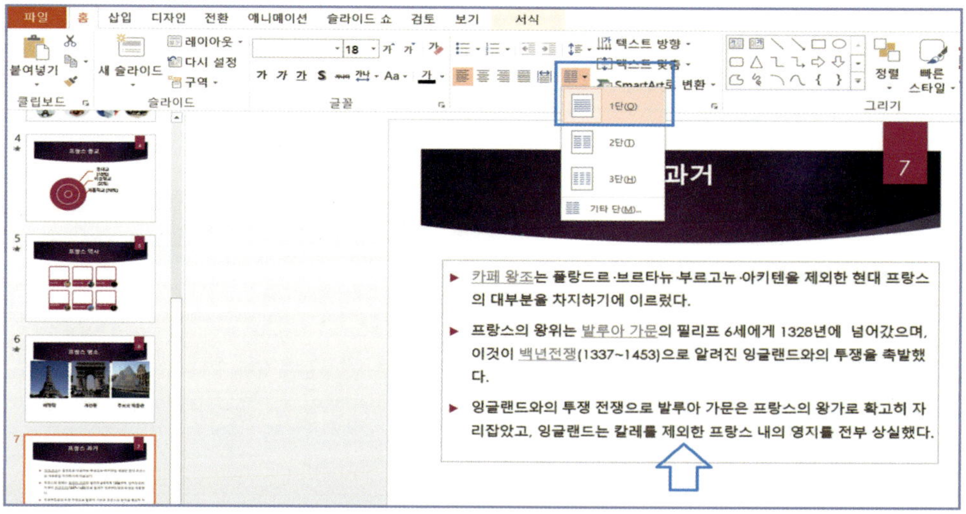

글 상자를 선택 후

[단 설정] – [기타 단] – [개수 : 2] – [확인]을 선택한다.

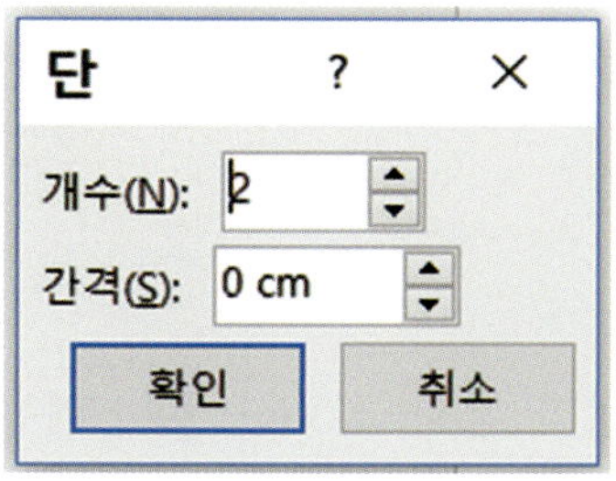

하나의 단을 여러 개의 단으로 수정 가능하고 간격도 넓힐 수 있다.

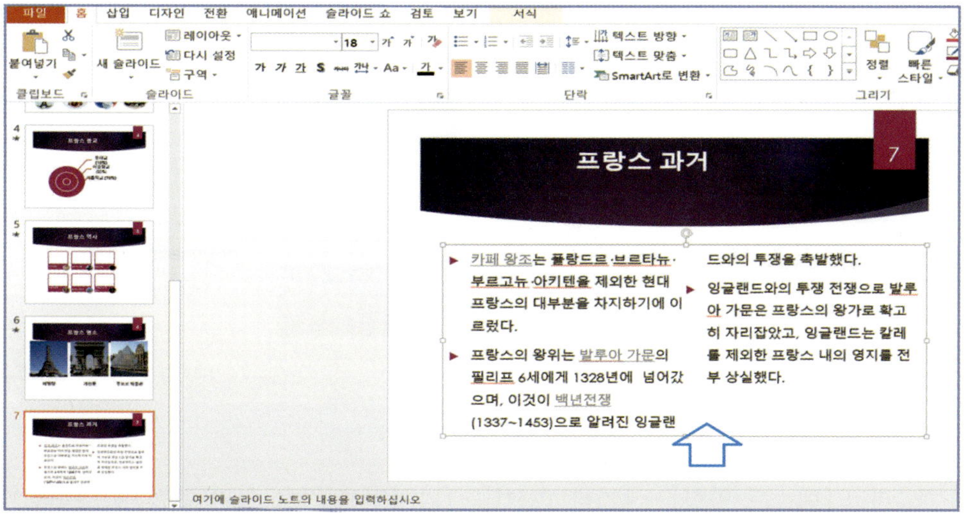

그 외에도 단락 기능은 다양하여 문서 내용에 어울리는 단락 기능을 적용시키면 더 좋은 문서 작성이 가능하다.

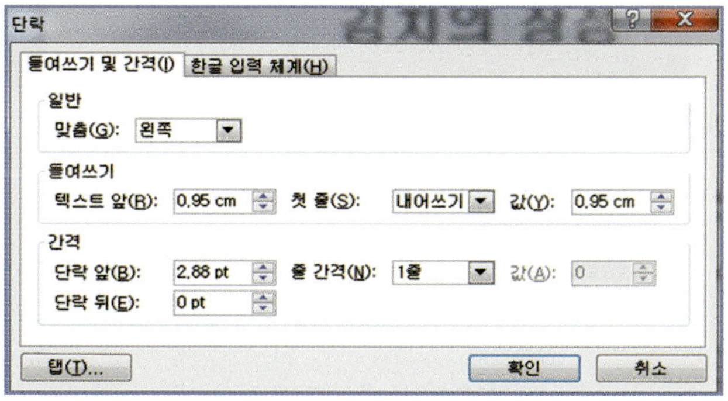

위의 그림과 같이 [단락]을 사용자가 원하는 대로 [들여쓰기]와 [간격] 등을 통해 다양한 프레젠테이션 편집을 할 수 있다. 참고로 가장 간단한 방법인 탭 키(Tab)를 사용한 들여쓰기는 단락의 맨 앞에 커서를 두고 탭 키를 누르면 탭 설정 값만큼 들어가게 된다.

1-11 텍스트 방향

슬라이드 8을 선택 후 [세비아 성당] – [글머리 상자] 클릭 – [홈] 메뉴 – [단락] 그룹 – [텍스트 방향] – [모든 텍스트 90도 회전]을 클릭 한다.

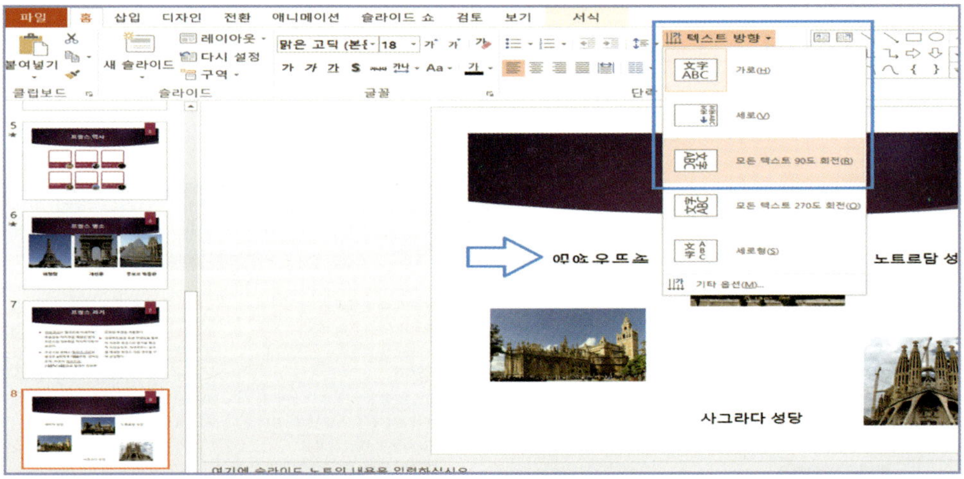

그리고 [텍스트 방향] – [기타 옵션] – [넘치면 텍스트 크기 조정]을 클릭한다.

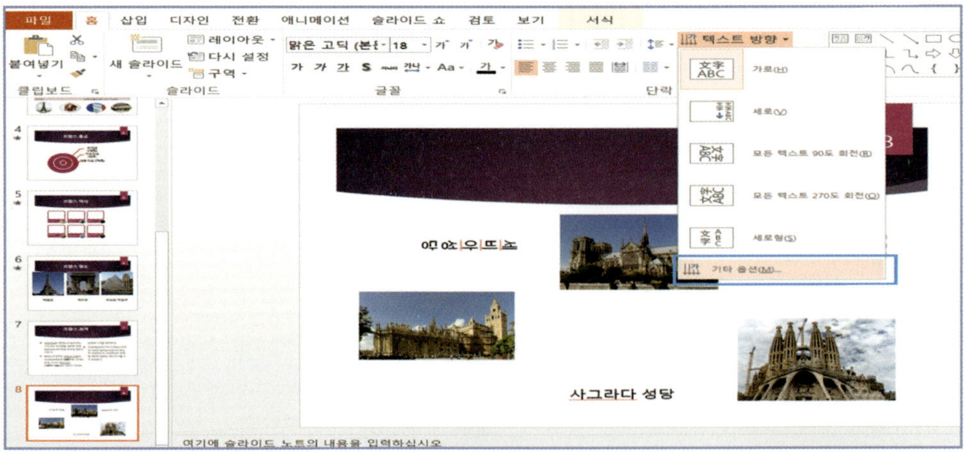

1-12 서식 복사

[서식 복사]는 텍스트에 설정되어 있는 글꼴 및 단락 서식을 다른 텍스트 상자에 복사하여 빠르고 간편하게 재사용 할 수 있다.
그리고 글 복사뿐만 아니라 도형 서식에도 복사가 가능하다. 자주 사용하는 서식은 스타일로 지정해 사용하는것이 좋고 사용 빈도가 적은 것들은 서식 복사를 이용하면 작업 능률을 높일 수 있어 효율적이다.

슬라이드 1의 제목을 [범위 지정] 한 후 – [홈] 메뉴 – [클립보드] 그룹 – [서식 복사]를 선택 한다.

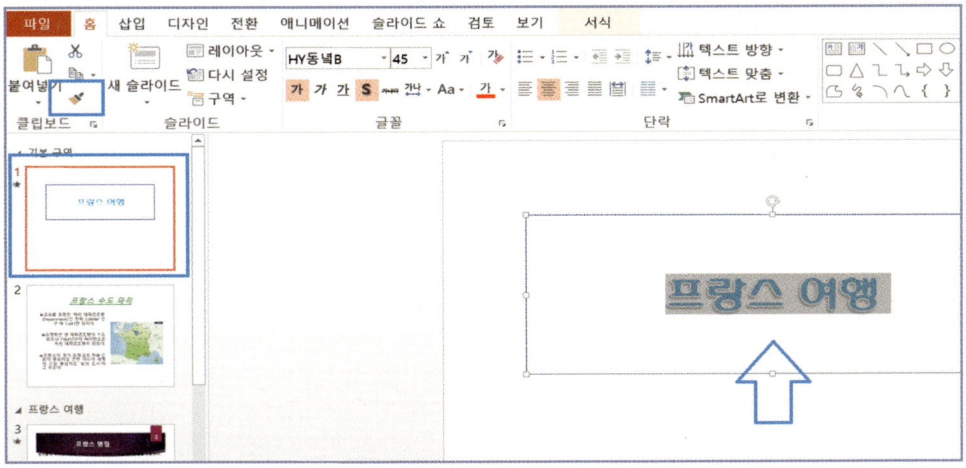

슬라이드 2를 클릭 – 제목의 [프랑스 수도 파리]를 드래그 한다.

그러면 슬라이드 1과 같은 [글자 크기 45]와 글꼴 서식 [HY 동녘 B]로 내용이 변경 된다.

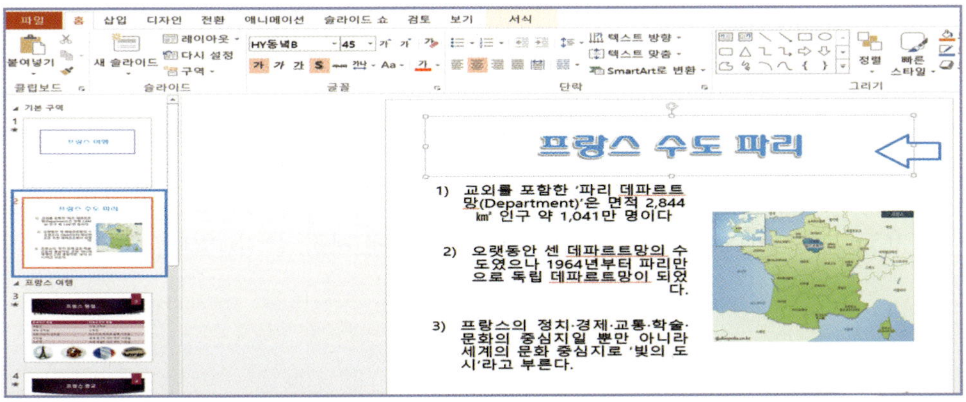

1-13 저장 및 다른 형식으로 저장

[저장]과 [다른 이름으로 저장]의 차이는 다음과 같다. [저장]은 지금 현재 파워포인트나 엑셀 등 문서 작업 시 저장을 누르면 단순히 현재까지의 내용을 저장하는 것이다. [다른 이름으로 저장]은 이미 저장 되 하나의 문서를 연 후 [다른 이름으로 저장]을 눌러 문서의 저장 경로와 이름을 묻는 창이 뜨면 어디에 저장할 것인지 폴더를 클릭하고 변경하고자 하는 파일 이름을 입력하여 처음 열어놨던 문서 외에 하나 더 파일을 만들 수 있다.

파워포인트에서 [저장] 할 수 있는 방법은 여러 가지로 파워포인트 프레젠테이션, PowerPoint 97-2003 프레젠테이션, PDF, XPS 문서, 디자인 서식 파일 등 그 외로도 저장이 가능하다.

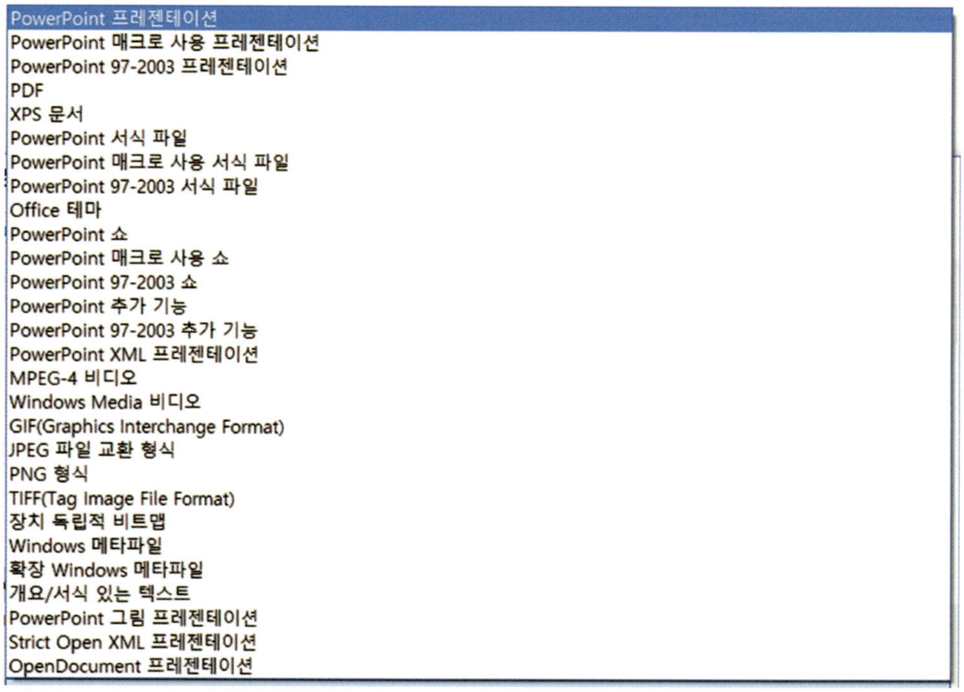

저장 할 폴더를 지정 후 [파일 이름] 란에 저장하고자 하는 파일명을 입력, [저장] 단추를 누르면 변경 된 내용을 컴퓨터에 저장 할 수 있다.

[파일] 메뉴 – [다른 이름으로 저장]을 클릭 – [바탕 화면] 폴더를 선택 – [파일 이름] – [1장 예제]로 입력하여 저장한다.

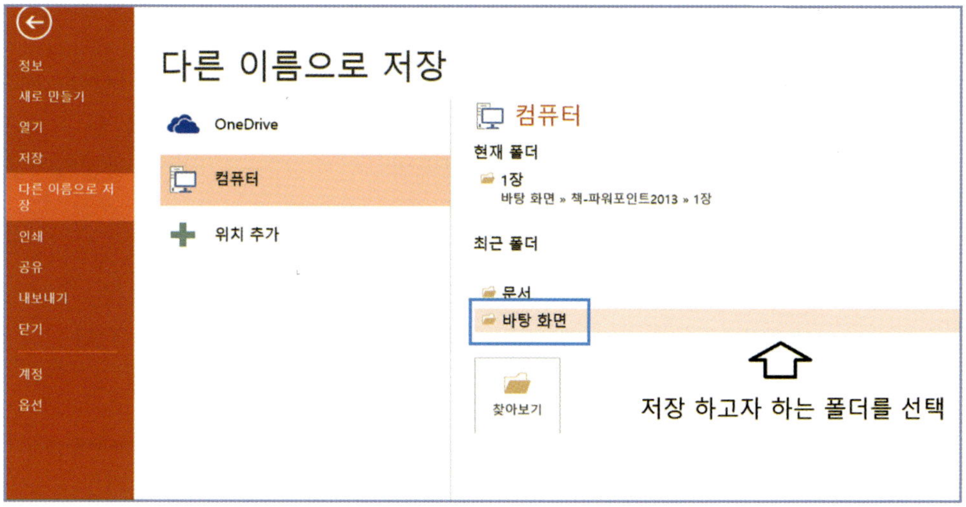

그리고 저장이 됐으면 현재의 문서는 닫는다.

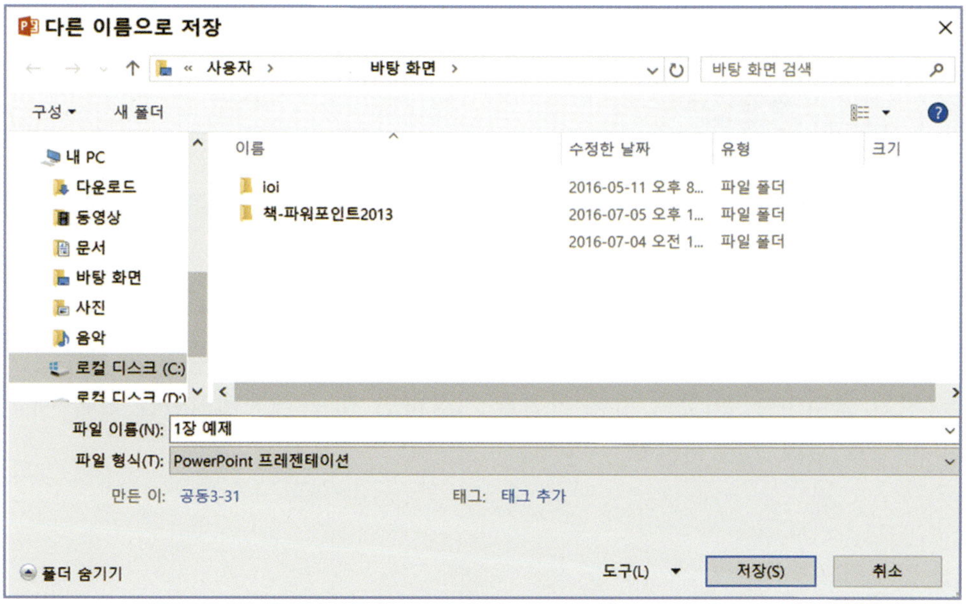

[PowerPoint 프레젠테이션]은 파워포인트 2013 프레젠테이션을 저장하는데 사용되고, [PowerPoint 97-2003 프레젠테이션] 저장 방법은 파워포인트 97부터 2003까지의 이전 버전으로 프레젠테이션 내용을 저장하는데 사용된다.

[다른 형식] 중 [파일 형식]의 [PowerPoint 매크로 사용 프레젠테이션]은 윈도우 기반 응용 프로그램을 프로그래밍 하는데 사용하고, 매크로가 포함된 프레젠테이션을 저장할 수 있다. 그리고 그 외에 [파워포인트 97 - 2003 프레젠테이션]과 [파워포인트 서식 파일] 등으로도 저장이 가능하다.

[PowerPoint 서식 파일] 저장 형식은 사용자가 디자인한 마스터를 다른 프레젠테이션에서 재사용하고자 할 때 디자인 서식 파일로 저장하면 된다. 디자인 서식 파일의 형식은 [*.potx] 이다.

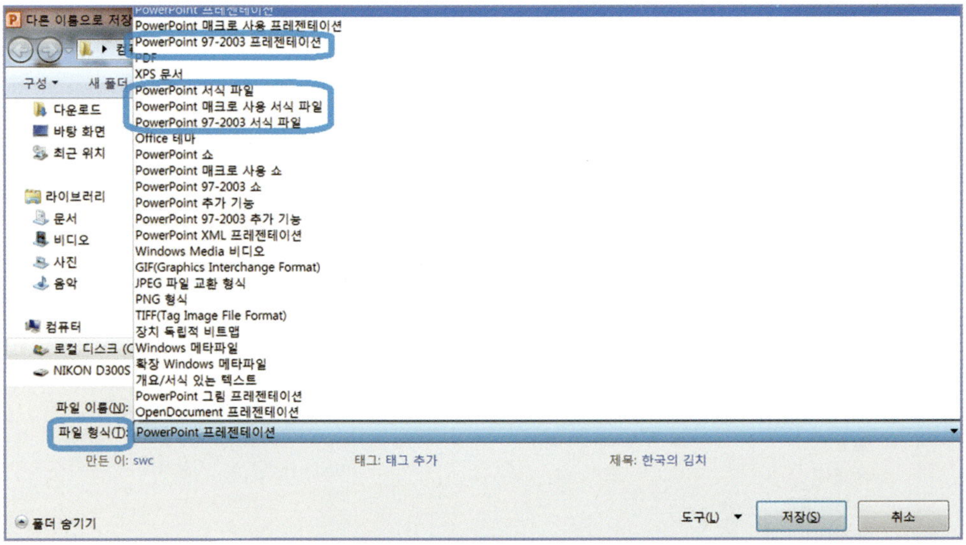

[Templates] 폴더는 서식 파일들을 모아 저장하여 관리할 수 있게 해주는 서식 파일 폴더이다. 이곳에 서식 파일을 저장하면 새 프레젠테이션을 만들 때 서식 파일을 쉽게 찾아 시작할 수 있다.

1-14 기존 프레젠테이션 열기

[기존 파워포인트 2013 열기]는 이미 저장 되어 있는 기존 파워포인트 문서를 불러 올 수 있는 기능이다.

[파일] 메뉴 – [열기] – [컴퓨터] – [바탕 화면] – [1장 예제] –[열기] 명령을 클릭한다.

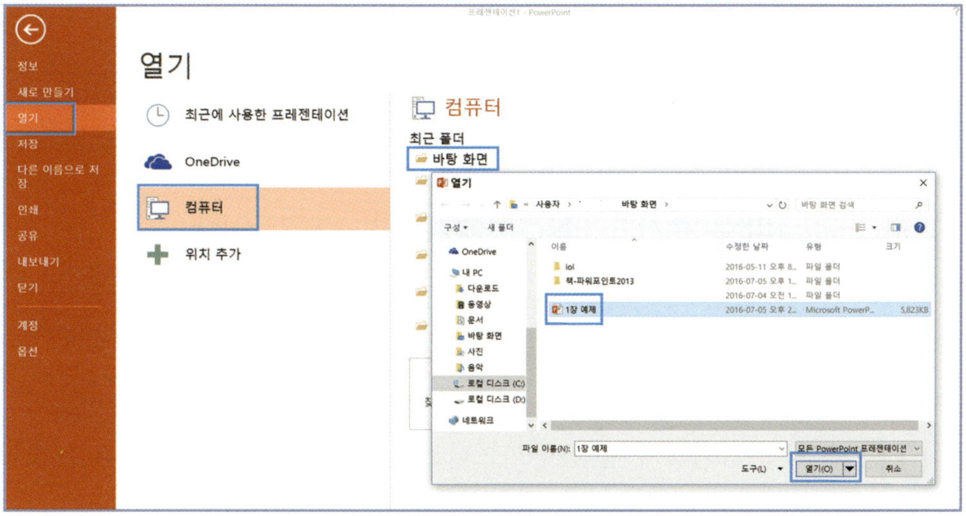

전에 저장한 파일 중 [1장 예제] 파일이 열리는 것을 확인 할 수 있다.

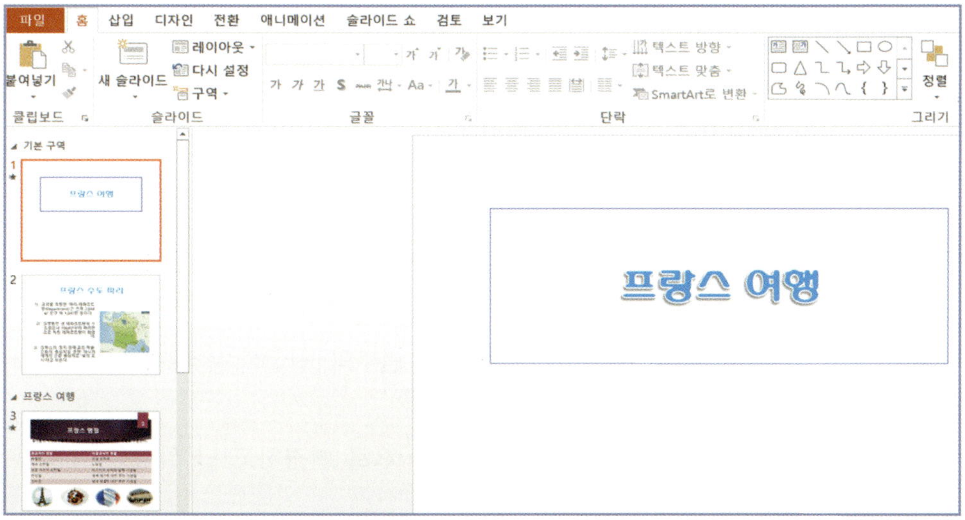

1장 실전학습

문제 1 ~ 4번
새로 만들기로 작성 후 이어 풀기

문제 5 ~ 6번
파일 열기 : [실전학습] 폴더 – 세계 여행

01

1) 서식 파일을 이용하여 비즈니스 범주의 [비즈니스 프로젝트 계획] 프레젠테이션을 새로 만드시오.
2) 슬라이드 1을 다음에 [제목 및 내용]의 새 슬라이드를 추가하고 제목에 '영업 실적' 이라 입력하고, 제목은 가로 오른쪽 맞춤을 하시오.

02

1) 슬라이드 4를 콘텐츠 2개로 레이아웃을 변경 후 텍스트 내용을 궁서체, 글꼴 크기 24로 변경하시오.
2) 슬라이드 5의 글머리 기호를 원 숫자로 변경하시오.
3) 바탕 화면에 '제안서' 라고 저장 하시오.

03

1) 서식 파일을 이용하여 프레젠테이션 범주의 [신선한 음식 프레젠테이션] 을 새로 만드시오.
2) 슬라이드 2 글상자의 줄 간격을 2.0으로 변경하고 단 설정을 이용하여 2단으로 수정하시오.

04

1) 제목에 '신선한 채소' 라고 입력하고 부제에 '건강한 생활을 위하여' 라고 입력한다. 그리고 글꼴 제목 색은 파랑과 밑줄을 적용하시오.

2) 슬라이드 1의 제목을 서식 복사하여 슬라이드 2와 슬라이드 3에 적용하시오.

05

1) 실전 학습 폴더에 있는 [세계 여행] 파일을 여시오.

2) 슬라이드 1의 제목을 세로 위쪽 맞춤으로 변경하시오.

3) 슬라이드 3부터 구역을 나누고 구역의 이름은 [독일]로 변경하시오. 기본 구역과 독일 구역을 축소하시오

06

1) 슬라이드 2의 제목을 굵게, 밑줄, 텍스트 그림자를 적용하시오.

2) 슬라이드 3의 글머리 상자 내용을 양쪽 맞춤으로 정렬하시오

3) 슬라이드 3의 글머리 상자 내용에 [화살표 글머리 기호]로 변경하고 글머리 색은 녹색을 적용하시오.

01

1) 서식 파일을 이용하여 비즈니스 범주의 [비즈니스 프로젝트 계획] 프레젠테이션을 새로 만드시오.

2) 슬라이드 1 다음에 [제목 및 내용]의 새 슬라이드를 추가하고 제목에 '영업 실적' 이라 입력하고 제목은 가로 오른쪽 맞춤을 하시오.

1) 서식 파일을 이용하여 비즈니스 범주의 [비즈니스 프로젝트 계획] 프레젠테이션을 새로 만드시오.

실 습

[파일] 메뉴 – 새로 만들기 – 홈 검색 창에 '비즈니스' 입력 후 Enter – 비즈니스 프로젝트 계획 클릭 – 만들기

2) 슬라이드 1 다음에 [제목 및 내용]의 새 슬라이드를 추가하고 제목에 '영업 실적'이라 입력하고 제목은 가로 오른쪽 맞춤을 하시오.

실 습

슬라이드 1 클릭 – 새 슬라이드 클릭 – 제목 및 내용 선택 – 제목 : 영업 실적, 오른쪽 맞춤 선택

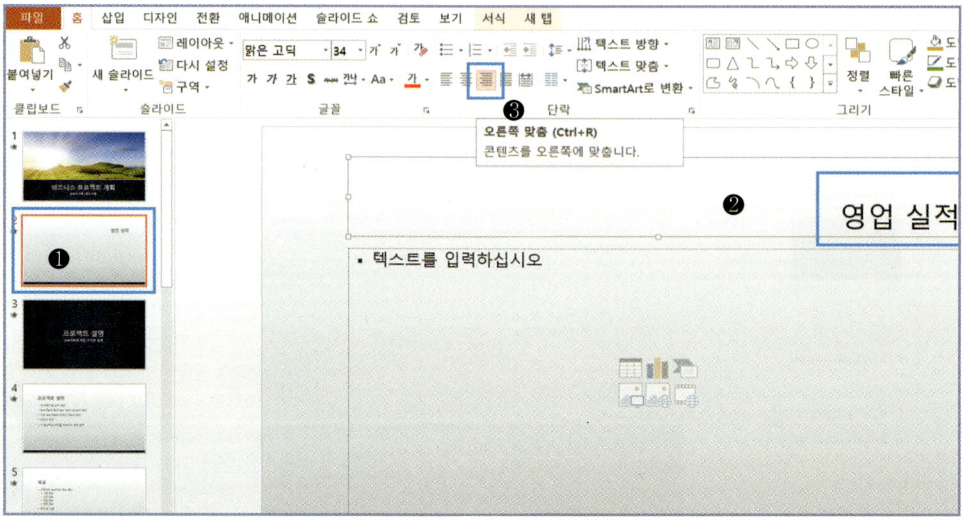

02

1) 슬라이드 4를 콘텐츠 2개로 레이아웃을 변경 후 텍스트 내용을 궁서체, 글꼴 크기 24로 변경하시오.

2) 슬라이드 5의 글머리 기호를 원 숫자로 변경하시오.

3) 바탕 화면에 '제안서'라고 저장 하시오.

1) 슬라이드 4를 콘텐츠 2개로 레이아웃을 변경 후, 텍스트 내용을 궁서체, 글꼴 크기 24로 변경하시오.

실습 슬라이드 4 선택 – 레이아웃 : 콘텐츠 2개 선택

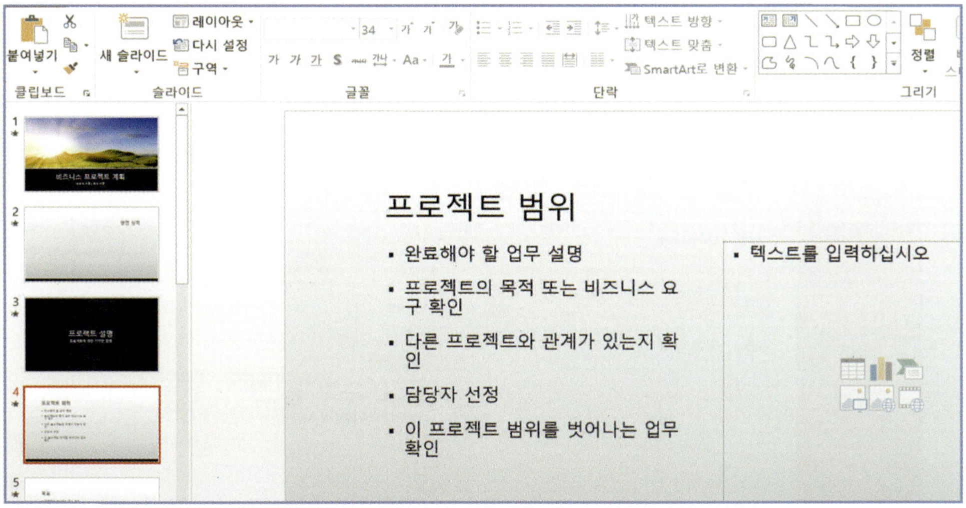

실습 슬라이드 4 선택 – 텍스트 상자 클릭 – 서체 : 궁서체, 글자 크기 : 24pt

2) 슬라이드 5의 글머리 기호를 '원 숫자' 로 변경하시오.

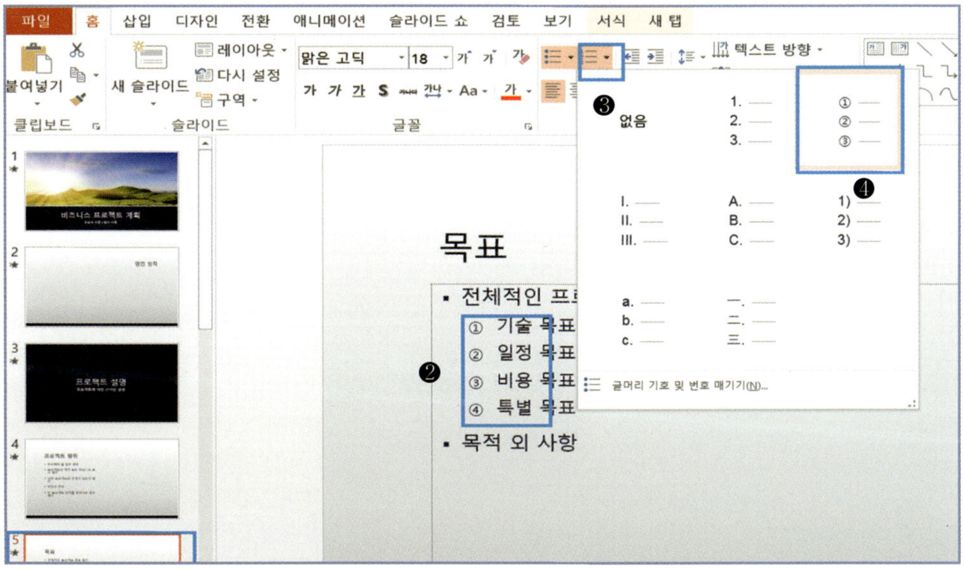

실 습 슬라이드 5 선택 – 텍스트 상자 클릭 – 단락 그룹 : 번호 매기기 – 원 숫자 클릭

3) 바탕 화면에 ‘제안서’ 라고 저장 하시오.

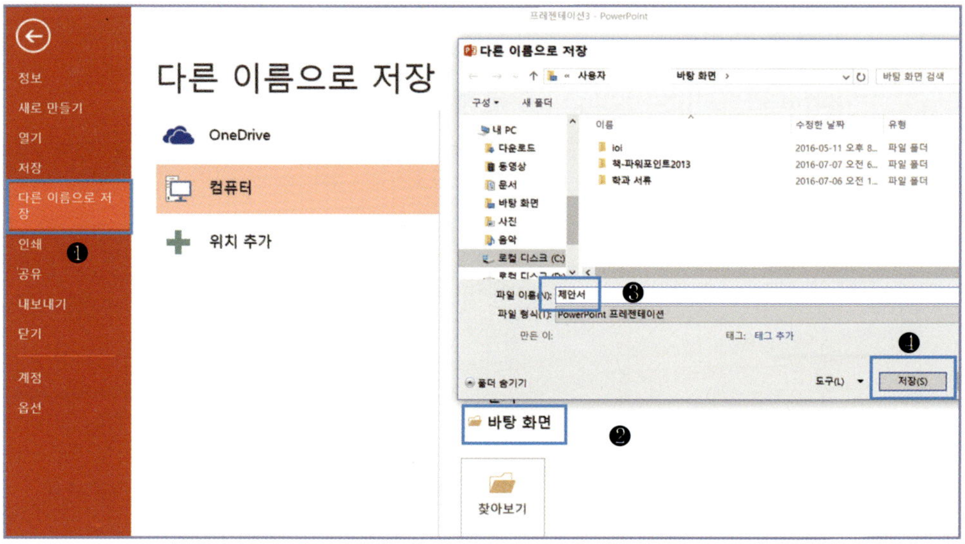

실 습 [파일] 메뉴 – 다른 이름으로 저장 – 폴더 : 바탕 화면 선택 – 파일 이름 : ‘제안서’ 입력 – 저장

03

1) 서식 파일을 이용하여 프레젠테이션 범주의 [신선한 음식 프레젠테이션] 을 새로 만드시오.
2) 슬라이드 2 글상자의 줄 간격을 2.0으로 변경하고 단 설정을 이용하여 2단으로 수정하시오.

1) 서식 파일을 이용하여 프레젠테이션 범주의 [신선한 음식 프레젠테이션] 을 새로 만드시오.

실 습 [파일] 메뉴 – 새로 만들기 – 홈 : 프레젠테이션 선택 – 신선한 음식 프레젠테이션 클릭 – 만들기

2) 슬라이드 2 글상자의 줄 간격을 2.0으로 변경하고 단 설정을 이용하여 2단으로 수정하시오.

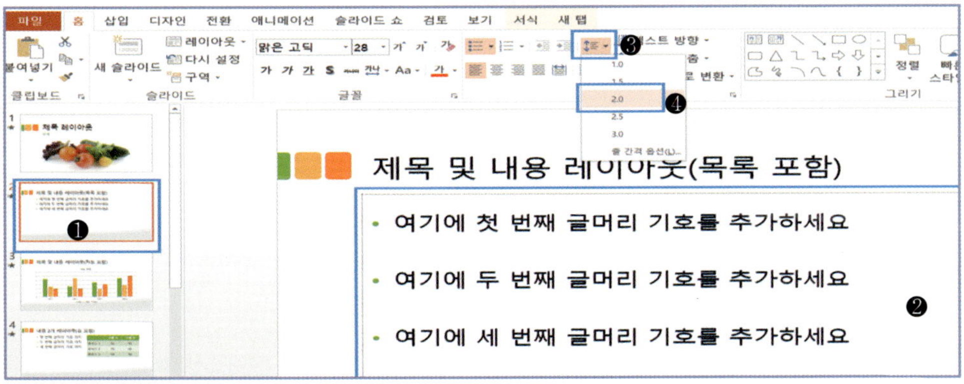

실 습 슬라이드 2 클릭 – 텍스트 상자 선택 – 단락 : 줄 간격 선택 – 2.0

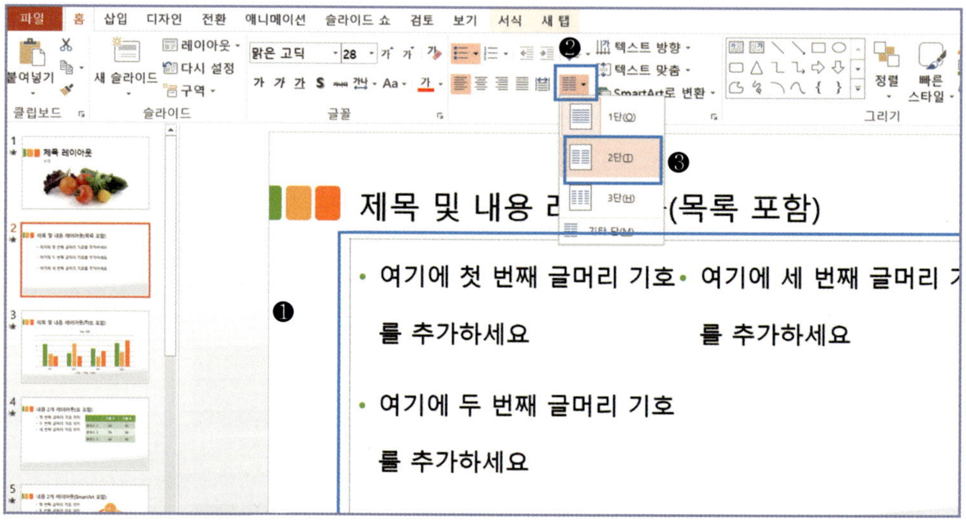

실 습 슬라이드 2 클릭 – 텍스트 상자 선택 – 단락 : 단 선택 – 2단 클릭

04

1) 제목에 '신선한 채소' 라고 입력하고 부제에 '건강한 생활을 위하여' 라고 입력한다. 그리고 글꼴 제목 색은 파랑과 밑줄을 적용하시오.

2) 슬라이드 1의 제목을 서식 복사하여 슬라이드 2와 슬라이드 3에 적용하시오.

1) 제목에 '신선한 채소' 라고 입력하고 부제에 '건강한 생활을 위하여' 라고 입력한다. 그리고 글꼴 제목 색은 파랑과 밑줄을 적용하시오.

실 습 슬라이드 1 클릭 – '제목 : 신선한 채소, 부제 : 건강한 생활을 위하여' 입력 – 글꼴 색 : 파랑, 밑줄 클릭

2) 슬라이드 1의 제목을 서식 복사하여 슬라이드 2와 슬라이드 3에 적용하시오.

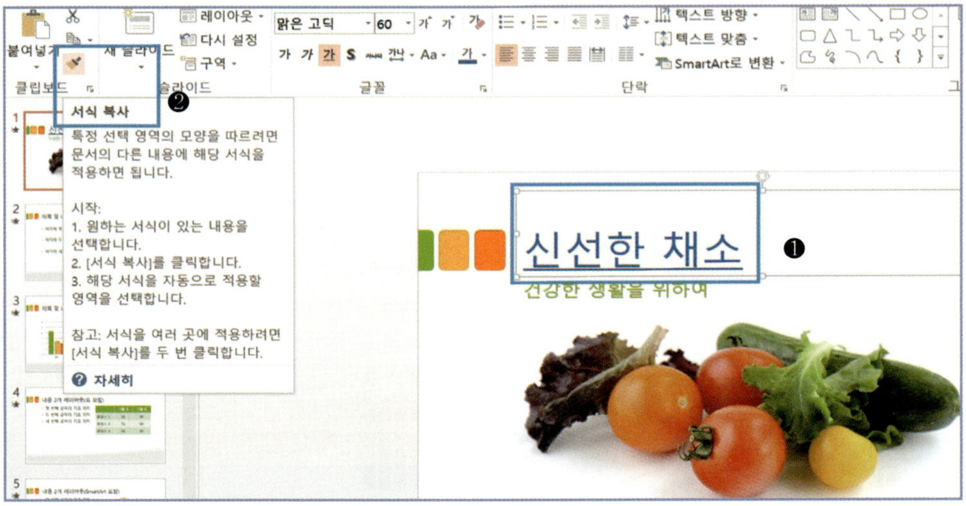

실 습

슬라이드 1 클릭 – 제목 텍스트 선택 – [홈] 메뉴 – 클립보드 그룹 : 서식 복사 클릭 – 슬라이드 2 선택 – 제목 클릭(슬라이드 3 선택 후 반복)

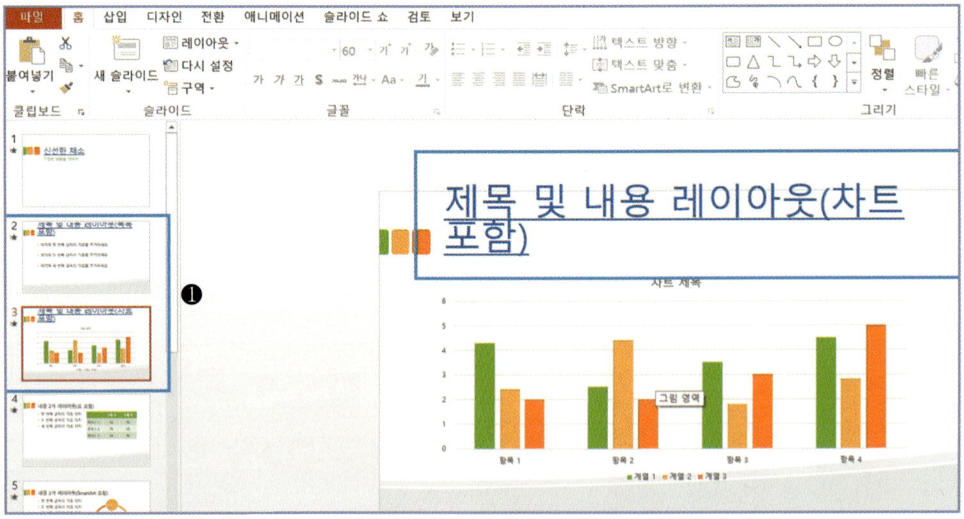

05

1) 실전 학습 폴더에 있는 [세계 여행] 파일을 여시오.
2) 슬라이드 1의 제목을 세로 위쪽 맞춤으로 변경하시오.
3) 슬라이드 3부터 구역을 나누고 구역의 이름은 [독일]로 변경하시오. 기본 구역과 독일 구역을 축소하시오

1) 실전 학습 폴더에 있는 [세계 여행] 파일을 여시오.

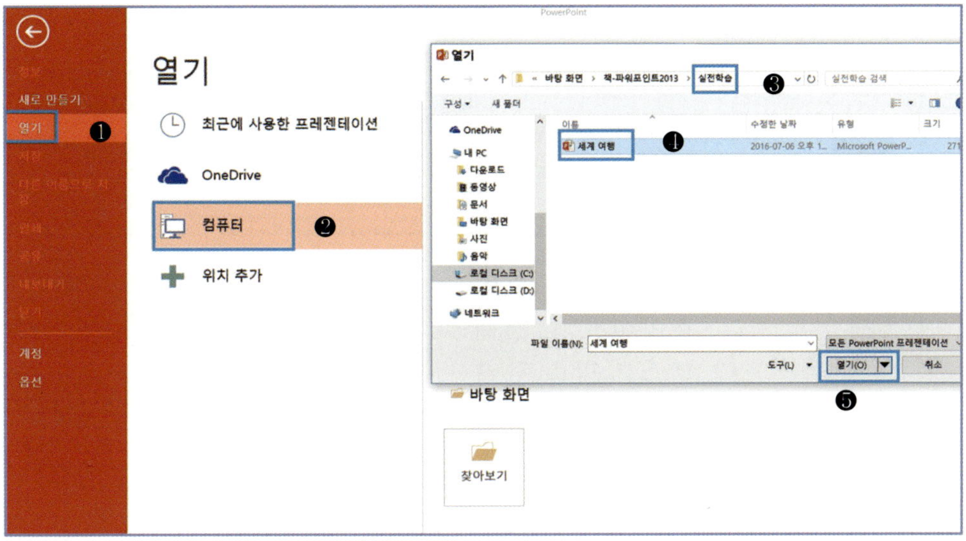

실습

[파일] 메뉴 – 열기 – 폴더 : [실전 학습] 선택 – 파일 : 세계 여행 선택 – 열기

2) 슬라이드 1의 제목을 세로 위쪽 맞춤으로 변경하시오.

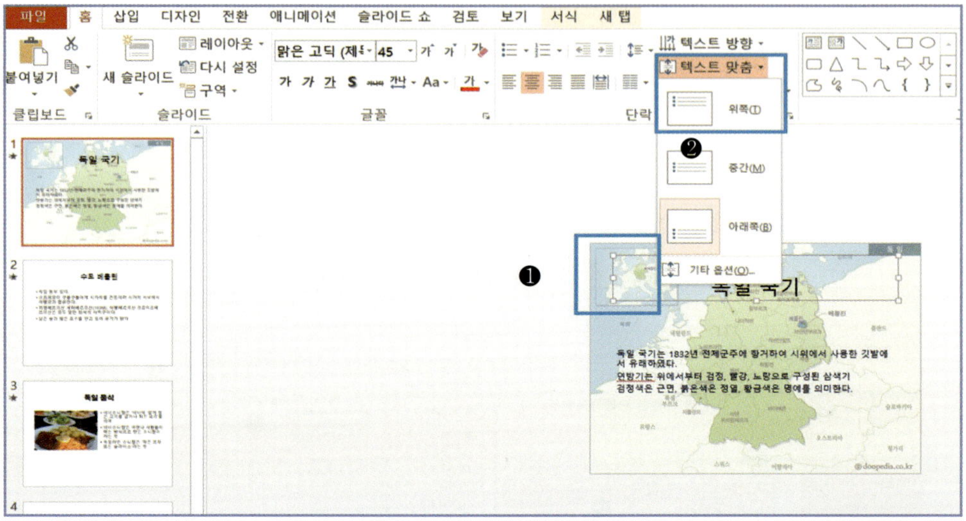

실습 슬라이드 1 선택 – 제목 텍스트 클릭 – 단락 그룹 : 텍스트 맞춤 클릭 – 위쪽 선택

3) 슬라이드 3부터 구역을 나누고 구역의 이름은 [독일]로 변경하시오. 기본 구역과 독일 구역을 축소하시오.

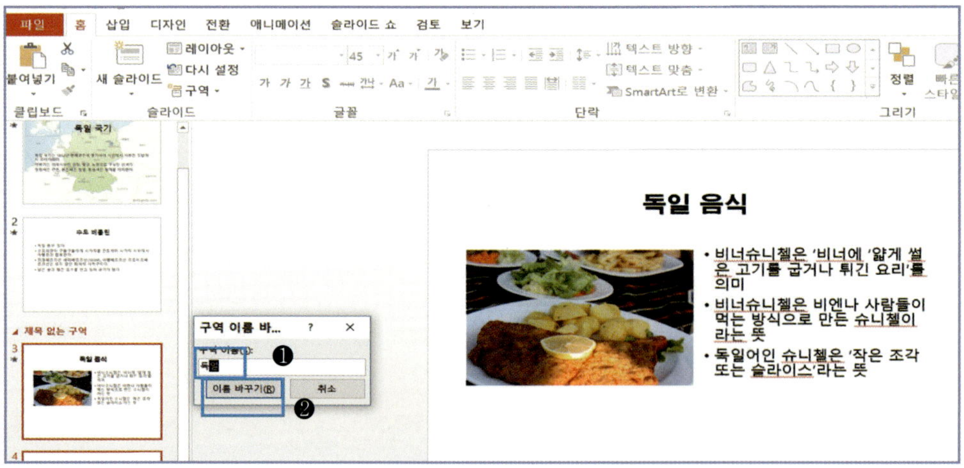

실 습 슬라이드 3 선택 – 슬라이드 그룹 : 구역 클릭 – 구역 이름 바꾸기 : 독일 입력 – 구역 이름에서 마우스 오른쪽 클릭 – 모두 축소

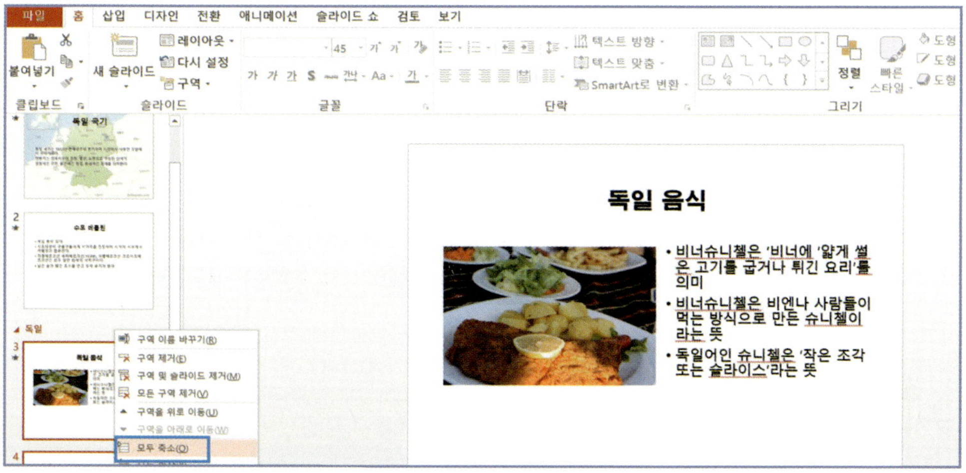

06

1) 슬라이드 2의 제목을 굵게, 밑줄, 텍스트 그림자를 적용하시오.
2) 슬라이드 3의 글머리 상자 내용을 양쪽 맞춤으로 정렬하시오
3) 슬라이드 3의 글머리 상자 내용에 [화살표 글머리 기호]로 변경하고 글머리 색은 녹색을 적용하시오.

1) 슬라이드 2의 제목을 굵게, 밑줄, 텍스트 그림자를 적용하시오.

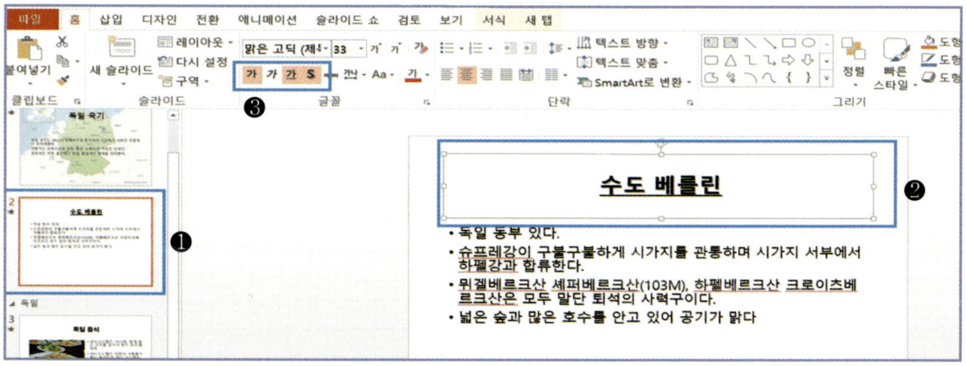

실 습 슬라이드 2 선택 – 제목 텍스트 선택 – 글꼴 그룹 : 굵게, 밑줄, 텍스트 그림자 선택

2) 슬라이드 3의 글머리(텍스트) 상자 내용을 양쪽 맞춤으로 정렬하시오.

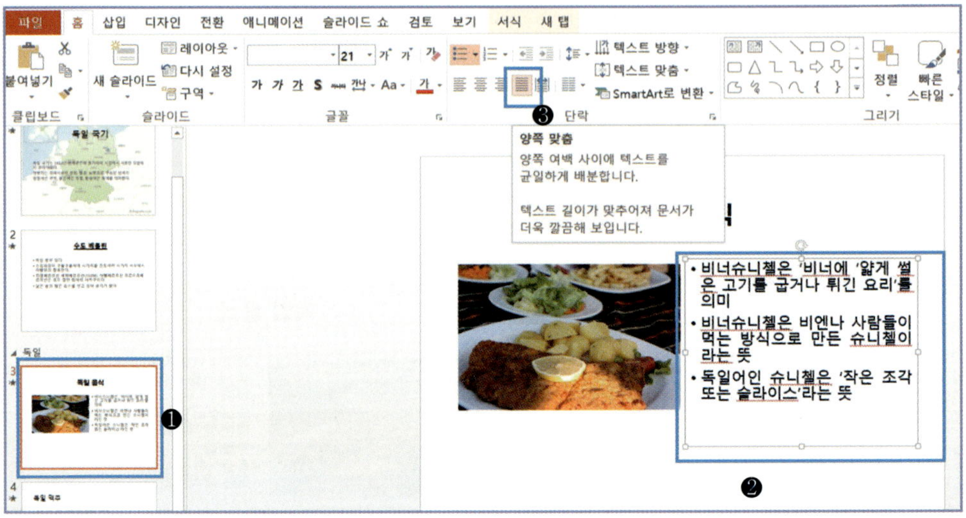

실 습 슬라이드 3 선택 - 텍스트 상자 클릭 - 단락 그룹 : 양쪽 맞춤 선택

3) 슬라이드 3의 글머리 상자 내용에 [화살표 글머리 기호]로 변경하고 글머리 색은 녹색을 적용하시오.

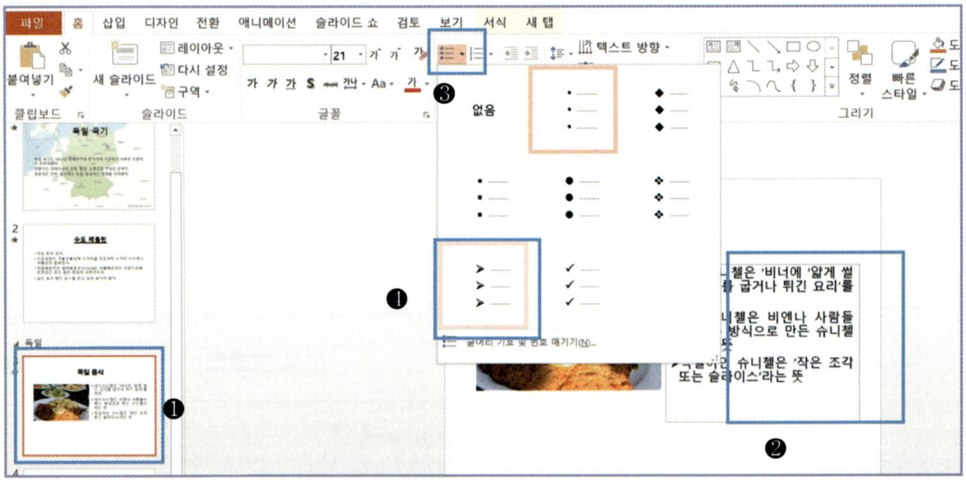

실습 슬라이드 3 선택 – 텍스트 상자 클릭 – 단락 그룹 : 글머리 기호 – 화살표 글머리 기호 선택 – 글꼴 그룹 : 녹색

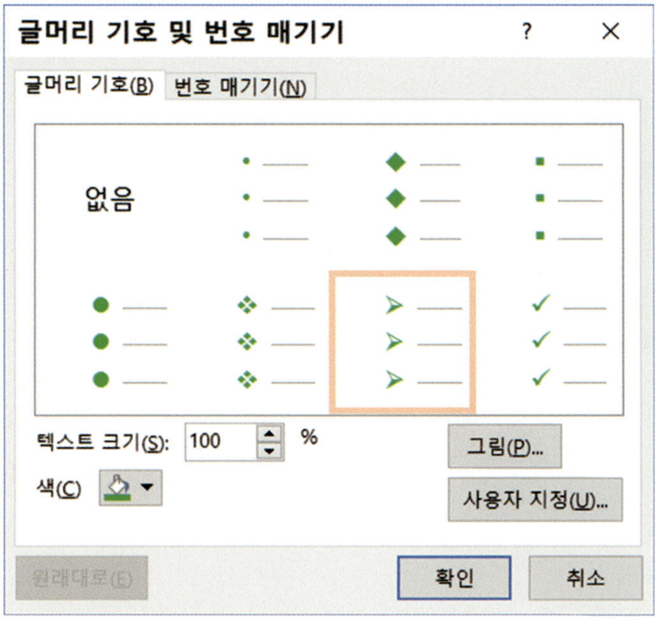

1장 실전예제만들기

조건

슬라이드 1 다음과 같이 완성하시오.

- 각자 원하는 그림 넣기(그림 크기 : 5x5)
- 텍스트를 입력 후 다음 조건으로 작성
- 글머리 기호 사용(◆, ∨)
  - ◆ 문단(맑은 고딕, 20pt, 굵게)
  - ∨ 문단(맑은 고딕, 16pt, 줄 간격 : 1.5줄)

[완성본]

교육자금 모으기

◆ **Variable Universal Life Insurance is?**

✓ The cash value can be invested in a wide variety of separate accounts, and the choice of which of the available separate accounts to use is entirely up to the contract owner

임의의 그림 넣기 1

◆ **목적과 의의**

✓ 입학금이나 학비 등 대학교 과정을 마칠 때까지 반드시 필요하여 저축 등의 수단으로 확보해 놓아야 하는 자금

✓ 노년기 다음으로 병원비 지출이 많은 성장기에 어린이 중대 질환, 재해 골절, 수술, 입원 등에 대한 경제적 대비책 필요

조건

슬라이드 2 다음과 같이 슬라이드를 완성하시오.

- [제목 및 내용]으로 프레젠테이션 새로 만들기를 하시오.
- 내용을 입력하여 완성하시오.

[완성본]

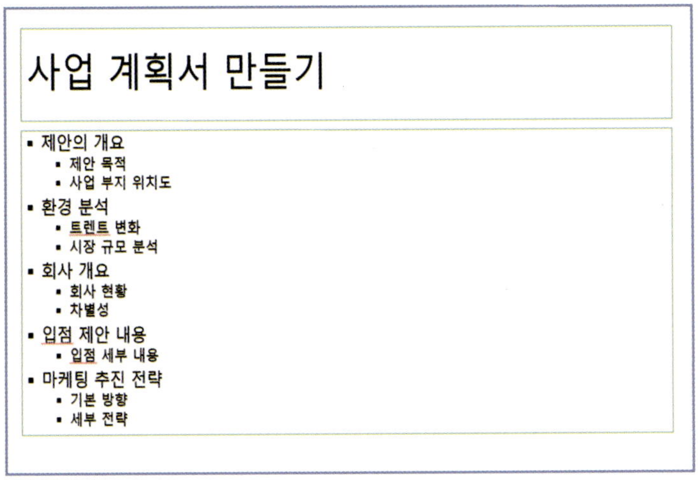

조건

슬라이드 3 다음과 같이 슬라이드를 완성하시오.

- 제목 텍스트 서체 : HY수평선B
- 텍스트 상자 글꼴 : HY크리스탈M
- 단 : 2단 설정
- 내용 입력 후 번호 매기기(A,B,C...) 설정
- 안산대학교 : 글자색 – 파란색, 번호 매기기(①②③) 추가
- 재능대학교 : 밑줄체, 신구대학교 – 기울림꼴 적용

[완성본]

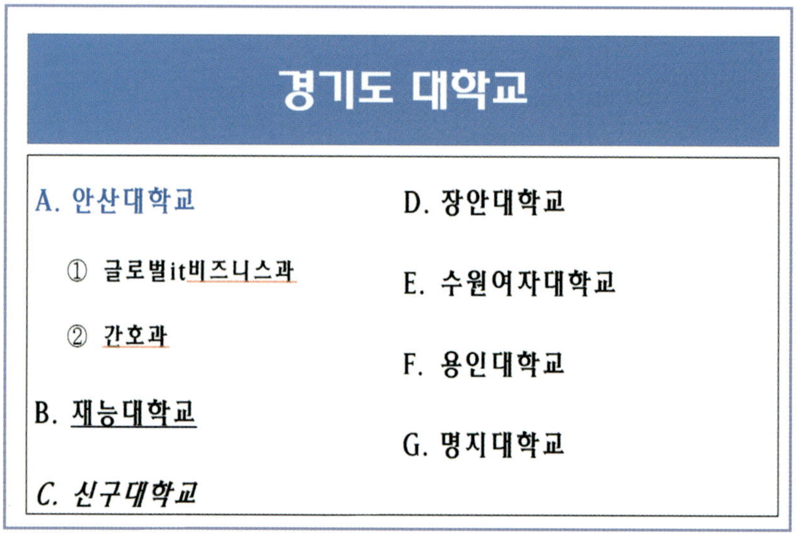

2장 슬라이드 편집 및 환경 설정

- 프레젠테이션 보기
- 표시
- 확대 및 축소
- 컬러 / 회색조
- 슬라이드 편집
- 테마
- 슬라이드 크기
- 배경 서식
- 정보 보호
- 인쇄
- 최종본으로 표시

02 슬라이드 편집 및 환경설정

2장에서는 슬라이드 편집을 함으로써 기초를 다지고 환경 설정을 통해 자신만의 프레젠테이션 만드는 학습을 진행한다.

[2 장 예제] 파일 사용

2-1 프레젠테이션 보기

[화면 보기]는 파워포인트 2013 화면 오른쪽 하단에 있는 기능으로 슬라이드 내용에 맞게 슬라이드 노트, 메모, 기본 보기, 여러 슬라이드 보기, 슬라이드 쇼 그리고 확대/축소로 다양하게 변경할 수 있다.

Ⅰ. 파일 열기

[파일] 메뉴 – [열기] – [2장 예제]를 선택 한다.

Ⅱ. 슬라이드 보기

① 기본보기( )

[보기] 메뉴 – [프레젠테이션 보기] 그룹 – [기본]을 선택 한다.

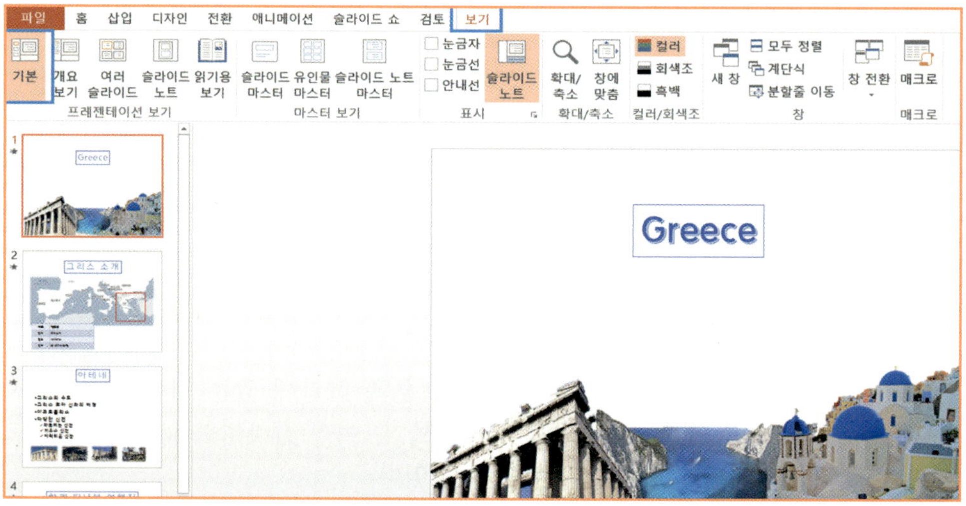

또는 화면 아래의 프레젠테이션 오른쪽 하단에 있는 [ ]를 선택해도 된다.

② 여러 슬라이드 보기( )

[여러 슬라이드 보기]는 현재 프레젠테이션의 모든 슬라이드를 한 화면에 표시하는 보기 형태이다. 여러 슬라이드 보기는 한눈에 보기 좋을 뿐 만 아니라 전체적 흐름을 쉽게 파악할 수 있고 슬라이드를 다중 선택하여 편집도 가능하다.

[보기] 메뉴 – [프레젠테이션 보기] 그룹 – [여러 슬라이드]를 선택 한다.

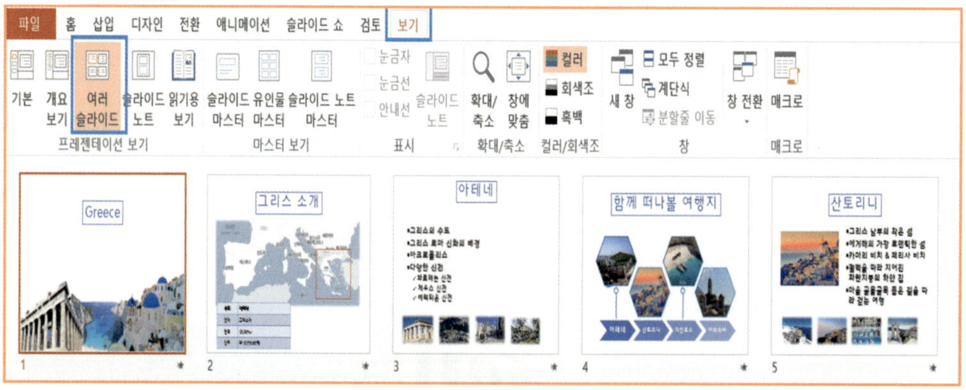

[여러 슬라이드 보기]는 슬라이드의 전체 구조를 파악하고 효과를 높이기 위해 슬라이드 복사나 이동 그리고 삭제 등의 슬라이드 편집에 매우 유용하다. 슬라이드 편집에 관련 된 내용은 다음장에서 상세히 설명하기로 하겠다.

③ 슬라이드 노트 보기

[보기] 메뉴 – [프레젠테이션 보기] 그룹 – [슬라이드 노트]를 선택 한다.

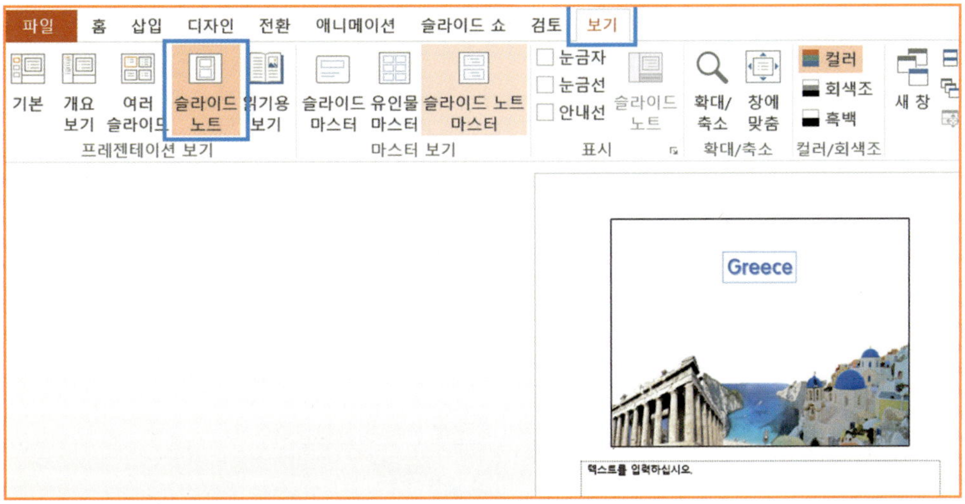

④ 읽기용 보기

[보기] 메뉴 – [프레젠테이션 보기] 그룹 – [읽기용 보기]를 선택 한다.

다음 내용을 살펴보기 위해

[2장 예제] – [파일] – [닫기]를 선택하여 저장하지 않고 닫는다.

2-2 표시

눈금자와 눈금선 그리고 안내선을 이용하면 좀 더 정확하고 세밀한 작업을 할 수 있다. 안내선은 드래그로 이동 가능하고 안내선을 추가하려면 [Ctrl] 키를 누른 채 드래그하여 새로운 안내선을 추가할 수 있다.

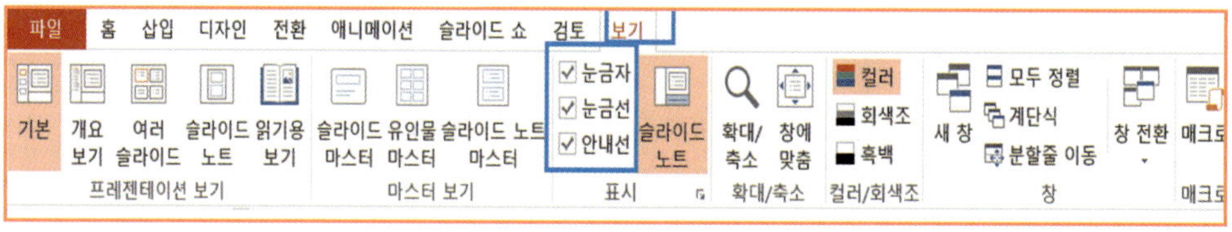

[파일] 메뉴 – [열기] 그룹 – [최근에 사용한 프레젠테이션] – [2장 예제]를 선택 한다.

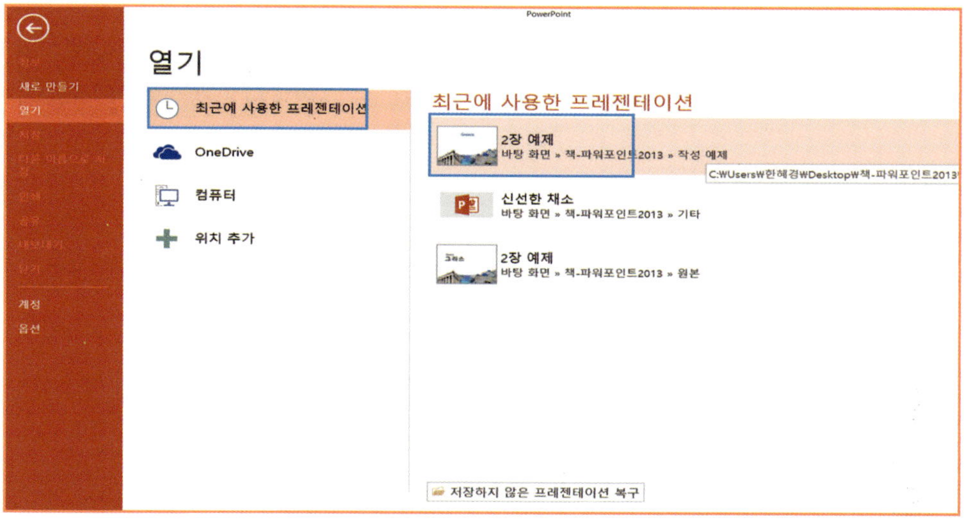

아래 그림처럼 [2장 예제] 파일을 다시 열 수 있다.

① 눈금자

[보기] 메뉴 – [표시] 그룹 – [눈금자]를 선택 한다.

② 눈금선

[보기] 메뉴 – [표시] 그룹 – [눈금선]을 선택 한다.

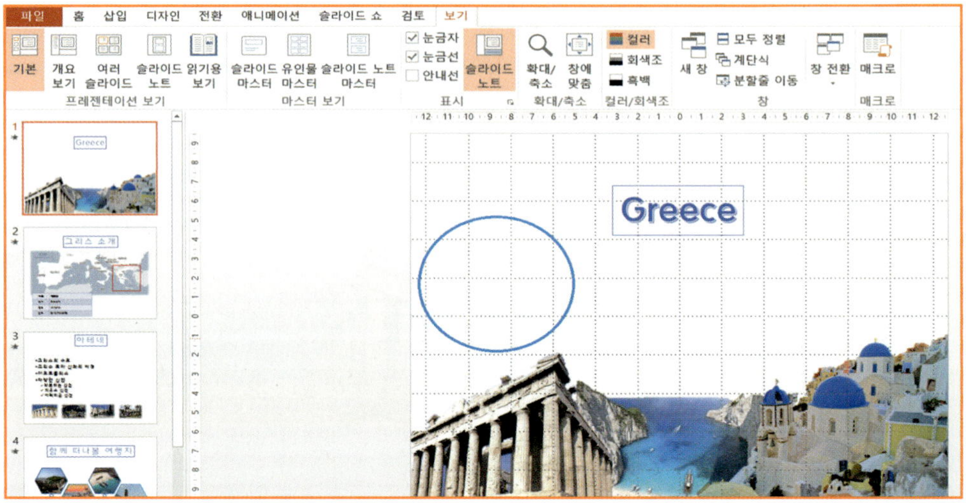

③ 안내선

[보기] 메뉴 – [표시] 그룹 – [안내선]을 선택 한다.

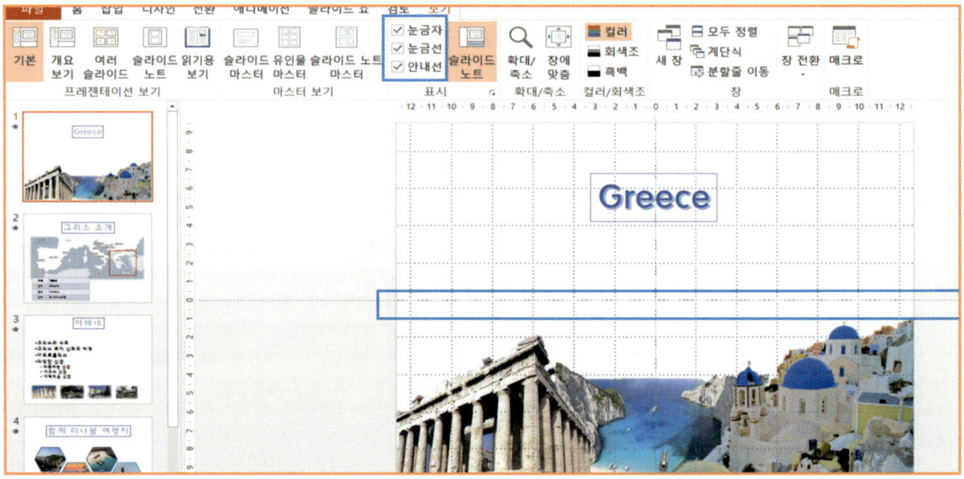

2-3 확대 및 축소

[확대/축소]는 작은 개체들을 편집할 때 슬라이드 화면을 확대하고 슬라이드보다 큰 개체 작업이나 슬라이드 밖에서 개체가 날아오는 애니메이션을 설정하기 위해서는 슬라이드 화면을 축소하여 작업하면 편리하다.

정해진 배율을 선택하거나 사용자 지정 입력란에 직접 [확대/축소]를 하고자 하는 숫자를 입력하여 설정 할 수 있다.

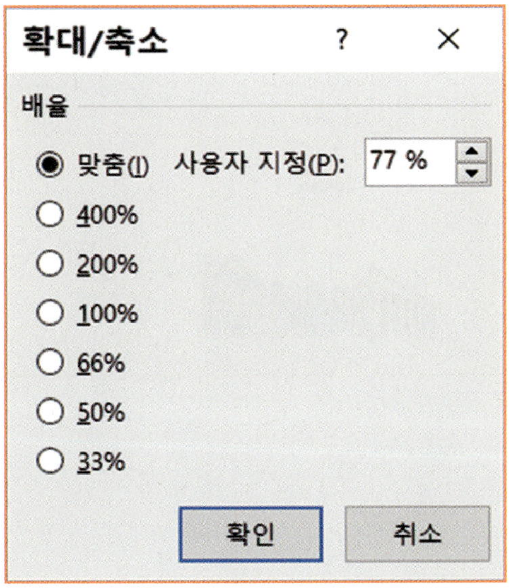

① 일반적인 [확대/축소] 방법

슬라이드 1을 선택 후 [보기] 메뉴 – [확대/축소] – [33%] – [확인]을 입력한다.

슬라이드 1이 전보다 작아졌음을 알 수 있다.

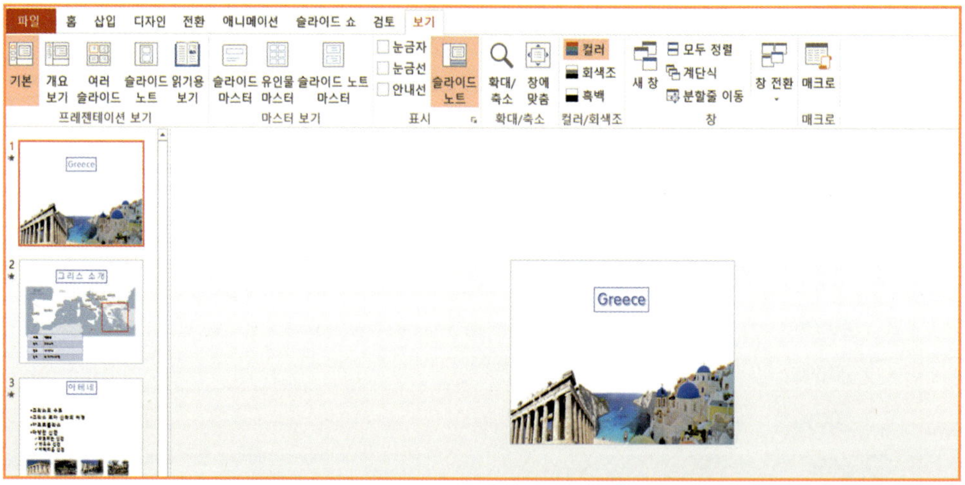

② 상태 표시줄 사용

간단히 화면을 확대하거나 축소하려면 화면 하단 오른쪽 상태 표시줄의 확대(+) /축소(−) 슬라이더를 이용하여 10%씩 화면을 확대하거나 축소할 수 있다.

슬라이드 1을 선택 후 화면 오른쪽 하단의 [상태 표시줄] – [확대/축소] – [+] – [70%] 를 클릭한다.

[+]인 화면 확대 아이콘을 이용하여 슬라이드 화면을 70% 보기로 변경 해 보았다.

2-4 컬러 / 회색조

인쇄물의 컬러, 흑백, 회색조를 선택 할 수 있고 그 중 회색조는 그림과 도형은 회색조로 텍스트는 검은색으로 인쇄 된다.

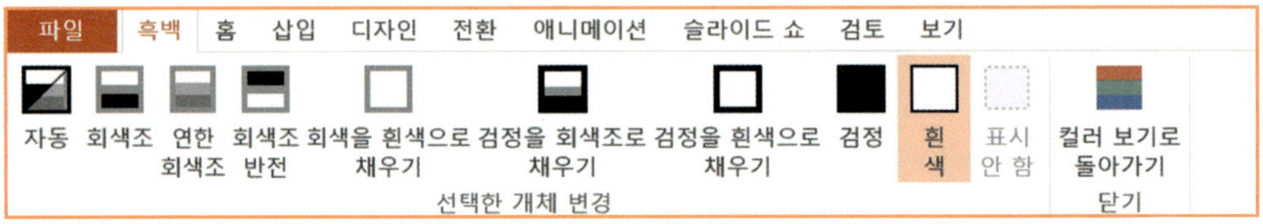

슬라이드 1을 선택 후 [보기] 메뉴 – [컬러/회색조] – [흑백]을 클릭한다.

모든 슬라이드가 흑백으로 변경 되었다.

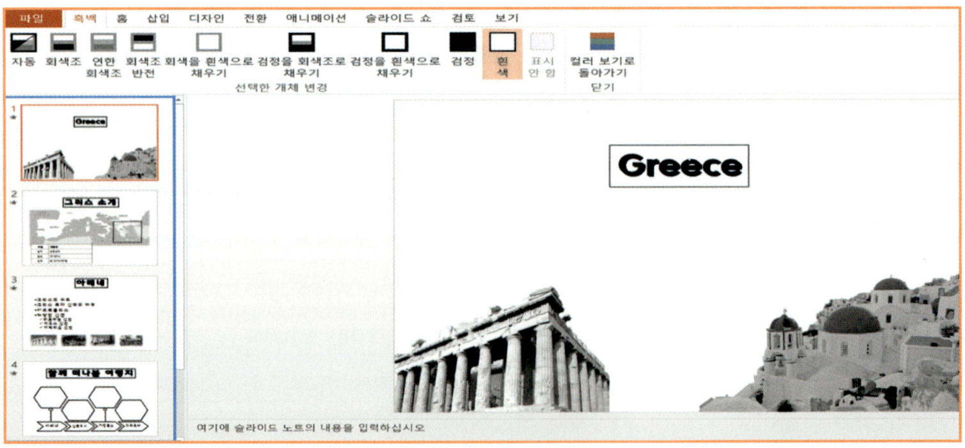

처음 작성한 대로 슬라이드를 컬러로 되돌리려면

[보기] 메뉴 – [컬러 보기로 돌아가기]을 선택하면 된다.

모든 슬라이드가 원상태 컬러로 변경됨을 볼 수 있다.

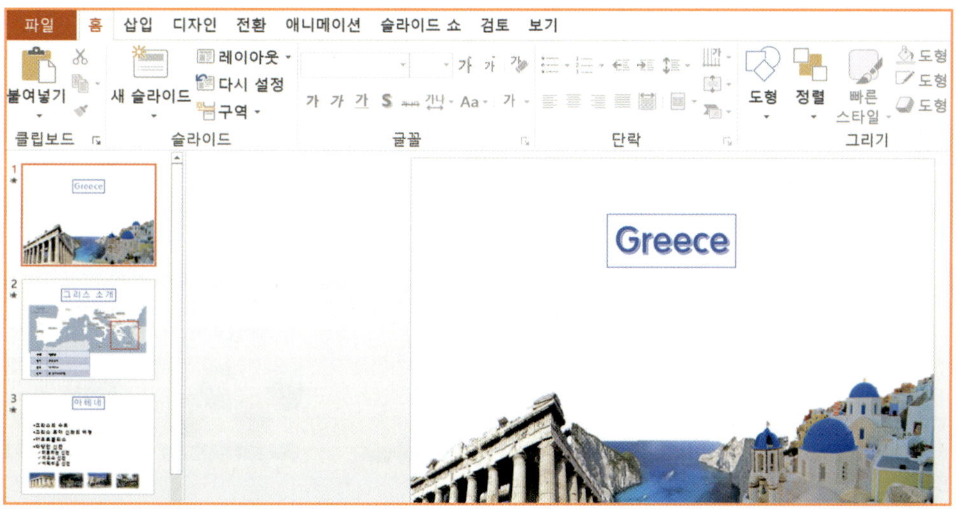

2-5 슬라이드 편집

파워포인트 문서를 완성 후 전체적으로 프레젠테이션을 하기 전에 순서를 점검하고 뺄 것과 추가해야 할 것 등을 점검하기 위해 전체적으로 내용을 볼 수 있어야 한다. 슬라이드 축소판으로 변경하여 슬라이드의 추가, 이동, 복사 그리고 삭제 등을 할 수 있다.

Ⅰ. 슬라이드 편집

[슬라이드 편집]은 새 슬라이드를 삽입하고 불필요한 슬라이드를 삭제하거나 위치를 원하는 대로 이동하여 슬라이드를 편집 할 수 있다. 그리고 동일한 레이아웃을 사용하기 위해 슬라이드 복제도 가능하다.

① 슬라이드 복사

똑같은 슬라이드나 비슷한 형식의 슬라이드가 필요 할 때 처음부터 만드는 것보다는 슬라이드 복사 기능을 이용하면 틀을 다시 설정하지 않아도 돼 편리하다.

[보기] 메뉴 – [여러 슬라이드 보기] – 슬라이드 1 선택 – [마우스 오른쪽] 버튼 – [복사]를 클릭한다.

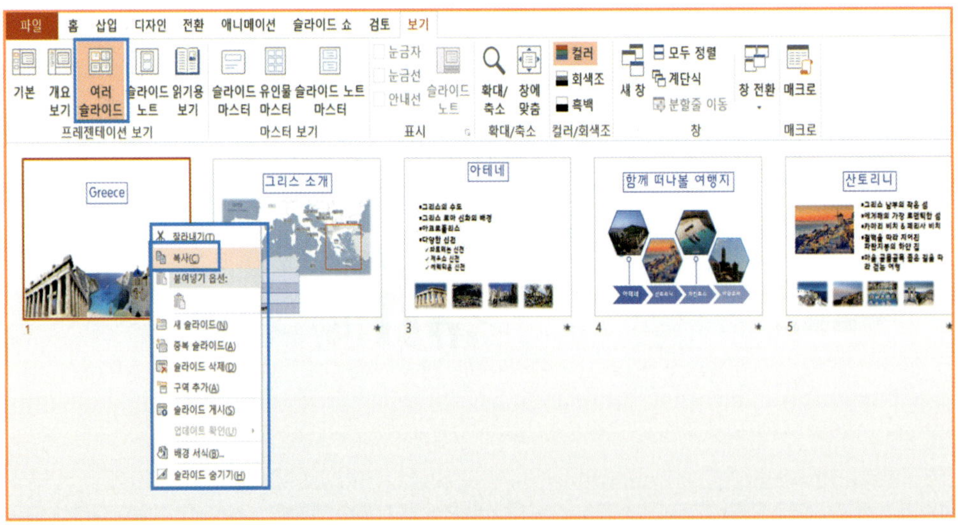

슬라이드 5 선택 – [마우스 오른쪽] 선택 – [붙여넣기 옵션] – [원본 서식 유지]을 선택 한다.

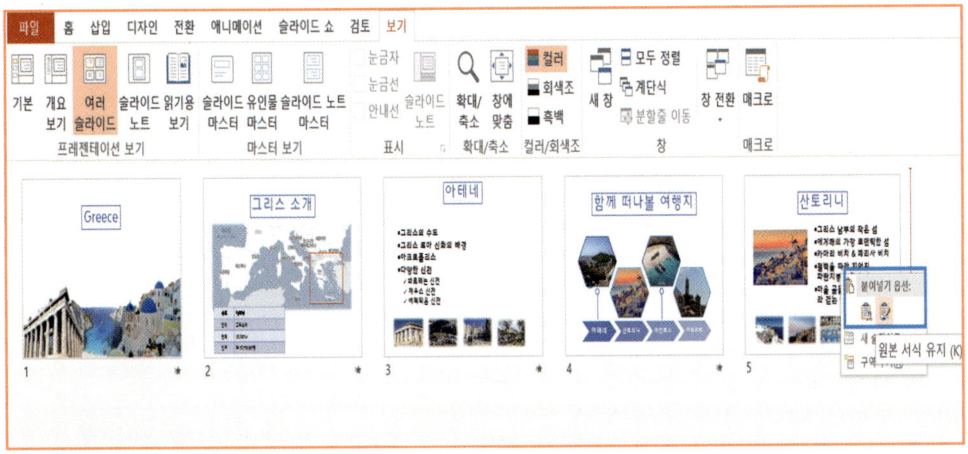

슬라이드를 복사하는 다른 방법으로 [Ctrl] 키를 누른 채 슬라이드를 드래그(drag)로도 가능하다.

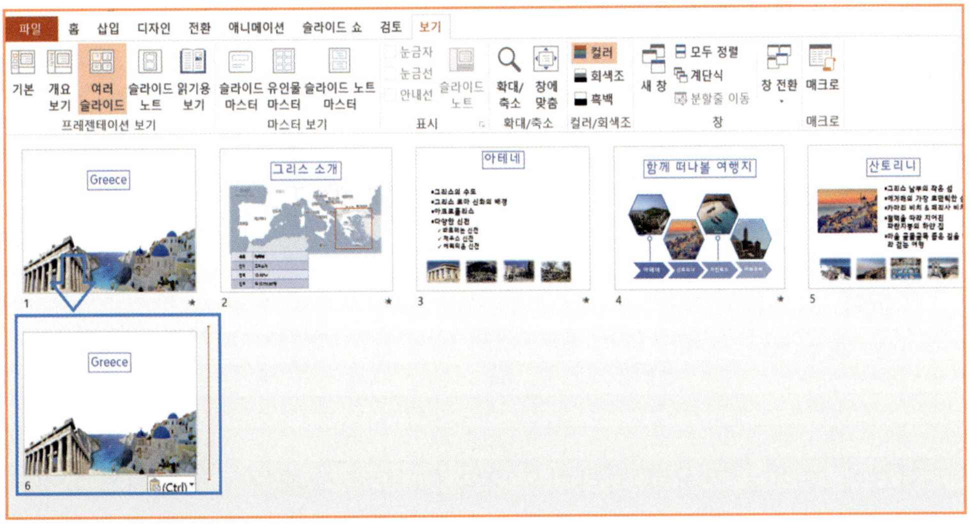

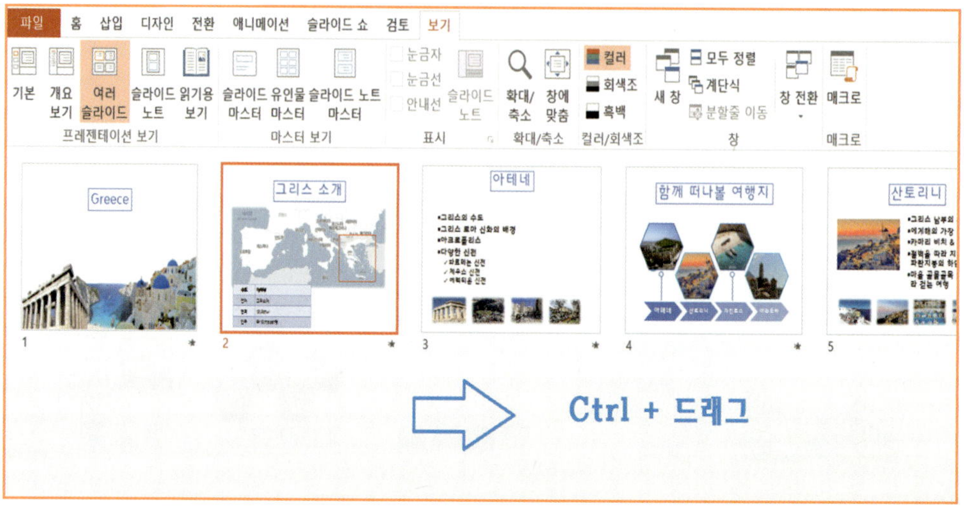

또한 하나 이상의 슬라이드를 같은 프레젠테이션 내에서 또는 다른 프레젠테이션으로 복사하는 경우 새로운 슬라이드에 사용할 테마를 지정할 수도 있다.

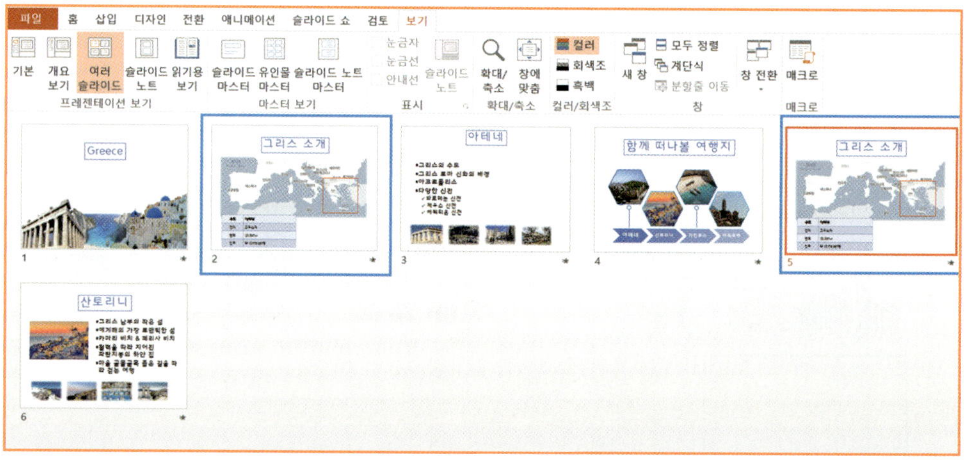

화면에 보이는 것처럼 슬라이드 2의 [그리스 소개]가 슬라이드 5에 복사되었다.

② 슬라이드 이동

슬라이드를 다른 위치로 이동하기 위해 기본 보기의 [개요/슬라이드 보기]나 [여러 슬라이드 보기] 화면에서 [드래그] 하여 슬라이드를 이동할 수 있다.

[보기] 메뉴 – [여러 슬라이드 보기] – 슬라이드 1 선택 – 드래그를 한다.

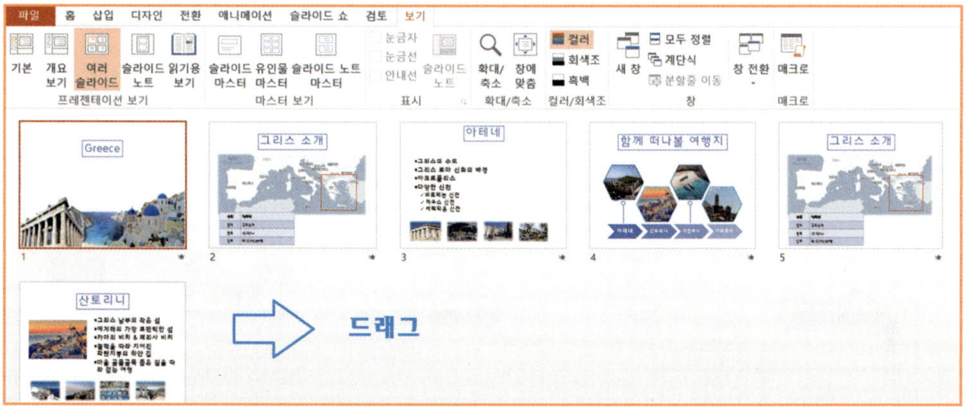

슬라이드 1이 마지막 슬라이드 위치로 이동한 것을 확인 할 수 있다.

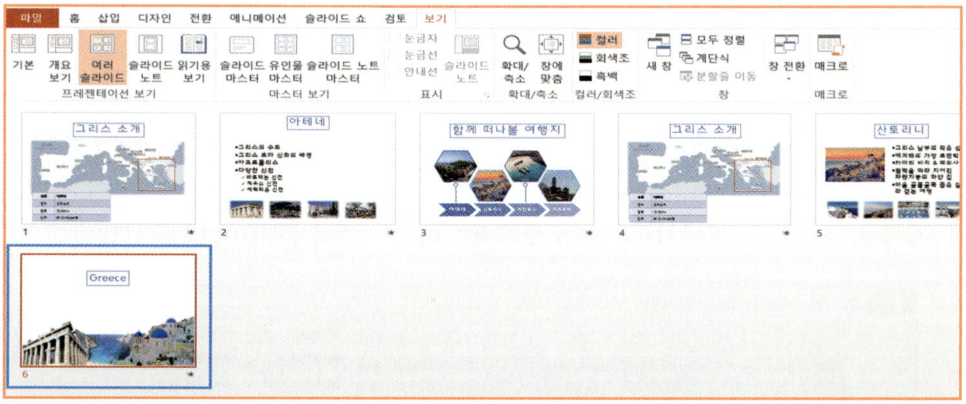

그리고 슬라이드를 가까운 위치로 이동하려면 [드래그]를 이용하고, 먼 위치로 이동하려면 [마우스 오른쪽] 버튼을 눌러 [슬라이드 이동] 또는 [복사] 명령을 이용하면 편리하다.

③ 슬라이드 삭제

불필요한 슬라이드를 지우거나 같은 내용의 슬라이드가 여러 장 있을 때 삭제하려는 슬라이드 위에서 [마우스 오른쪽] 버튼을 눌러 [슬라이드 삭제]를 클릭하여 제거 할 수 있다.

[보기] 메뉴 – [여러 슬라이드 보기] – 슬라이드 6 선택 – [마우스 오른쪽] 버튼 – [슬라이드 삭제]를 선택한다.

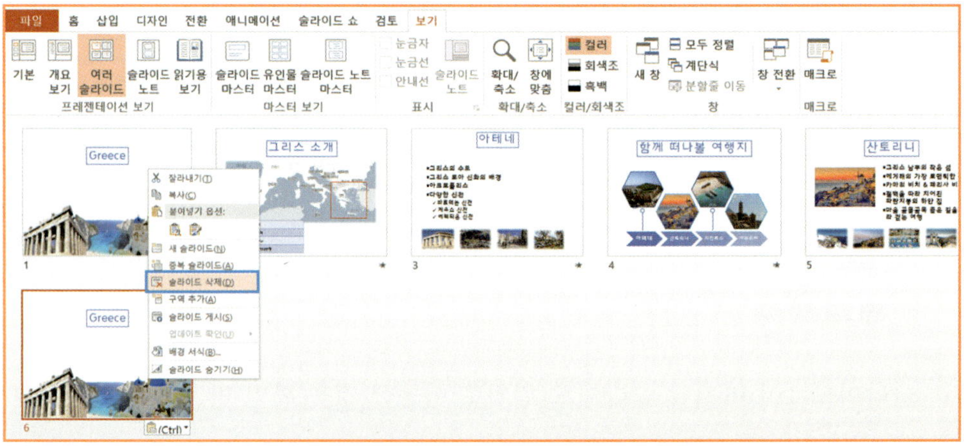

슬라이드 6번 다음에 [Greece] 슬라이드가 삭제 된 것을 확인 할 수 있다.

④ 슬라이드 삽입

내용을 더 넣기 위해 슬라이드를 추가하려면

슬라이드 1 위에서 [마우스 오른쪽] 버튼 – [새 슬라이드]를 선택한다.

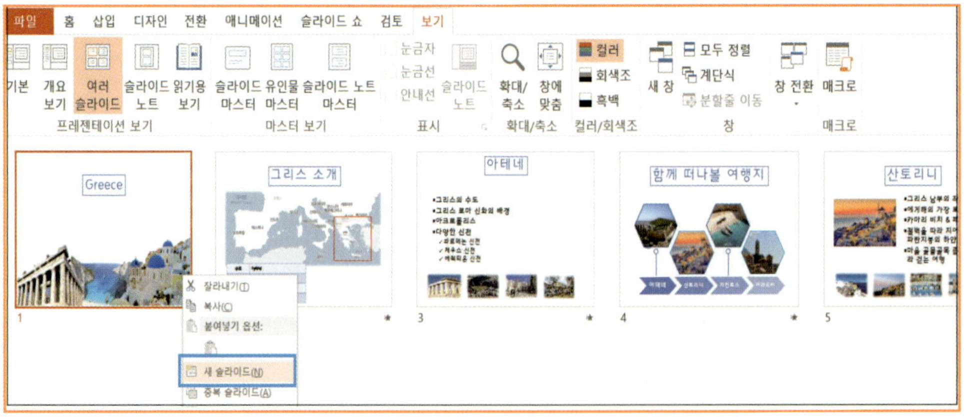

또는 [홈] 메뉴 – [슬라이드] 그룹 – [새 슬라이드]를 클릭하여 슬라이드를 삽입할 수 있다.

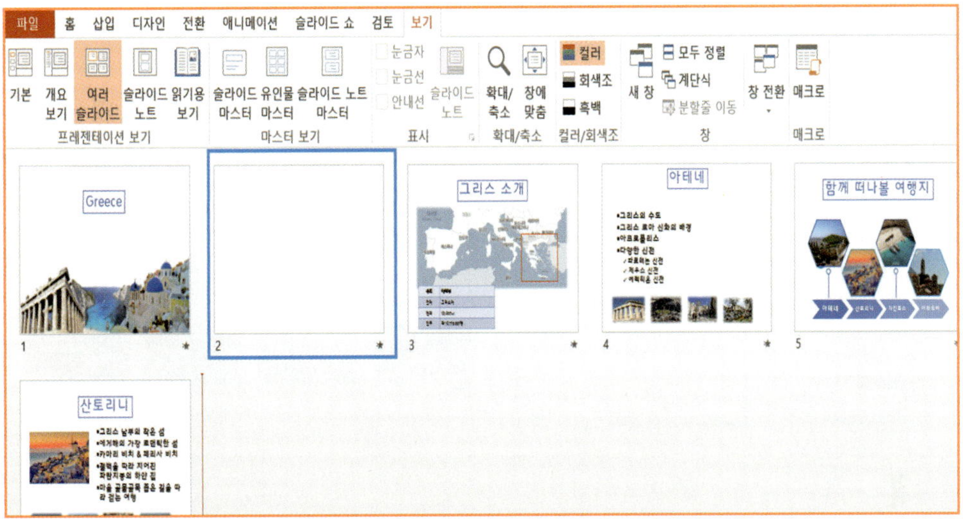

[보기] 메뉴 – [기본]을 선택하여 기본 보기로 돌아간다.

⑤ 슬라이드 숨기기

[슬라이드 숨기기] 기능은 파워포인트로 작성한 문서의 내용 중 슬라이드 쇼 진행 시 나타내고 싶지 않은 페이지를 숨기는데 사용하는 기능으로, 숨기고자 하는 슬라이드 위에서 [마우스 오른쪽] 버튼을 눌러 [슬라이드 숨기기] 메뉴를 클릭하면 된다.

슬라이드 5 위에서 [마우스 오른쪽] 버튼 – [슬라이드 숨기기]를 선택한다.

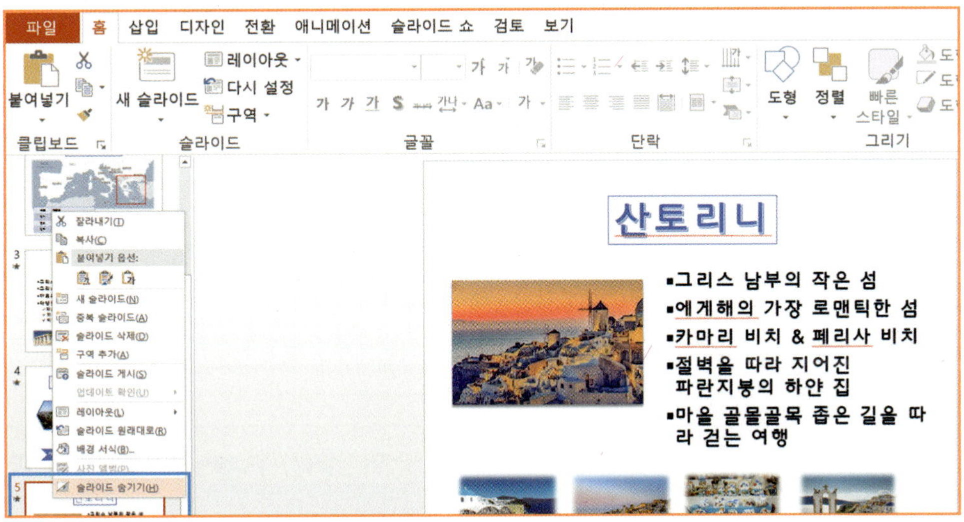

[슬라이드 5] 번호 위에 대각선 표시로 숨김을 표시해 주었다.

2-6 테마

슬라이드 페이지를 빠르게 꾸미기 위해 파워포인트에서 제공하는 테마를 이용하면 편리하다. [디자인] 메뉴에는 슬라이드 테마, 슬라이드 크기 그리고 배경 스타일 등을 변경 할 수 있다.

① [테마] 그룹 : 파워포인트 2013에서 제공되는 다양한 테마를 선택 할 수 있다.

② [적용] 그룹 : 테마에 색상이나 글꼴, 효과 등을 지정해 변경할 수 있다.

③ 슬라이드 크기 : 와이드 스크린 혹은 표준으로 크기를 변경 할 수 있다.

④ 배경 서식 : 배경 서식 디자인을 적용 할 수 있다.

Ⅰ. 테마

[테마]란 프레젠테이션에서 사용되는 구성 요소의 색, 글꼴, 그래픽 효과를 모아 놓은 디자인 집합을 말한다. 기존의 테마를 적용하거나 사용자가 직접 테마 색, 테마 글꼴, 테마 효과를 만들어 적용하여 프레젠테이션 전체의 일관된 서식을 유지할 수 있다. 문서 테마를 변경하면 새 테마 색과 배경을 반영하도록 배경 스타일이 업데이트된다.

[디자인] 메뉴 – [테마] 그룹 – [테마 자세히] – [우주 테마]을 클릭한다.

테마 세부 기능인 [적용]은 선택한 테마에서 좀 더 세련되고 다양한 효과를 줄 수 있는 기능으로 선택한 테마의 색상 패턴을 제공하고 있어 일일이 수정하지 않아도 클릭 한번으로 색상 패턴만으로 일괄적 수정이 가능하다.

적용한 테마를 취소 하고자 할 때는 기본 테마인 [Office 테마]를 선택하면 적용된 테마가 원상 복귀 된다.

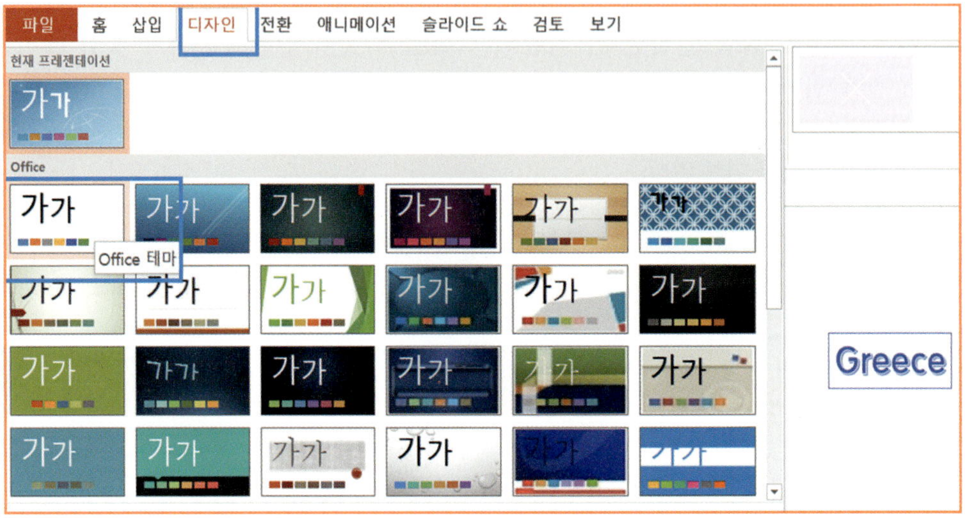

2-7 슬라이드 크기

Ⅰ. 슬라이드 크기

슬라이드 크기에는 크게 표준(4:3)과 와이드스크린(16:9) 그리고 사용자 지정 슬라이드 크기로 나누어진다.

파워포인트 2013에 새롭게 추가된 기능은 슬라이드 크기 변환 시에 문서의 왜곡 없이 자동적으로 크기를 조절해 변환해주는 기능이다. 파워포인트 가로 문서를 세로 문서 형태로 슬라이드 방향을 변환하거나 표준 슬라이드 크기인 4:3 비율을 A4 사이즈 등으로 크기를 변환한 경우, 작업해 놓은 내용이 왜곡되는 현상이 발생하여 당황한 경험이 있을 것이다. 대부분의 왜곡은 표, 차트, 도형 그리고 템플릿의 그래픽이 변환된 슬라이드 크기에 맞추어 찌그러지거나 펼치지는 등의 왜곡이 생겼다.

그러나 파워포인트 2013에서는 4:3 비율을 슬라이드 16:9 비율로 크기를 변경해도 내용이 전혀 왜곡되지 않고 변경된 슬라이드는 슬라이드 좌우로 여백이 자동적으로 생겨난다.

대화상자 옵션에서 〈최대화〉를 선택하면 정상적으로 보이지만 〈맞춤 확인〉을 선택하면 16:9 비율에서 다시 위, 아래 여백이 추가되어 콘텐츠가 축소되고 크기가 변경된다.

슬라이드 1 선택 후 [디자인] 메뉴 – [사용자 지정 슬라이드 크기] – [너비 : 22, 높이 : 16]을 입력한다.

그 이외에 슬라이드 크기를 변경하고자 할 때는 다음 옵션을 변경하면 된다.

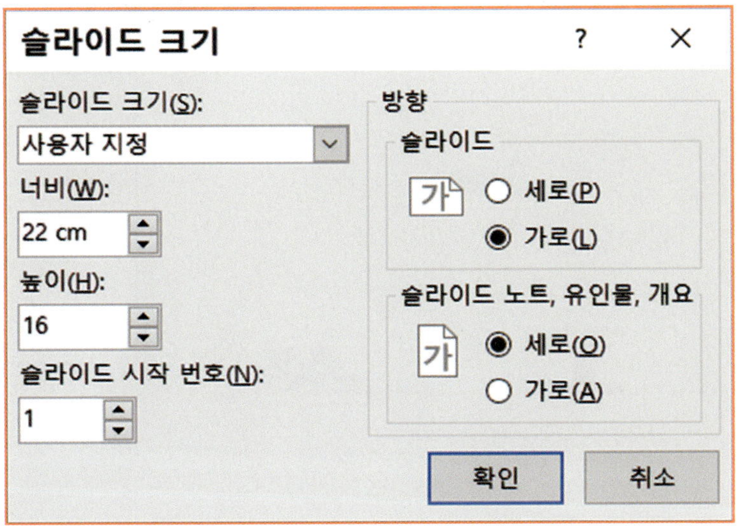

2-8 배경 서식

[배경 서식]을 통해 단색 채우기, 그라데이션 채우기, 그림 또는 질감 채우기, 배경 그래픽 숨기기 등을 변경할 수 있고, 배경 서식을 이용하여 다양한 디자인을 꾸밀 수 있다. 기본 보기에서의 배경 변경은 특정 슬라이드나 사용자가 지정한 여러 슬라이드 또는 모든 슬라이드에 배경을 단색 외에 그라데이션, 질감, 그림 등을 이용하여 디자인 할 수 있다.

Ⅰ. 배경 스타일

이 테마의 [배경 스타일]을 지정 할 수 있는 곳으로 스타일1부터 스타일12의 다양한 배경 스타일 변경이 가능하다. [배경 서식]을 이용하여 각자 스타일에 맞는 이미지를 이용하여 배경 스타일로 수정도 할 수 있다.

① 단색 채우기

슬라이드 1을 선택 후 [디자인] 메뉴 – [배경 서식] – [단색 채우기]를 클릭한다.

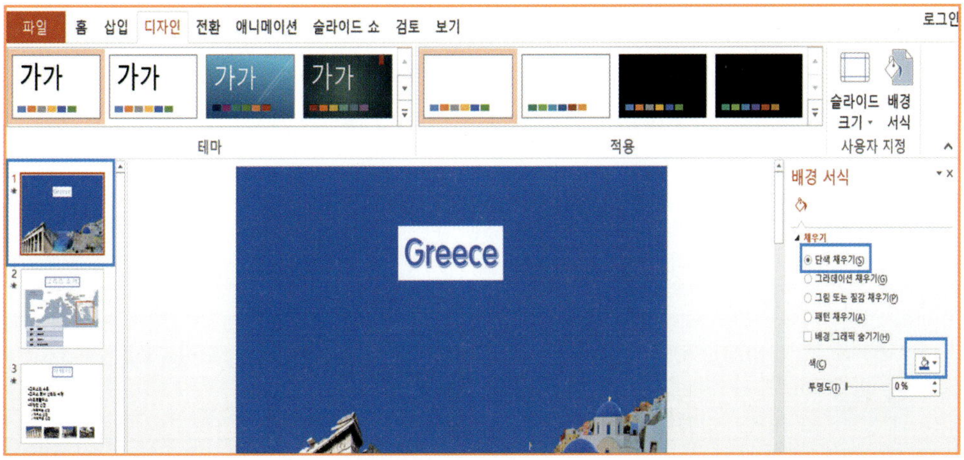

[단색 채우기]는 한 가지 색으로 배경을 설정하는 기능이고 [그라데이션 채우기]는 두 가지 이상의 색을 혼합하여 다양하고 고급스런 배경 설정을 원할 때에 적용하면 적합한 기능이다.

[디자인] 메뉴 – [배경 스타일] – [색] – [파랑] – [모두 적용]을 선택한다.

② 그라데이션 채우기

슬라이드 1을 선택 후 [디자인] 메뉴 – [배경 서식] – [그라데이션 채우기] – [종류 : 경로형] – [투명도 : 30] – [모두 적용]을 클릭한다.

③ 패턴 채우기

슬라이드 1을 선택 후 [디자인] 메뉴 – [배경 서식] – [패턴 채우기] – [패턴 : 임의형] 을 클릭한다.

[그림 또는 질감 채우기]는 사용자가 원하는 이미지로 배경을 바꾸거나 질감을 통해 입체적이고 변화무쌍한 느낌을 줄 수 있는 기능을 가지고 있다.

[투명도]는 배경과 개체 간에 자연스러움을 연출 할 수 있는 기능으로, 투명도가 0이면 화면 색상이 진한 것이고 투명도가 100이면 완전한 투명 상태이다. 배경 스타일은 현재 문서 테마에 있는 [테마 색]이나 [배경의 농도] 등을 다양하게 조합함으로써 배경 채우기를 변형 할 수 있다.

2-9 정보 보호

중요한 프레젠테이션인 경우 다른 사람이 쉽게 열어 내용을 볼 수 없도록 [열기 암호] 및 [쓰기 암호]를 설정하여 보안을 적용 시키고자 할 때 이용한다.

① 암호 설정

[파일] 메뉴 – [정보] – [프레젠테이션 보호] – [암호 설정]을 선택한다.

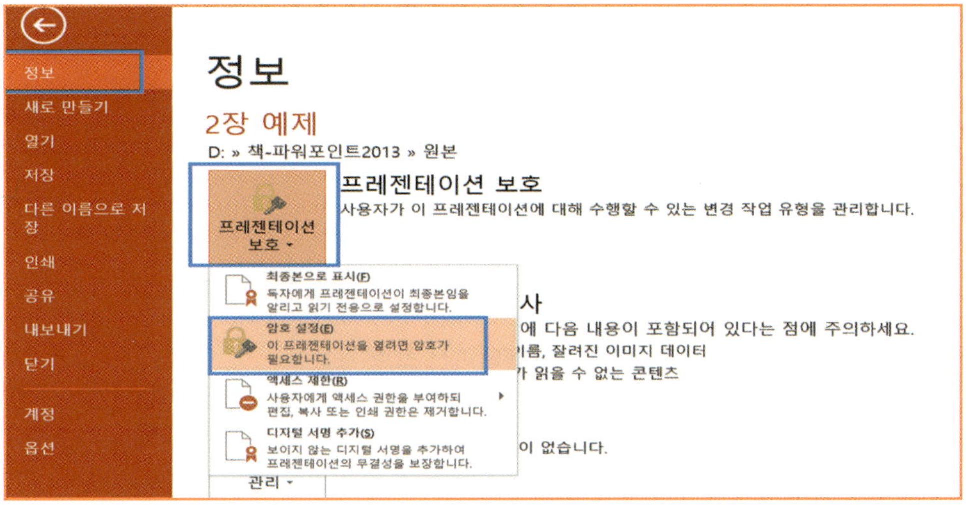

[문서 암호화] 대화 창에 암호를 입력 후 [확인] 단추를 누른다.

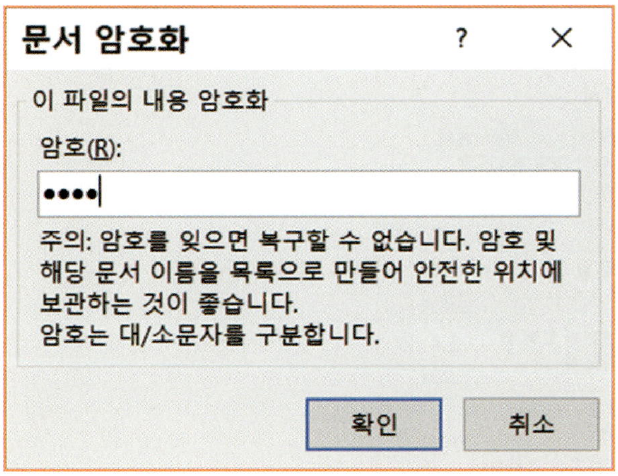

주의 사항으로 설정한 암호를 잃어버리면 복구할 수 없으므로 기억하기 쉬운 것으로 설정하거나 메모를 해 두는 것이 좋다. 암호 설정 시 [대/소문자] 구분함을 기억해 두어야 한다.

② 호환성 검사

Microsoft PowerPoint 2013의 호환성 검사를 사용하면 PowerPoint 2013 프레젠테이션을 PowerPoint 2003 이하 버전에서 여는 경우 발생할 수 있는 서식 및 기능 문제를 확인할 수 있는데 이러한 문제는 프레젠테이션의 성능에 영향을 줄 수 있다.

[파일] 메뉴 – [정보] – [프레젠테이션 검사] – [호환성 검사]를 선택한다.

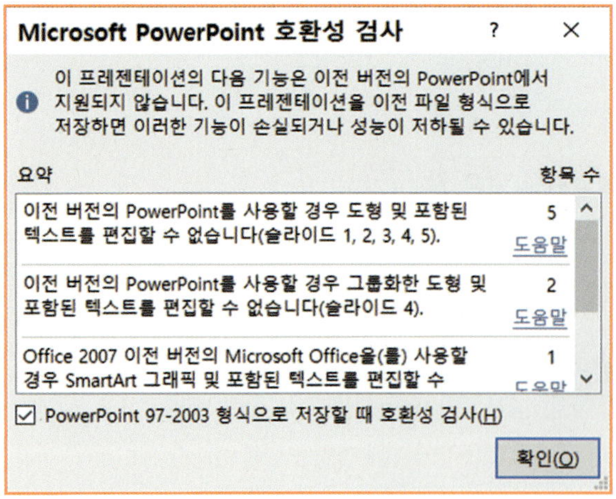

예를 들어 호환성 검사는 이전 버전의 PowerPoint에서 편집할 수 없는 그림으로 나타나는 반사 및 네온 등의 도형 효과, 3차원 텍스트 또는 SmartArt가 PowerPoint 2013 프레젠테이션에 포함되어 있는지 식별한다. 그리고 비디오를 연결하는 대신에 프레젠테이션에 비디오를 포함한 경우 호환성 검사에서 이를 보고한다. PowerPoint 2003 이하 버전에서는 포함된 비디오가 그림으로 나타나고 재생되지 않는다.

2-10 인쇄

[파일] 메뉴 중 인쇄를 통해 프레젠테이션 파일을 미리보거나 인쇄 옵션을 설정할 수 있다. 슬라이드, 유인물 및 슬라이드 노트를 만들고 인쇄도 가능하다. 또한 청중의 이해를 돕기 위해 유인물로 인쇄도 유익한 기능이다.

[인쇄] 기능을 통해 파워포인트 내용을 다양한 [인쇄] 유형으로 출력할 수 있으며 출력하기 전에 [머리글/바닥글]을 설정하고 인쇄될 모양을 화면상에서 확인할 수 있다.

[파일] 메뉴 – [인쇄]를 선택한다.

Ⅰ. 설정

① 인쇄 미리 보기

출력할 모양을 화면상에서 미리 확인 할 수 있다. 슬라이드 외에 파워포인트에서 출력할 수 있는 내용을 미리 확인하고 [인쇄 미리 보기] 탭을 이용하여 페이지 설정을 변경 할 수 있다.

② 유인물 인쇄 보기

[유인물]은 청중들에게 나눠주기 위한 인쇄물로써 한 페이지에 여러 장의 슬라이드를 포함하여 인쇄할 수 있다. 이러한 유인물의 모든 페이지에는 [머리글/바닥글]을 이용하여 화면 위쪽이나 아래쪽에 페이지 번호나 상호 및 작성자 이름 등을 넣을 수 있다.

[파일] 메뉴 – [인쇄] – [설정]을 선택한다.

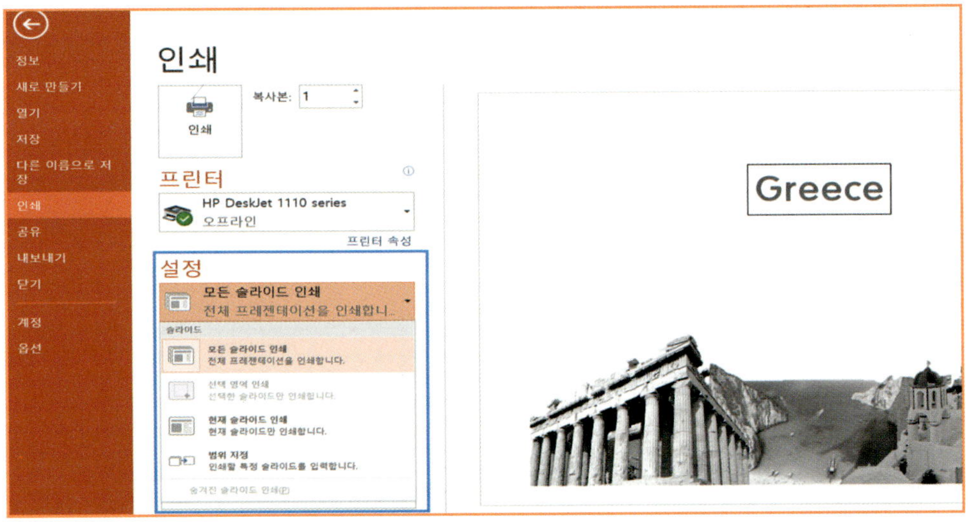

[파일] 메뉴 – [인쇄] – [인쇄 모양]을 선택한다.

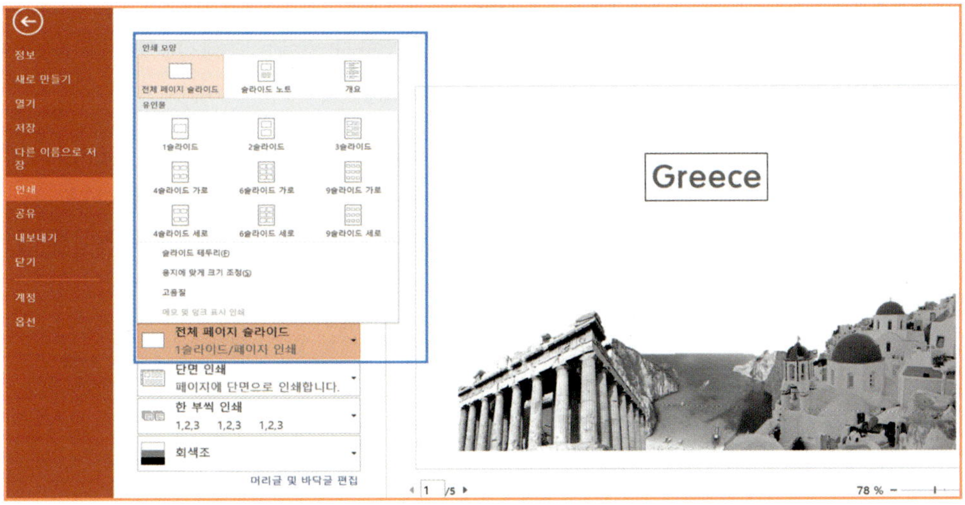

[파일] 메뉴 – [인쇄] – [복사본 : 1] – [컬러/회색조]를 선택한다.

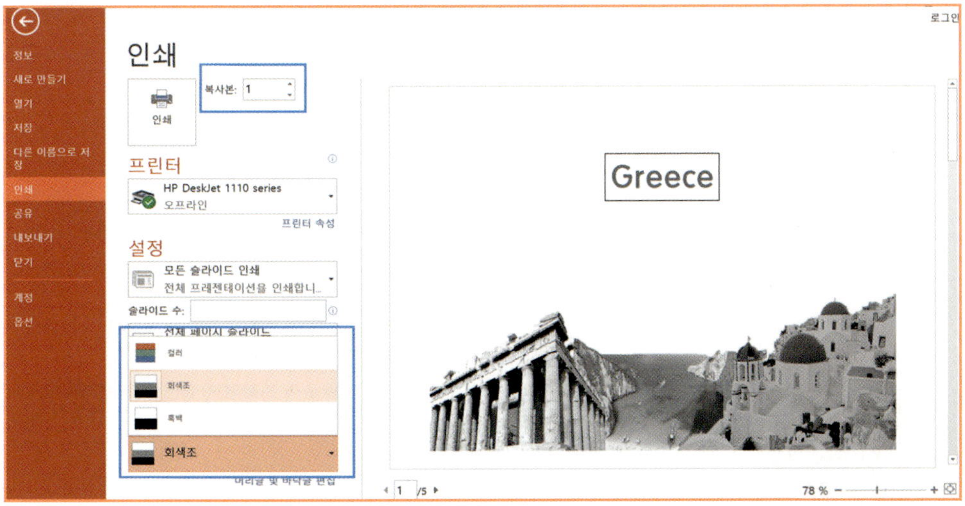

이러한 유인물의 모든 페이지 위쪽이나 아래쪽에 페이지 번호나 상호 및 작성자 이름 등을 넣을 수 있고, 유인물과 슬라이드 노트의 [머리글/바닥글]은 동일하게 들어가며 유인물 마스터를 이용하여 위치 및 서식을 변경한다.

[인쇄 미리 보기]에서 인쇄 대상이나 인쇄 옵션을 선택해도 되지만 인쇄시 옵션을 설정 할 수도 있다. 프레젠테이션은 대부분 컬러로 표시되지만 슬라이드와

유인물은 대개 흑백 또는 회색조라고 하는 회색 음영으로 인쇄 된다.

[인쇄 범위]는 모두, 현재 슬라이드, 선택 영역과 부분 인쇄가 가능한 슬라이드 유형이 있다.

[인쇄 대상]에는 슬라이드, 유인물, 슬라이드 노트 그리고 개요 보기가 있다. 또한 인쇄 매수를 통해 같은 슬라이드 내용을 여러 장 출력도 가능하다. 용지에 맞게 크기 조정이 가능하고 메모 및 잉크 표시 인쇄 체크를 통해 다양한 방식으로 출력이 가능하다.

2-11 최종본으로 표시

[최종본으로 표시]는 통상적으로 마지막 작성 파일에 표기하여 독자에게 프레젠테이션이 최종본임을 알리고 읽기 전용으로 표시하는 기능이다.

[파일] 메뉴 – [정보] – [프레젠테이션 보호] – [최종본으로 표시]를 선택한다.

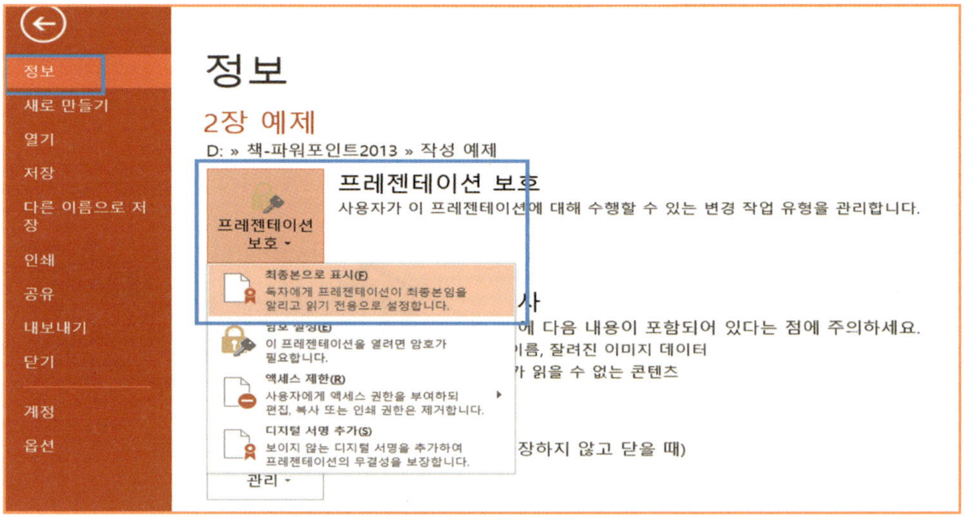

아래와 같은 경고 창이 나타나면 [확인] 단추를 클릭한다.

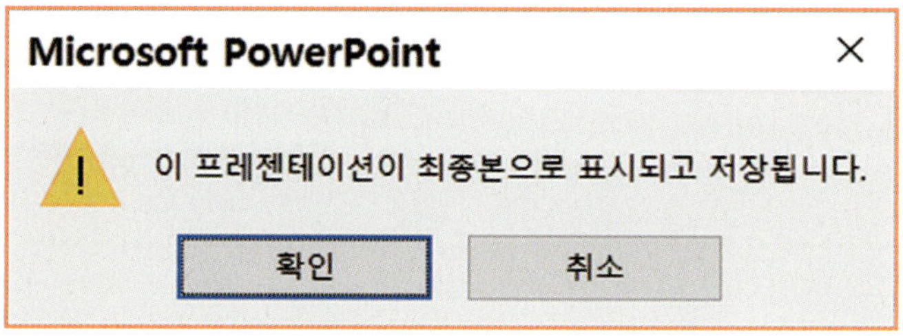

문서가 최종본으로 저장 되면 편집이 자유롭지 않으니 신중하게 판단 후 설정하는 것이 좋다.

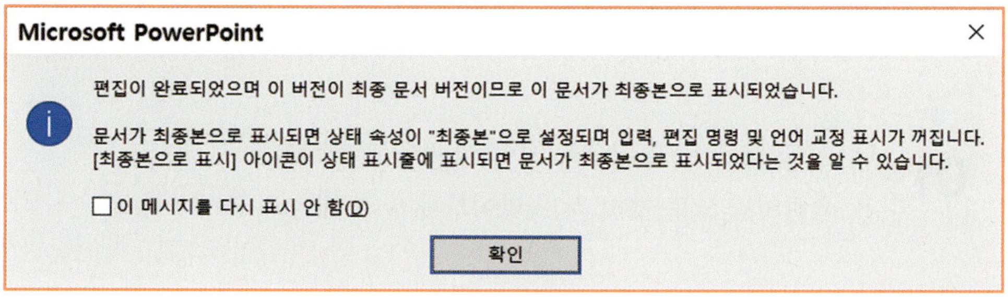

[최종본으로 표시] 된 문서는 읽기 전용으로 내용은 볼 수 있으나 수정에 제한이 있으니 최종본으로 작성 시 주의하는 것을 다시 한 번 권장한다.

2장 실전학습

조건

다음 파일을 연 후 각 문제에서 요구하는 내용을 작성한다.

– 예제 파일 : [실전학습] 폴더 –> 2장 실전학습

01

1) 실전학습 폴더에 [2장 실전학습] 파일을 여시오.
2) [슬라이드 노트]에서 각 슬라이드를 64% 배율로 표시하시오.

02

1) 슬라이드 보기를 [기본] 보기로 변경하시오.
2) 모든 슬라이드 크기를 35mm로 지정해 본 후 다시 취소하시오.
3) 여러 슬라이드 보기에서 슬라이드 2를 원본 서식 유지하며 마지막 슬라이드로 이동하시오

03

1) 슬라이드에 '전체' 테마를 적용하고 테마 색은 '귤색' 으로 적용하시오.
2) 슬라이드를 여러 슬라이드 보기로 변경하시오
3) 슬라이드 2를 마지막 슬라이드에 이동하시오.

04

1) 슬라이드 전체 화면 색을 [보라색]으로 변경하시오.
2) 임의의 다른 종류의 프린터로 변경 후 슬라이드 4개, 회색조의 개요로 인쇄하시오.

05

1) 슬라이드를 3을 두번째 슬라이드로 이동하시오.
2) 프레젠테이션의 암호를 '4321' 로 설정하시오.
3) 슬라이드를 최종본으로 표시 하시오.

01

1) 실전학습 폴더에 [2장 실전학습] 파일을 여시오.
2) [슬라이드 노트]에서 각 슬라이드를 64% 배율로 표시하시오.

1) 실전학습 폴더에 [2장 실전학습] 파일을 여시오.

실 습 [파일] 메뉴 선택 – 실전학습 폴더 선택 – 2장 실전학습 파일 더블 클릭

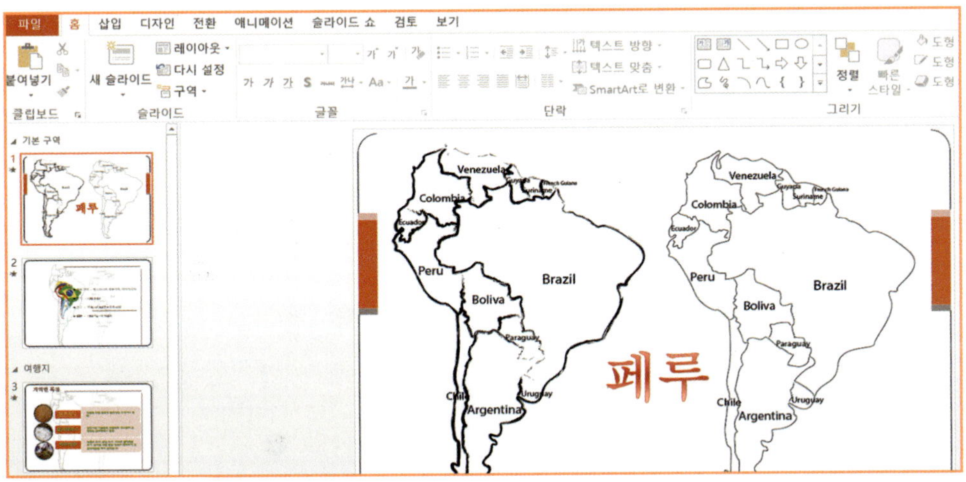

2) [슬라이드 노트]에서 각 슬라이드를 64% 배율로 표시하시오.

실 습 [보기] 메뉴 선택 – 슬라이드 노트 선택

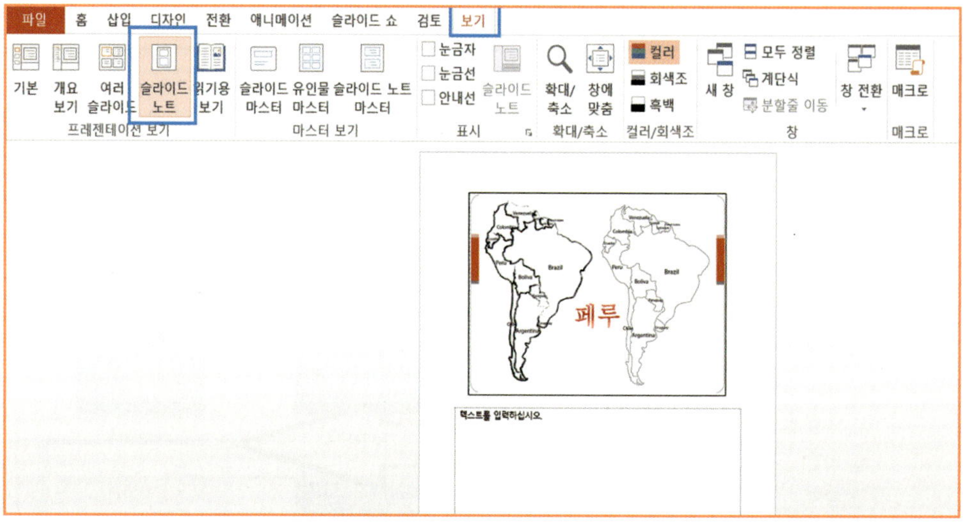

실 습 확대/축소 선택 – 사용자 지정 : 64% 입력 – 확인

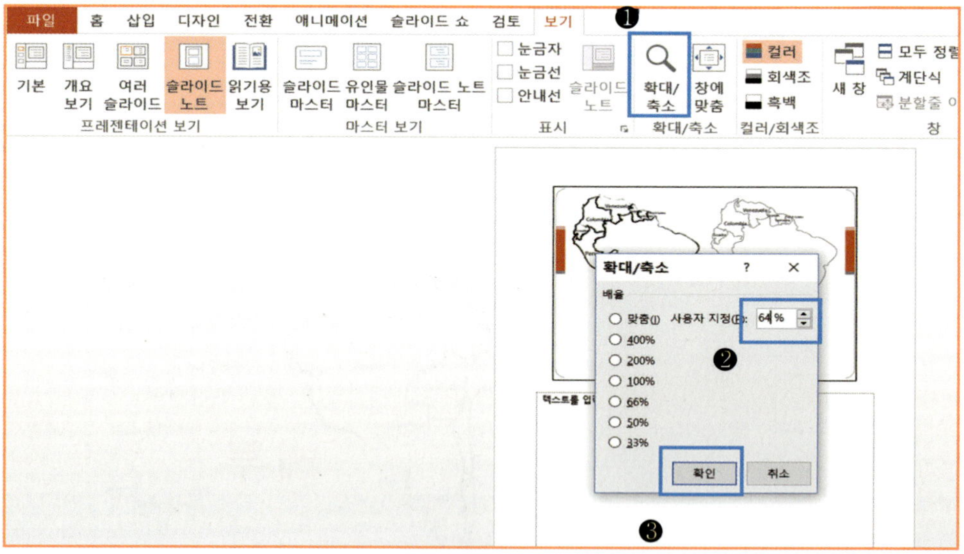

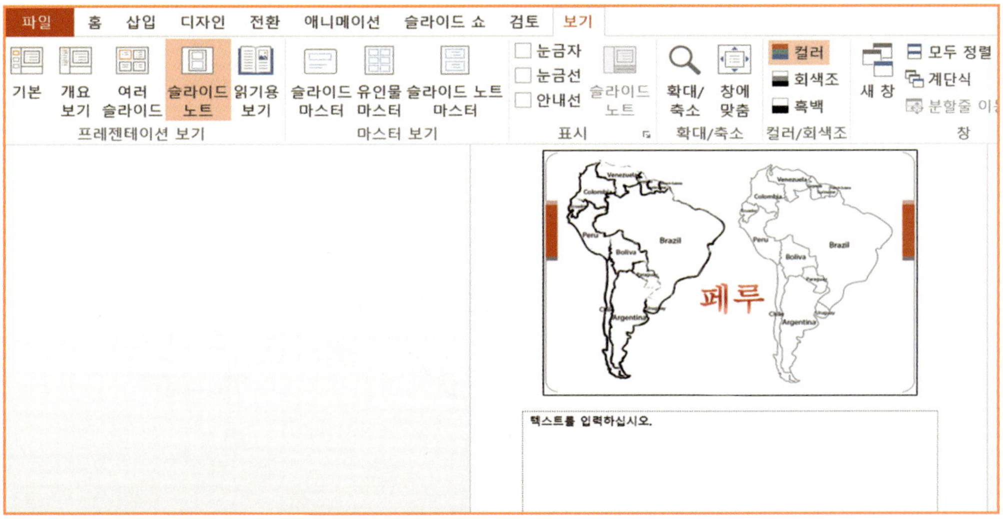

02

1) 슬라이드 보기를 [기본] 보기로 변경하시오.

2) 슬라이드 크기를 35mm로 지정해 본 후 다시 취소하시오.

3) 슬라이드 방향을 세로로 변경하시오.

1) 슬라이드 보기를 [기본] 보기로 변경하시오.

실 습 [보기] 메뉴 선택 – 프레젠테이션 보기 그룹 : 기본 선택

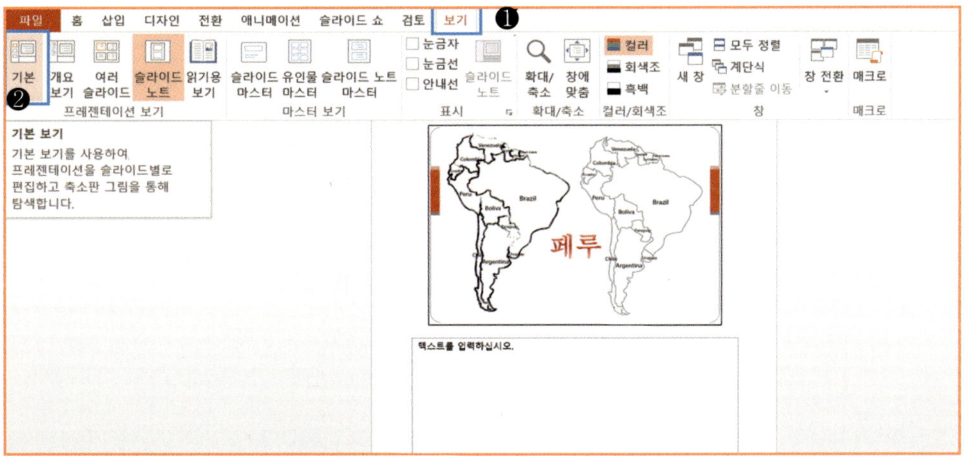

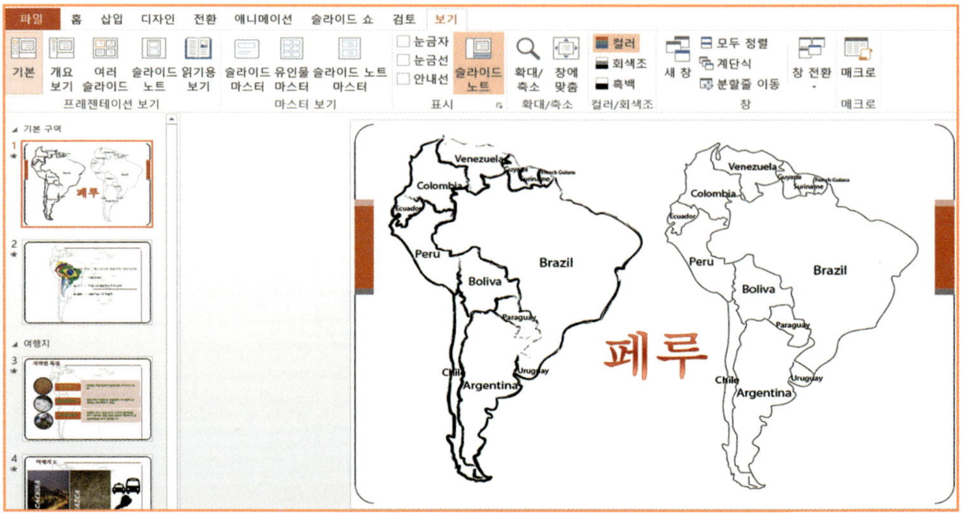

2) 슬라이드 크기를 35mm로 지정해 본 후 다시 취소하시오.

실 습 [디자인] 메뉴 선택 – 사용자 지정 그룹 : 슬라이드 크기 선택

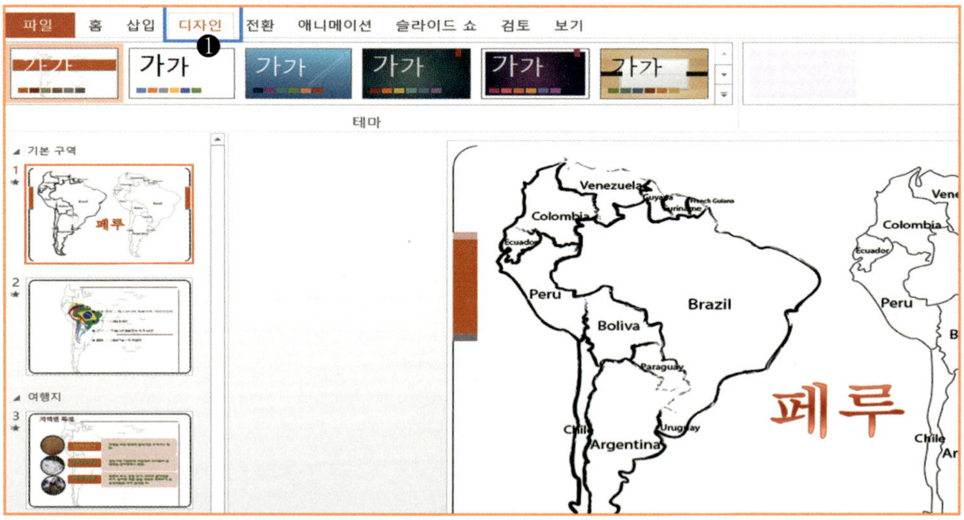

실 습 35mm 슬라이드 선택 – 확인

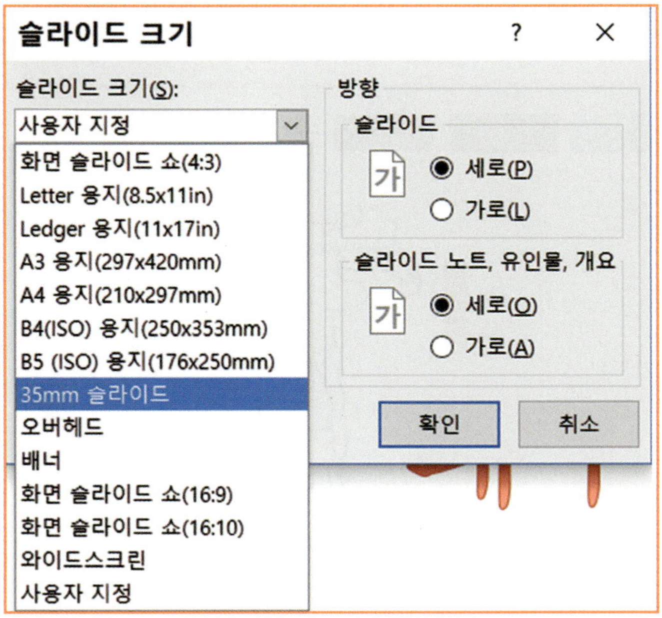

실 습 Microsoft PowerPoint 대화상자 – 취소 선택

3) 슬라이드 방향을 세로로 변경하시오.

실 습 [디자인] 메뉴 선택 – 사용자 지정 슬라이드 크기 선택

실 습 방향 그룹 – 슬라이드 : 세로 선택 – 확인

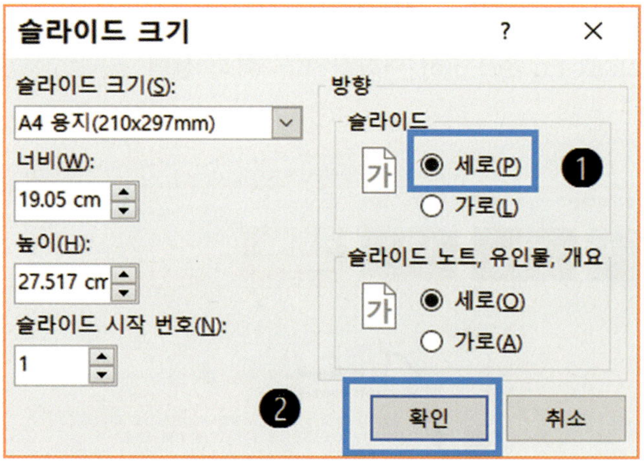

실 습 Microsoft PowerPoint 대화상자 – 맞춤 확인 클릭

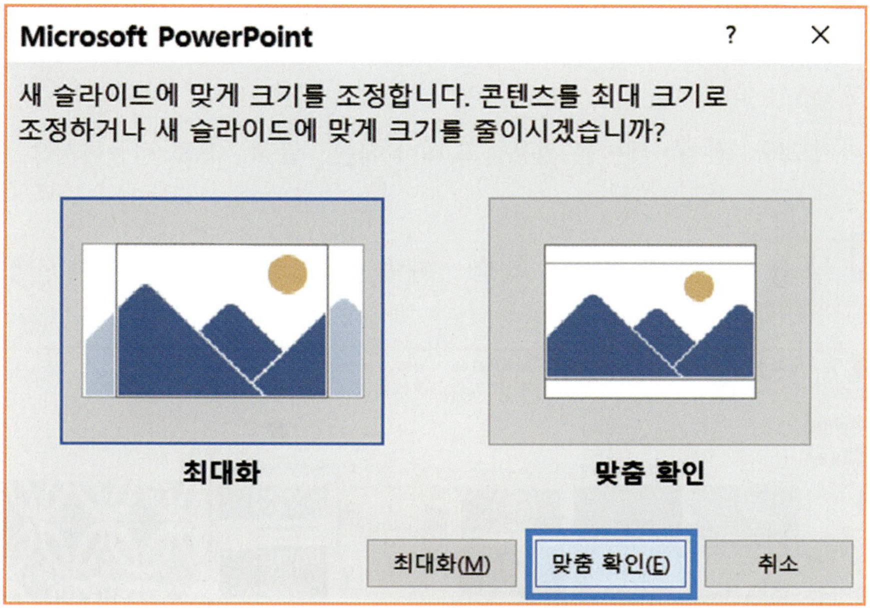

03

1) 슬라이드에 '전체' 테마를 적용하고 테마 색은 '귤색' 으로 적용하시오.
2) 슬라이드를 여러 슬라이드 보기로 변경하시오
3) 여러 슬라이드 보기에서 슬라이드 2를 마지막 슬라이드로 이동하시오.

1) 슬라이드에 '전체' 테마를 적용하고 테마 색은 '귤색' 으로 적용하시오.

실 습 [디자인] 메뉴 선택 – 테마 자세히 단추 클릭 – 전체 선택

실 습 적용 그룹 선택 – 색 클릭 – 귤색 선택

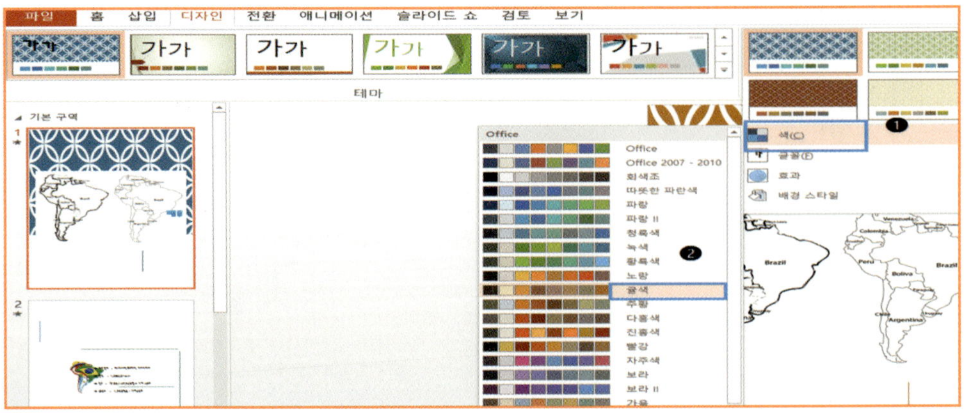

2) 슬라이드를 여러 슬라이드 보기로 변경하시오.

실습 [보기] 메뉴 선택 – 여러 슬라이드 클릭

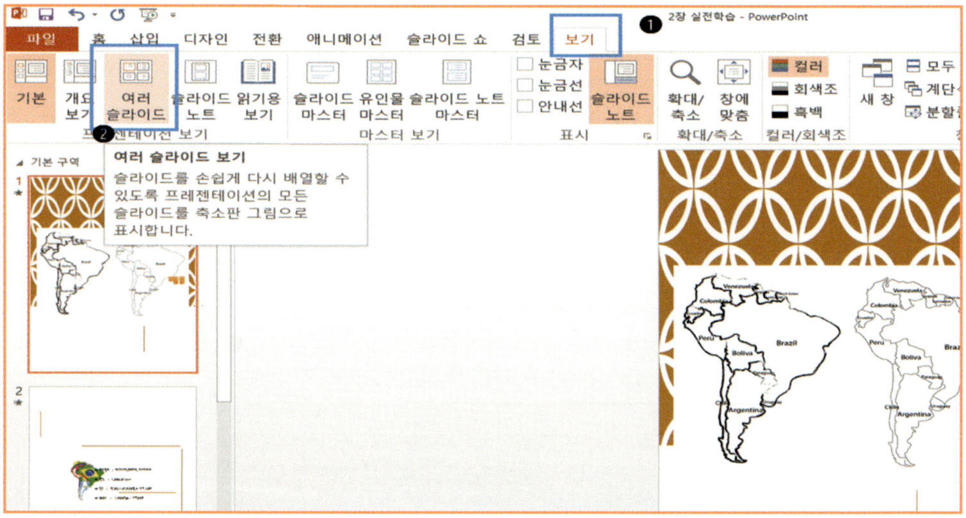

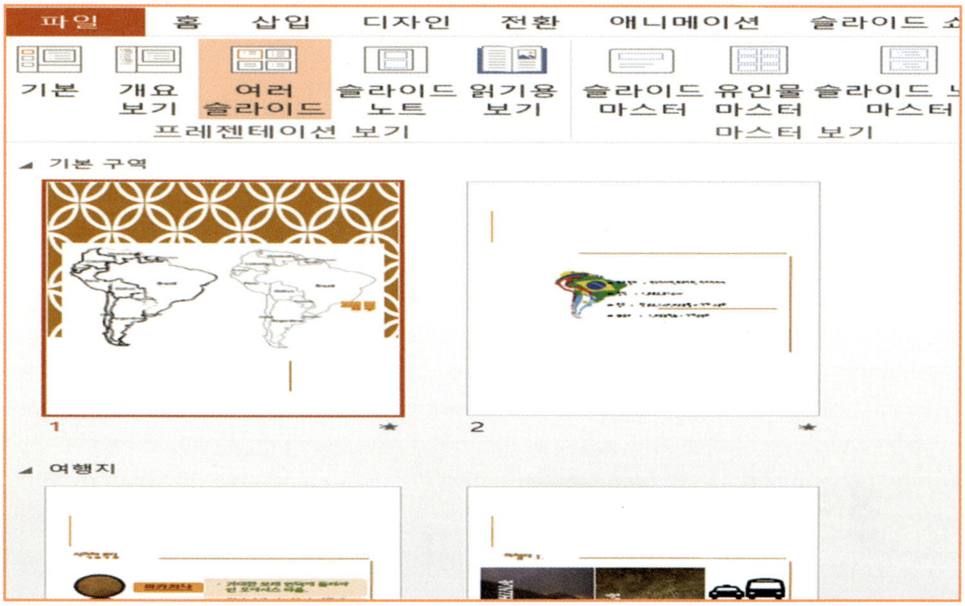

3) 여러 슬라이드 보기에서 슬라이드 2를 원본 서식 유지하여 마지막 슬라이드에 이동하시오.

실습 [보기] 메뉴 선택 – 여러 슬라이드 클릭 – 슬라이드 2 클릭 – 마우스 오른쪽 클릭 – 잘라내기 선택

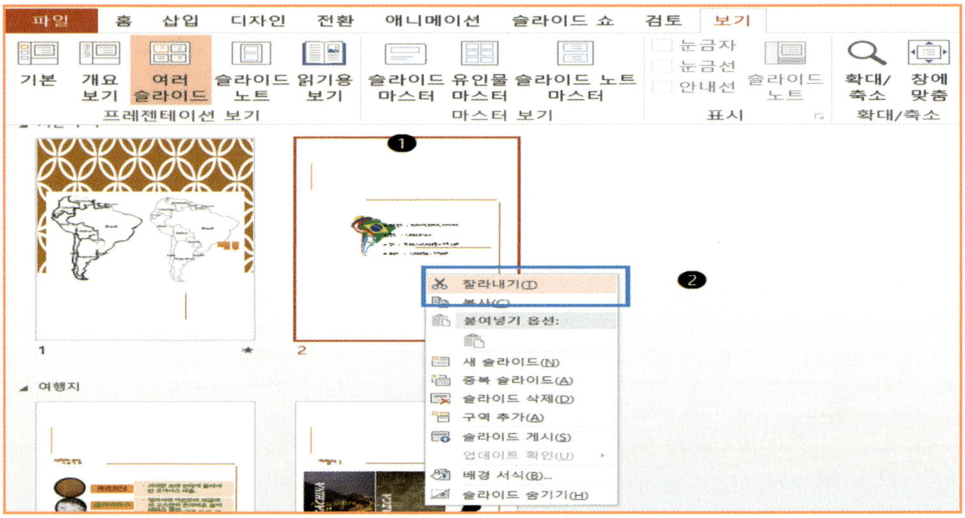

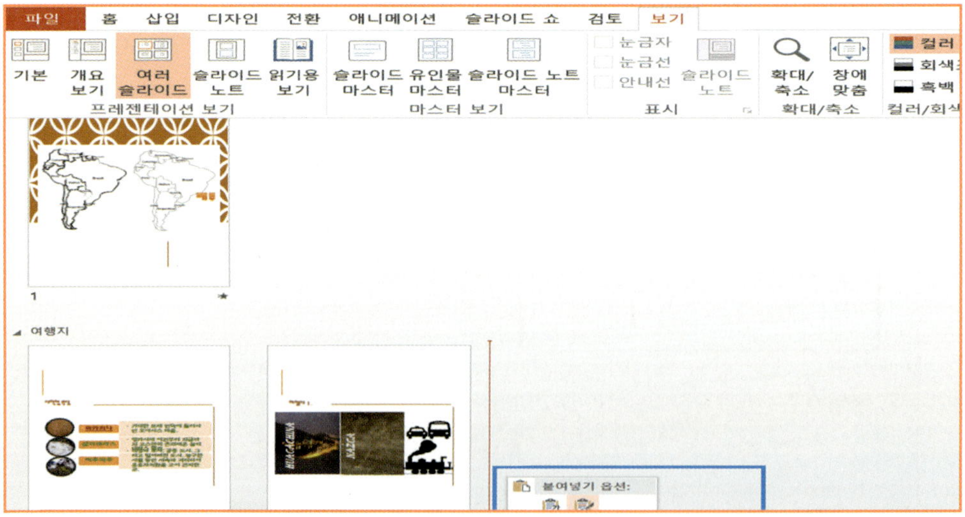

실 습 마지막 슬라이드 선택 – 마우스 오른쪽 클릭 – 붙여넣기

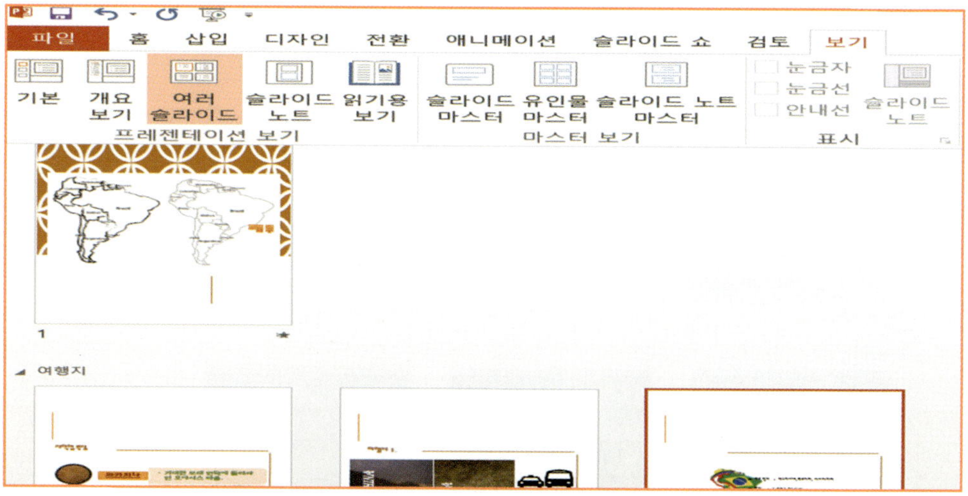

04

1) 슬라이드 전체 화면 색을 [보라색]으로 변경하시오.
2) 임의의 다른 종류의 프린터로 변경 후 슬라이드 4개, 회색조의 개요로 인쇄하시오.

1) 슬라이드 전체 화면 색을 [보라색]으로 변경하시오.

실 습 임의의 슬라이드 위에서 마우스 오른쪽 클릭 – 배경 서식 선택

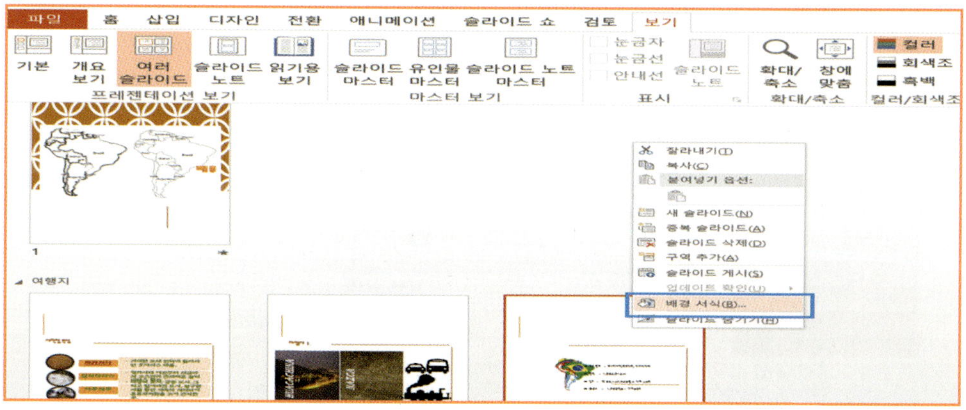

실 습 색상표 : 보라색 선택 – 모두 적용

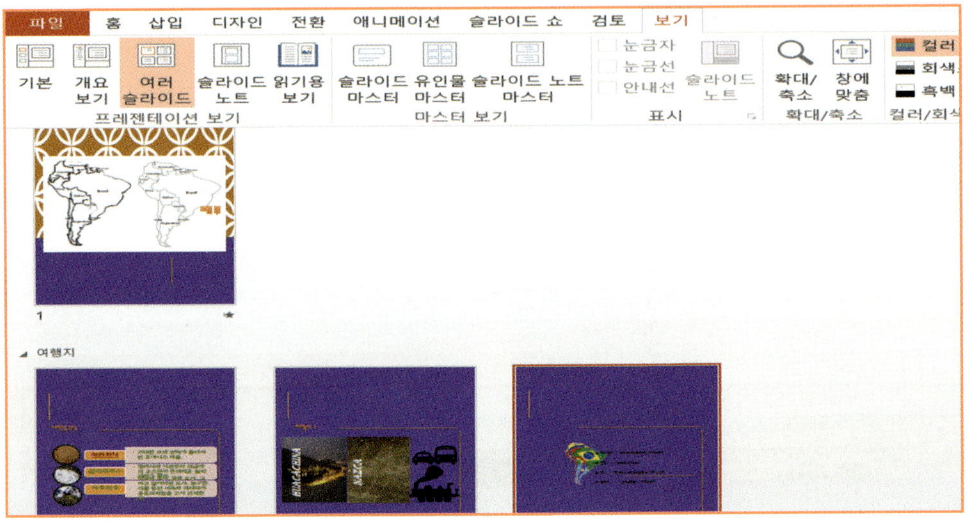

2) 임의의 다른 종류의 프린터로 변경 후 슬라이드 4개, 회색조의 개요로 인쇄하시오.

실 습 [파일] 메뉴 선택 – 인쇄 클릭 – Hancom PDF 선택

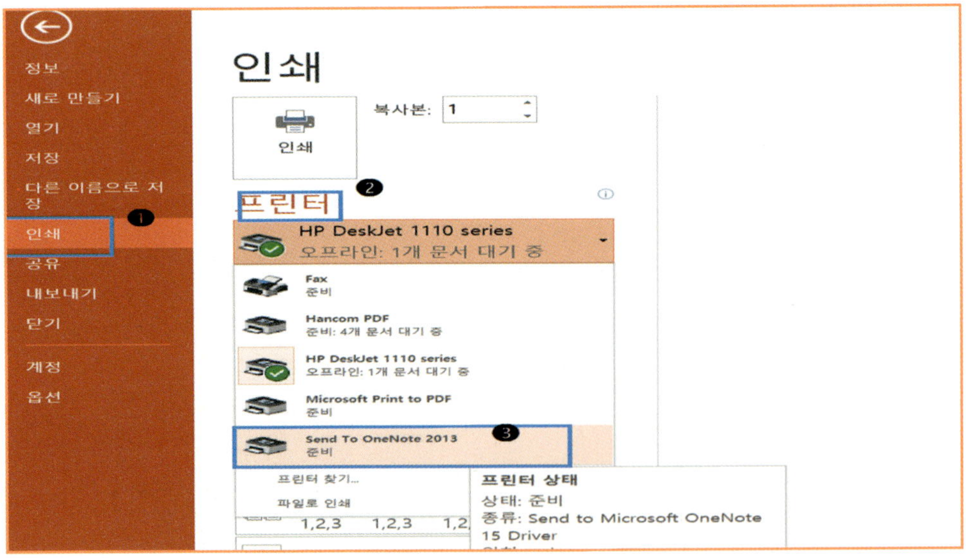

실습 유인물 : 4개 슬라이드 가로 선택 – 회색조 선택

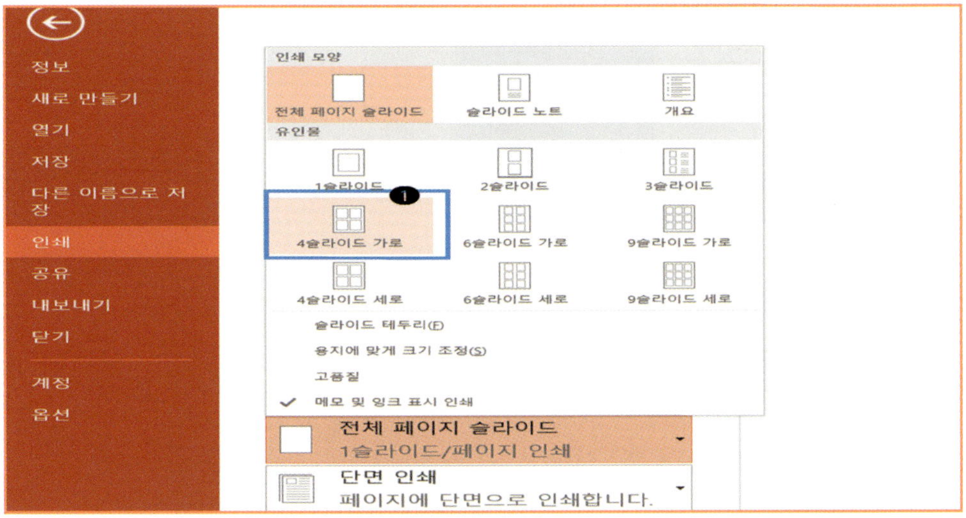

05

1) 슬라이드 3을 두 번째 슬라이드로 이동하시오.
2) 프레젠테이션의 암호를 '4321'로 설정하시오.
3) 슬라이드를 최종본으로 표시 하시오.

1) 슬라이드 3을 두 번째 슬라이드로 이동하시오.

실습 여러 슬라이드 보기 – 슬라이드 3을 슬라이드 1 다음으로 드래그

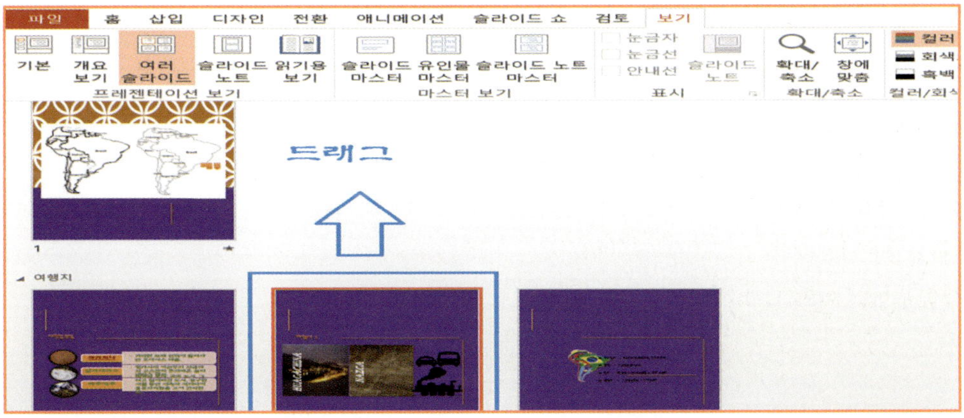

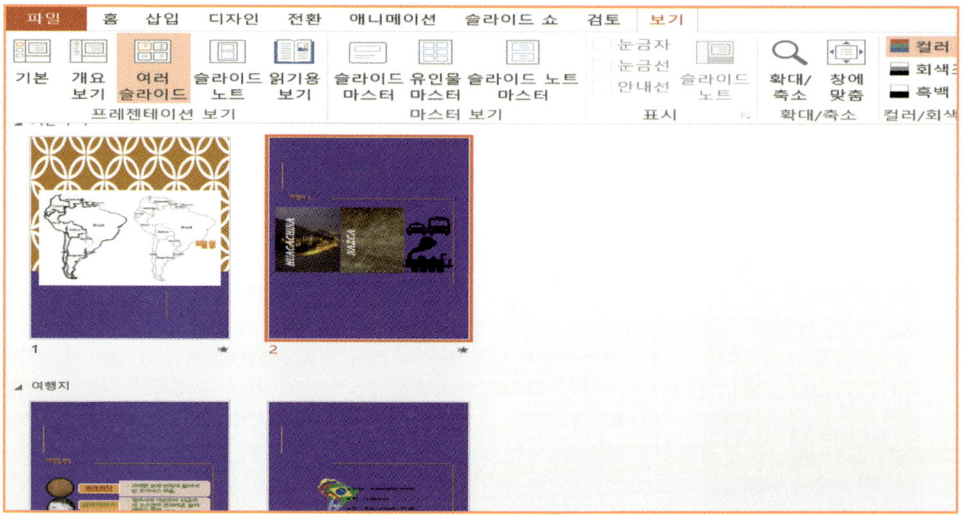

2) 프레젠테이션의 암호를 '4321'로 설정하시오.

실 습 [파일] 메뉴 – 정보 선택 – 프레젠테이션 보호 클릭 – 암호 설정 선택

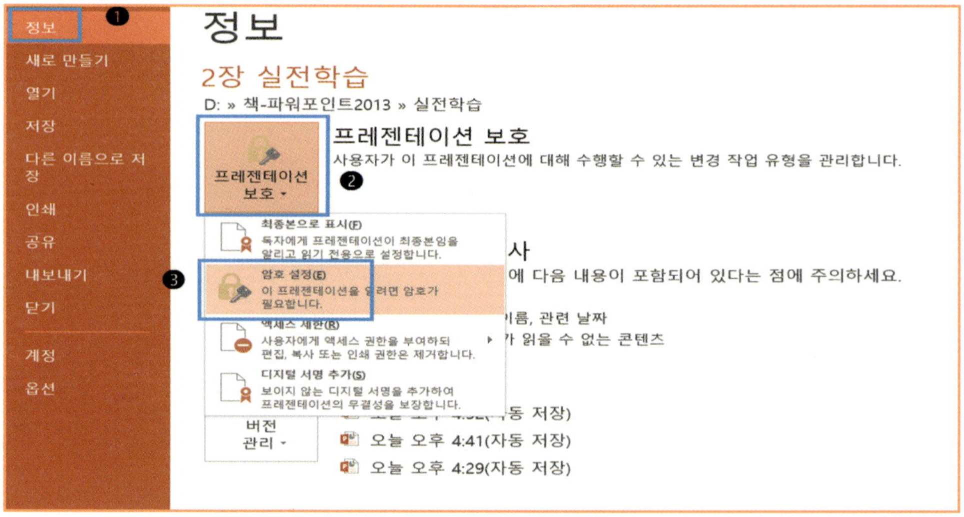

실 습 암호란에 '4321' 입력 – 확인

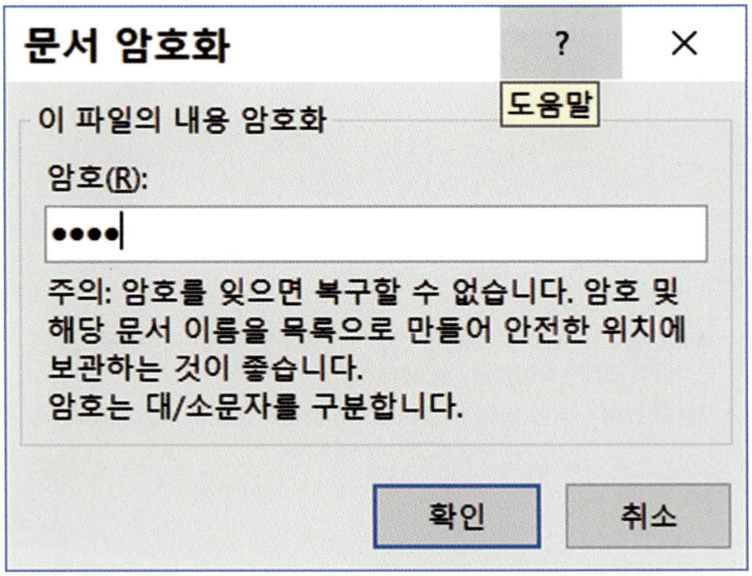

3) 슬라이드를 최종본으로 표시 하시오.

실 습 [파일] 메뉴 – 정보 선택 – 프레젠테이션 보호 클릭 – 최종본으로 표시 선택

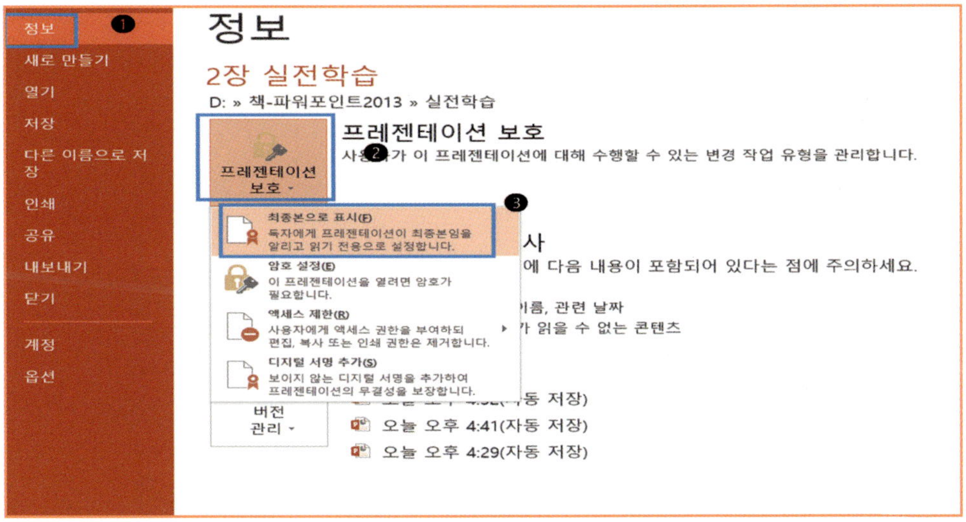

2장 실전예제만들기

조건

슬라이드 1 다음 조건에 맞게 작성 하시오.

- 새로 만들기로 프레젠테이션을 만든 후 [제목 및 내용] 레이아웃으로 변경하여 프레젠테이션을 완성하시오.
- 다음과 같이 내용을 입력 후 들여쓰기와 글머리 기호를 적용하시오.

[완성본]

사업 계획서 만들기

- 제안의 개요
  - 제안 목적
  - 사업 부지 위치도
- 환경 분석
  - 트렌트 변화
  - 시장 규모 분석
- 회사 개요
  - 회사 현황
  - 차별성
- 입점 제안 내용
  - 입점 세부 내용
- 마케팅 추진 전략
  - 기본 방향
  - 세부 전략

조건

슬라이드 2 입력한 내용을 다음과 같이 수정하시오.

- 제목 : MD 아트체, 36pt, 가운데 맞춤, 밑줄체
- 번호 매기기 사용, 단 설정 : 2단, 줄 간격 : 1.5
- 그림과 같은 테마 적용, 바탕화면에 사업 계획서로 저장

[완성본]

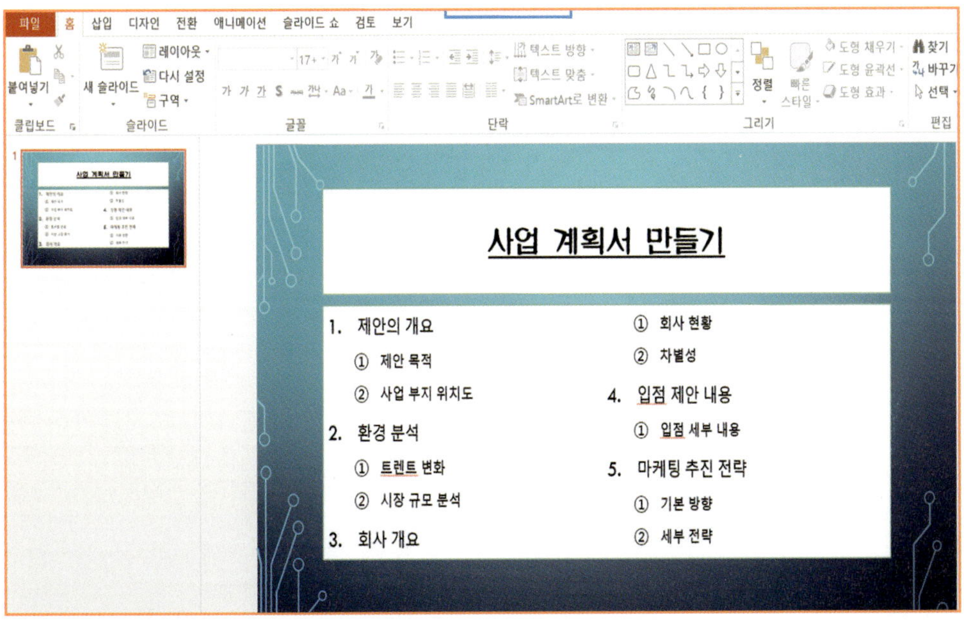

3장 이미지와 일러스트레이션

- 표
- 그림 및 온라인 그림
- 스크린샷
- 사진 앨범
- 도형
- 도형 꾸미기
- SmartArt
- 차트

03 이미지와 일러스트레이션

3장에서는 이미지와 일러스트레이션 그룹의 다양한 기능을 프레젠테이션에 적용하여 입체적인 문서 작업을 위한 프레젠테이션 기법을 학습 한다.

[3 장 예제] 파일 사용

3-1 표

[표]는 서술로 나열된 텍스트나 수많은 데이터를 가지런히 정렬해 전체적 내용을 파악하거나 내용을 한 눈에 볼 수 있게 작성 할 수 있는 기능으로 널리 사용되고 있다. 그리고 표를 삽입하는 4가지 방법에는 표 삽입, 행과 열을 입력하여 표 삽입, 표 그리기, 엑셀 스프레드시트로 표 작성 등이 있다. 또한 표의 각 셀에 그림을 삽입하거나 표 배경 전체에 하나의 그림으로도 삽입 가능하다.

[표 디자인]

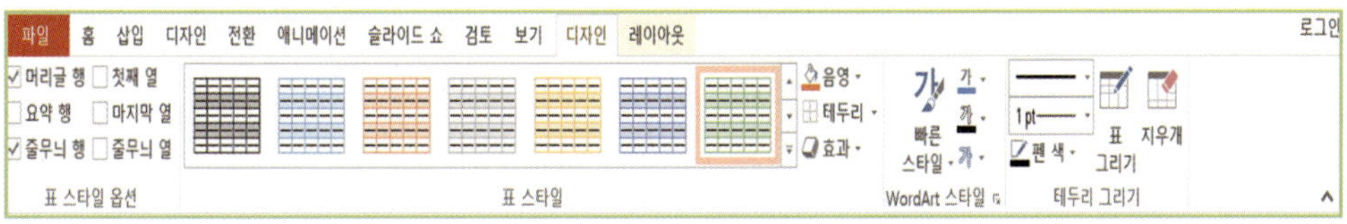

[표 레이아웃]

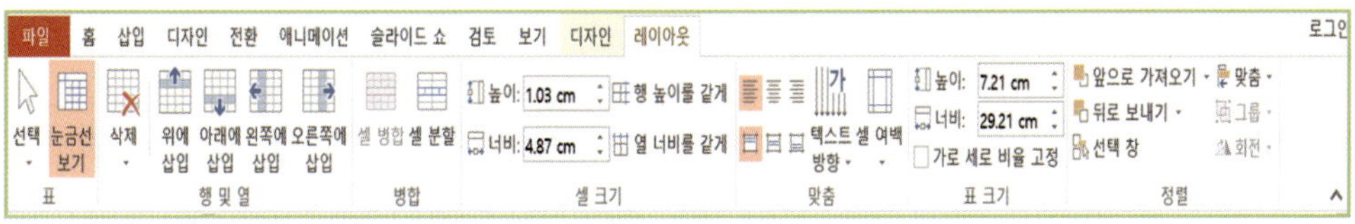

우선 3장 실습을 위해 [3장 예제] 파일을 연 후 작업한다.

[파일] 메뉴 – [열기] – [3장 예제]를 클릭 한다.

슬라이드 1을 선택 후 [삽입] 메뉴 – [표] – [표 삽입]을 클릭 한다.

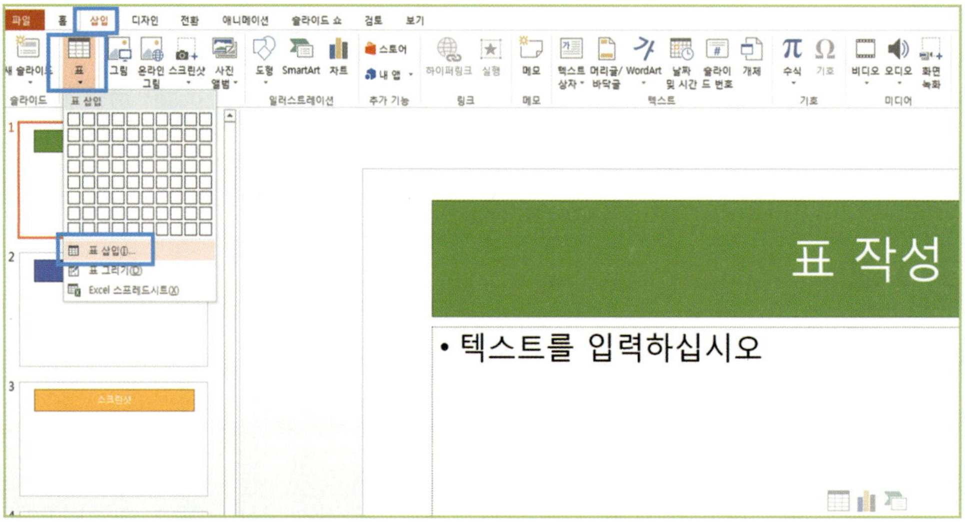

표 삽입 대화 상자가 나타나면

[열 : 6, 행 : 7] 을 입력 – [확인] 단추를 클릭한다.

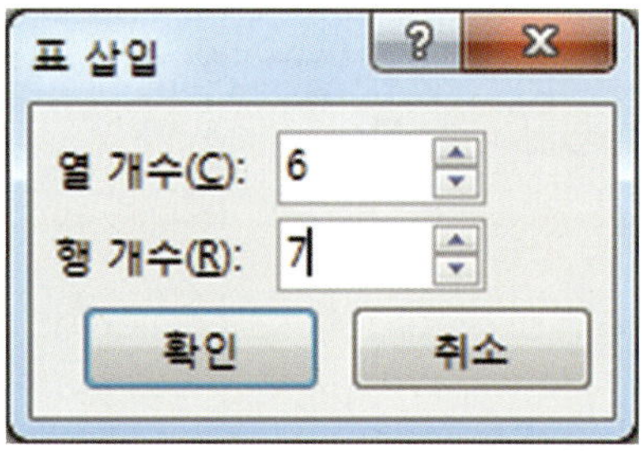

만들어진 표 디자인이 맘에 안 들어 스타일을 변경하고자 할 때에는 표 스타일 중 원하는 종류를 클릭하면 된다. 표 스타일 옵션에는 〈문서와 가장 일치하는 항목〉, 〈밝게〉, 〈보통〉 그리고 〈어둡게〉로 나뉘어 다양하게 수정 가능하다.

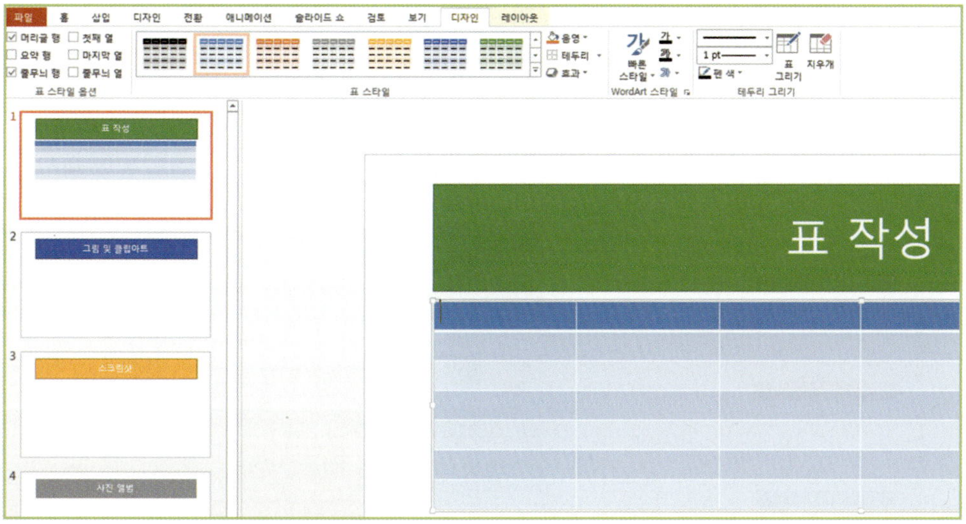

표를 클릭 후 [디자인] 메뉴 – [표 스타일] – [밝게 : 밝은 스타일 3, 강조 6]을 클릭 한다.

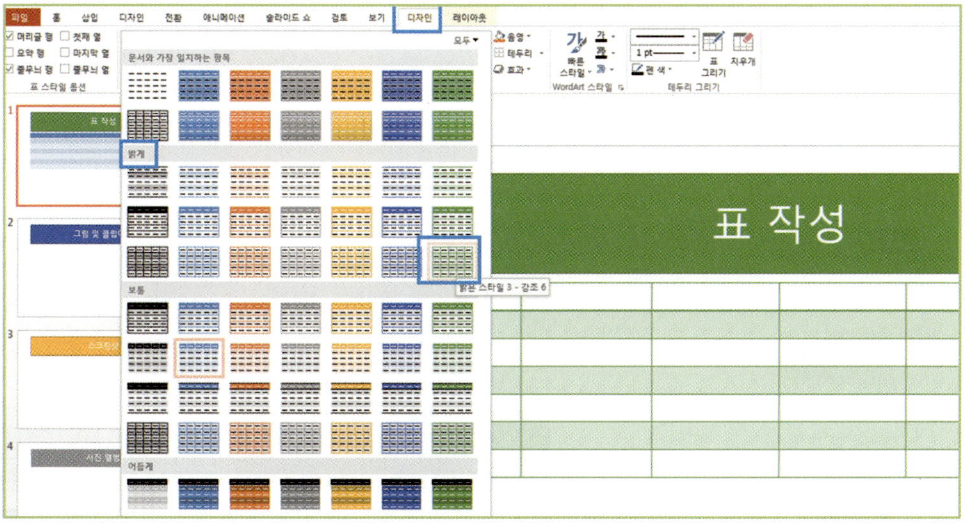

파란색 계열의 표를 〈녹색〉 계열의 표로 변경 해 보았다.

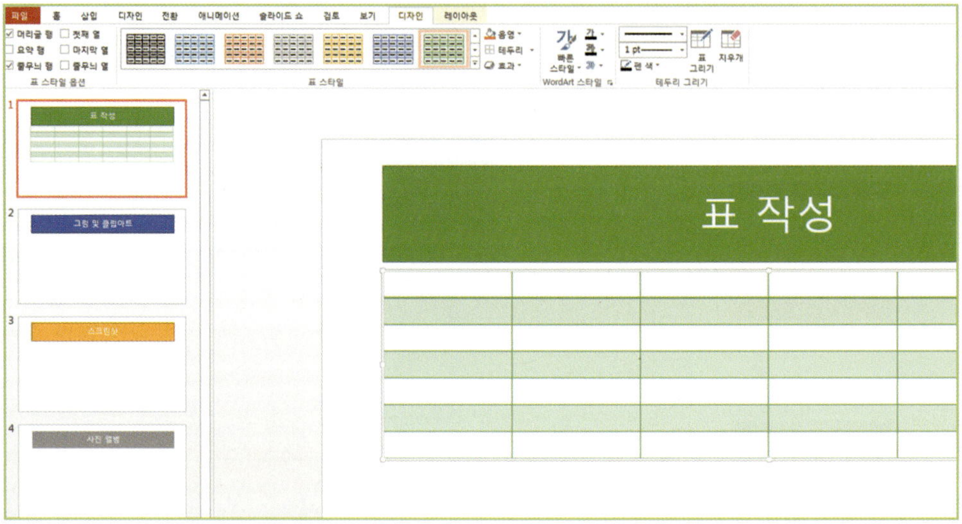

[표 테두리]

표 테두리 모양이나 두께 그리고 테두리의 색을 변경하여 다양하게 꾸밀 수 있다.

표를 클릭 후 [디자인] 메뉴 – [표 스타일] – [테두리] – [테두리 두께 : 4.5]을 선택한다.

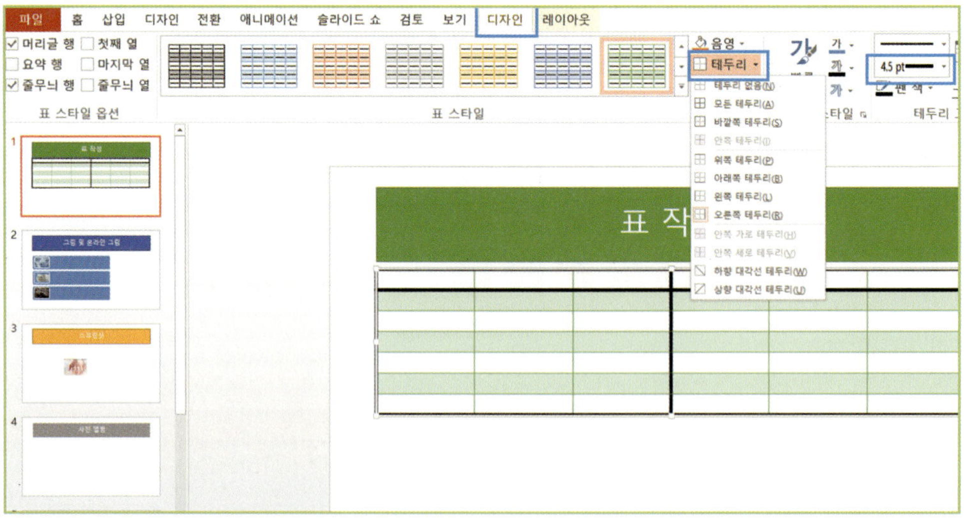

3-2 그림 및 온라인 그림

다른 프레젠테이션보다 파워포인트 2013이 우수한 이유는 Office.com을 통한 무료 템플릿이나 이미지를 사용 할 수 있다는 점이다. 검색할 대상을 입력하고 형식, 검색 위치 등을 지정하면 효과적으로 그림을 검색 할 수 있다.

일러스트레이션 개체 중 [그림]과 [온라인 그림]을 이용하여 슬라이드 내용과 관련된 그래픽 삽입을 통해 이해력을 높이고 시각적인 효과를 주어 다양한 디자인 연출이 가능하다.

① 그림 삽입

슬라이드 2를 선택 후 [삽입] 메뉴 – [이미지] 그룹 – [그림] 을 선택한다.

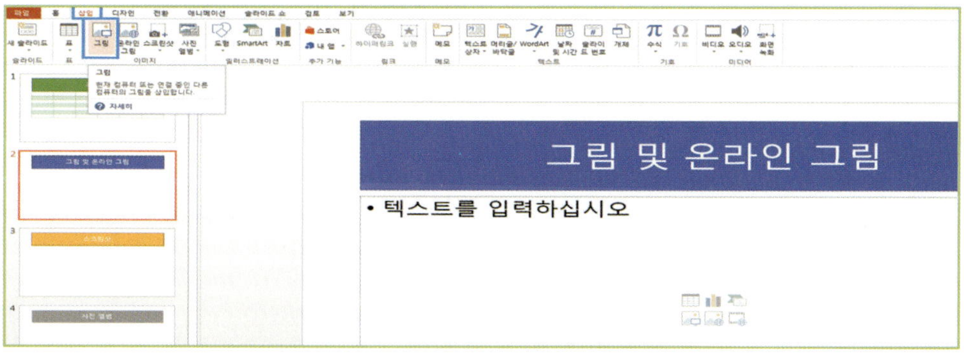

[그림] 폴더 – [코알라] 그림 – [삽입]을 선택한다.

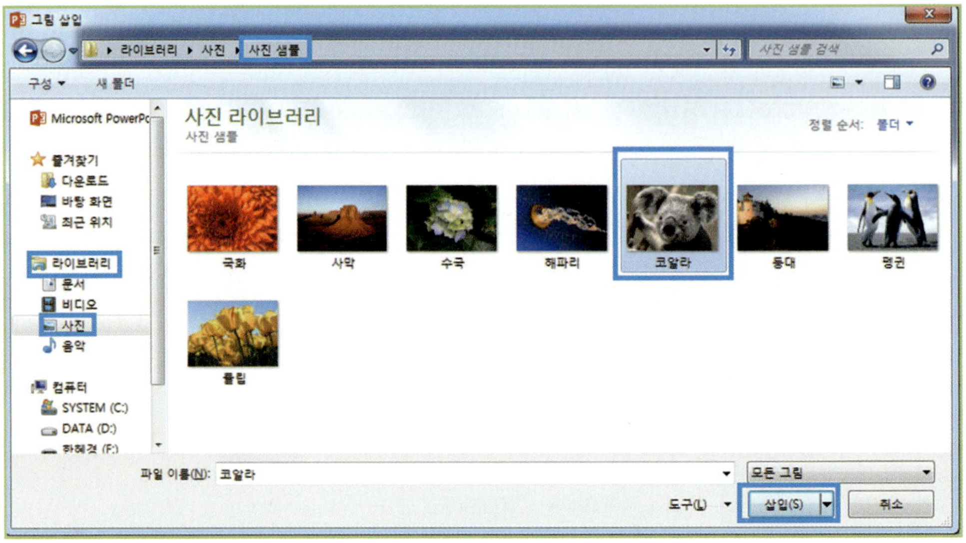

삽입 된 코알라 그림 크기를 적당히 조절한다.

이미지 모서리의 조절점에 마우스를 대면 양방향 화살표로 변경 되는데 그때에 안쪽으로 드래그하면 크기를 줄일 수 있다.

② 온라인 그림 및 클립아트 삽입

[삽입] 메뉴 – [온라인 그림] – [검색 대상] – [고양이]를 입력하여 고양이 이미지가 나오면 그 중 하나를 선택한다.

고양이 이미지를 클릭 후 [삽입]을 클릭한다.

[클립아트]는 오피스 프로그램에서 제공하는 그래픽은 무려 개수가 9만여 개가 넘는다. 클립아트는 비트맵이나 여러 가지 도형의 조합으로 이루어진 경우가 많고 클립아트 종류도 다양하다.

[검색 대상] – [bing] 검색란에 [꽃]을 입력 후 [삽입]을 클릭한다.

찾고자 하는 클립아트 분류를 검색 창에 입력하면 해당 클립아트가 찾아지는데 그 중 원하는 그림을 선택하여 삽입하면 된다.

[사진] 그룹을 선택 – [원하는 그림 선택] – [삽입]을 클릭한다.

위 순서대로 이미지를 코알라, 고양이 그리고 꽃 하나를 추가하면 아래 그림처럼 볼 수 있다.

[그림 서식]

삽입 한 그림을 파워포인트 내에서 수정이 가능한데 배경을 지우거나 이미지의 색과 밝기 그리고 그림 스타일 등을 이용할 수 있다.

그 외에도 그림에 테두리를 설정하거나 입체적으로 만들어 그림의 크기를 높이와 너비를 조절하여 프레젠테이션 내용에 어울리도록 만들 수 있다.

① 배경 제거

슬라이드 2의 [고양이 그림] 선택 후 [서식] 메뉴 – [조정] 그룹 – [배경 제거]를 선택한다.

제거하고 싶은 부분을 선택 후 [파일] 메뉴 – [변경 내용 유지]를 선택한다.

핑크색으로 표시되는 부분은 배경으로 인식하여 제거 될 부분이고 이미지의 조절점을 이용하여 배경 제거 부분을 설정 할 수 있다.

② 수정

슬라이드 2의 [코알라 그림] 선택 후 [서식] 메뉴 – [조정] 그룹 – [수정] – [선명하게 50%]을 선택한다.

③ 색

슬라이드 2의 [코알라 그림] 선택 후 [서식] 메뉴 – [조정] 그룹 – [색] – [파랑 밝은 강조 색 1]을 선택한다.

④ 꾸밈 효과

슬라이드 2의 [꽃 그림] 선택 후 [서식] 메뉴 – [조정] 그룹 – [꾸밈 효과] – [연필 회색조]를 선택한다.

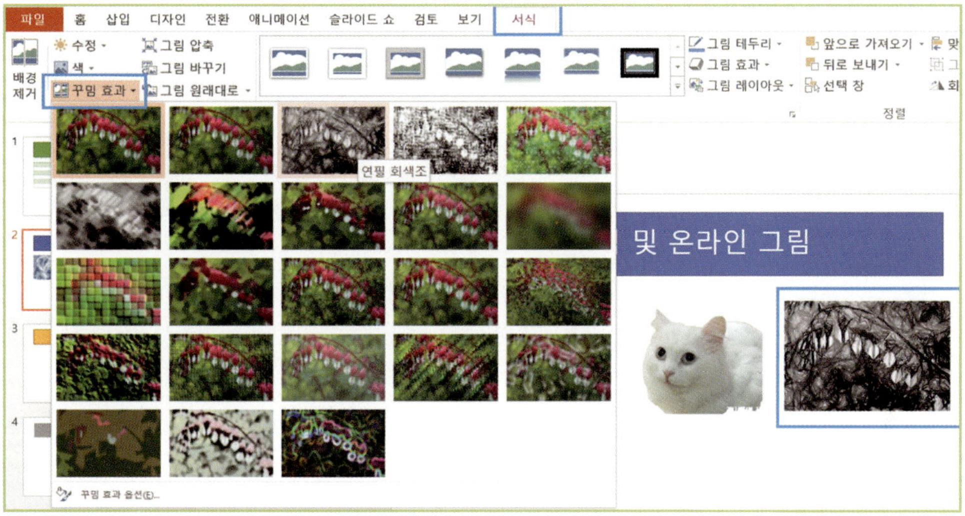

⑤ 그림 스타일

[고양이 그림] 선택 후 [서식] 메뉴 – [그림 스타일] 그룹 – [둥근 대각선 모서리, 흰색]을 선택한다.

고양이 그림 테두리가 〈둥근 대각선 모서리, 흰색〉으로 만들어졌고 테두리에 있는 노란색 사각형 도형을 드래그(drag)하여 그림틀의 모양을 변경해 본다.

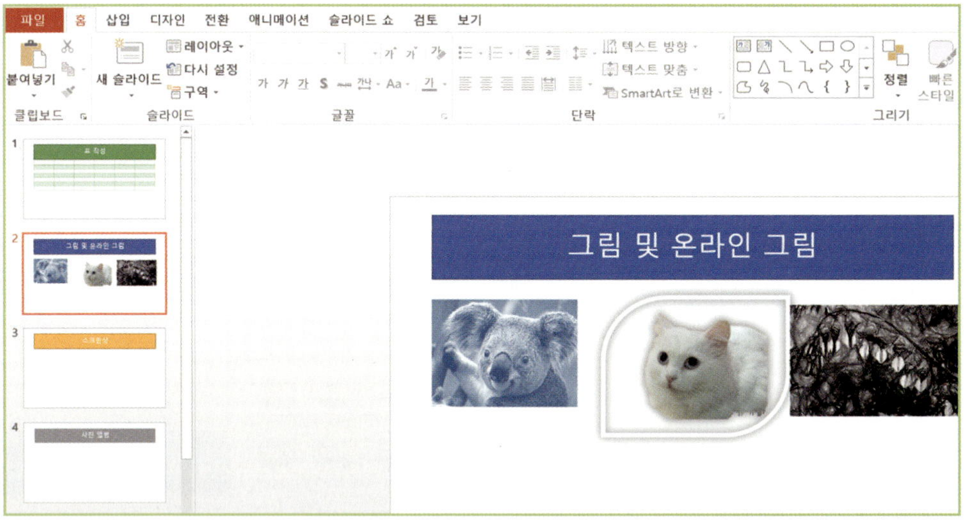

⑥ 그림 테두리

그림 외곽에 테두리를 설정하여 선명함을 높이고 테두리의 두께나 내용에 어울리는 대시 종류를 선택하여 그림 꾸미기를 할 수 있다.

[코알라 , 꽃] 선택 후 [서식] 메뉴 – [그림 테두리] – [점선 대시]을 선택한다.

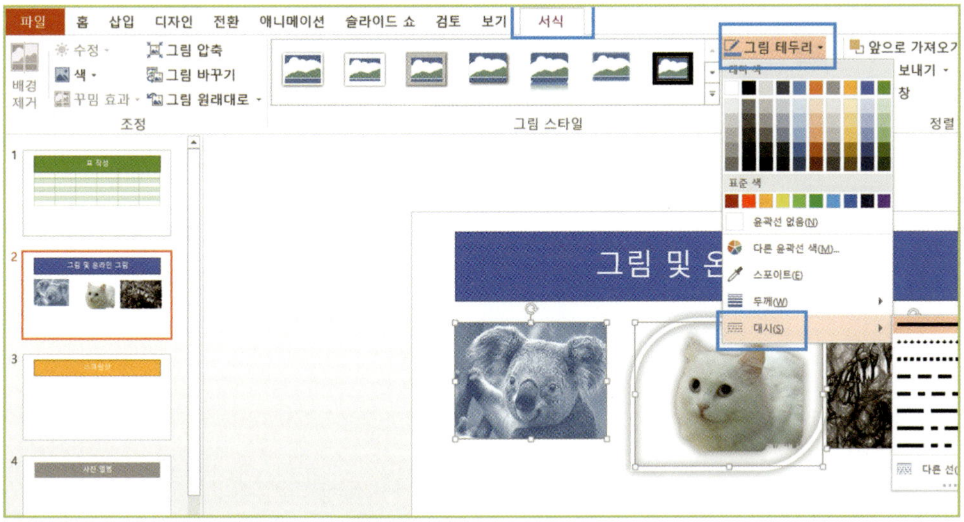

두 그림 테두리에 대시가 적용 되었다.

[고양이] 그림 선택 후 [서식] 메뉴 – [그림 효과] – [입체 효과] – [아트 데코]를 선택한다.

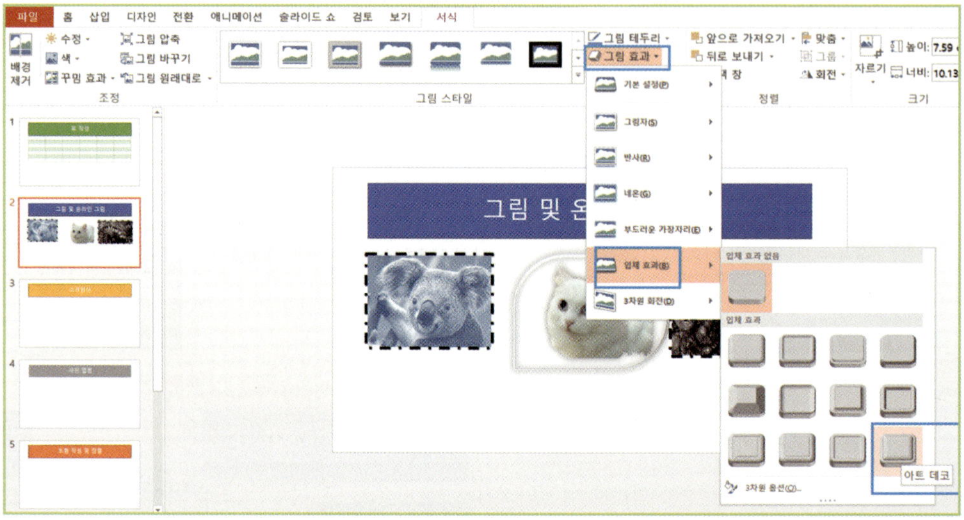

⑦ 그림 레이아웃

[코알라, 고양이, 꽃] 선택 후 [서식] 메뉴 – [그림 레이아웃] – [임의 종류]를 선택한다.

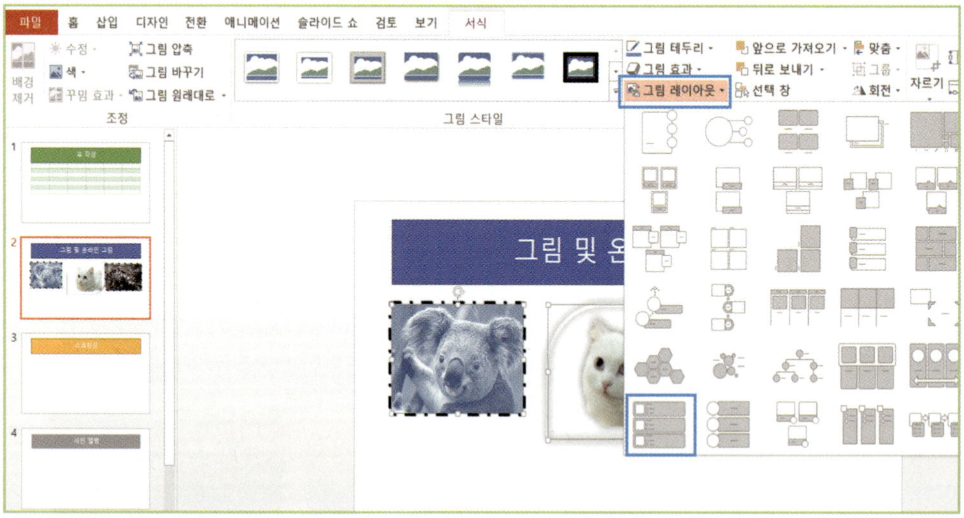

세 개의 그림이 스마트아트 형식으로 그림과 함께 텍스트를 입력할 수 있도록 바뀌었다. 스마트아트 관련 내용은 뒷장에서 자세히 살펴 볼 예정이다.

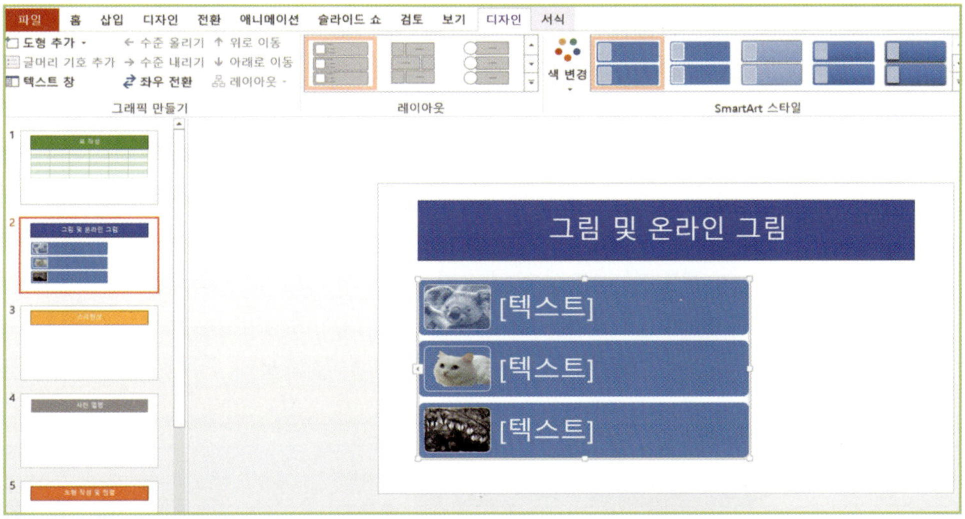

3-3 스크린샷

인터넷상의 다양한 그림을 캡쳐하여 슬라이드에 바로 삽입 할 수 있고 간단히 편집도 가능한 기능이다. 캡처를 원하는 프로그램을 실행 한 후 이 기능을 진행하면 된다.
스크린샷은 인터넷 서핑 중 원하는 그림을 부분 편집하여 프레젠테이션에 추가하고자 할 때 사용하기에 미리 찾아 두는 것이 선행 되어야 한다.

인터넷 내용 중 파워포인트에 삽입하고자 하는 사이트에 접속 한 후

[삽입] 메뉴 – [스크린샷] – [원하는 내용]을 클릭한다.

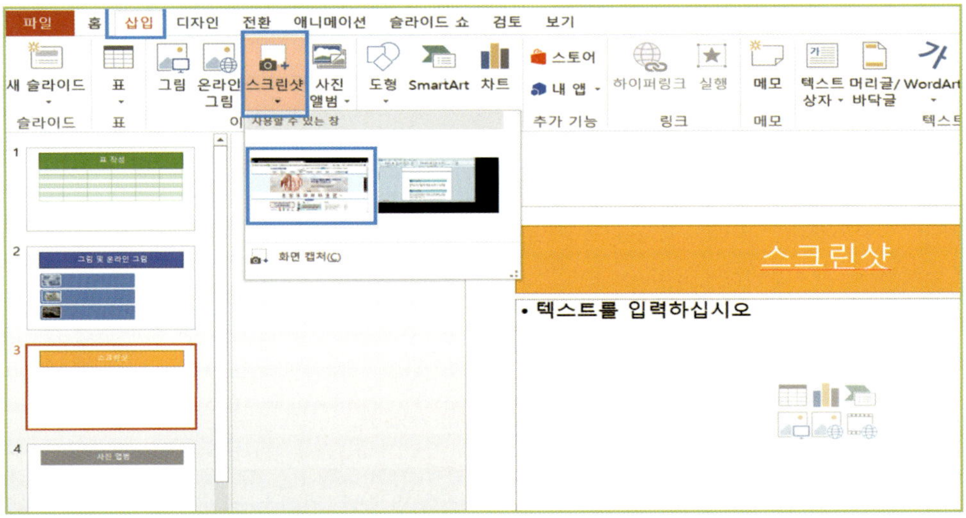

본문 예제는 [교직원공제회] 홈페이지 화면이나 각자 원하는 사이트에 접속하여 원하는 부분을 정해도 된다.

[서식] 메뉴 – [자르기]로 원하는 부분만 남긴다.

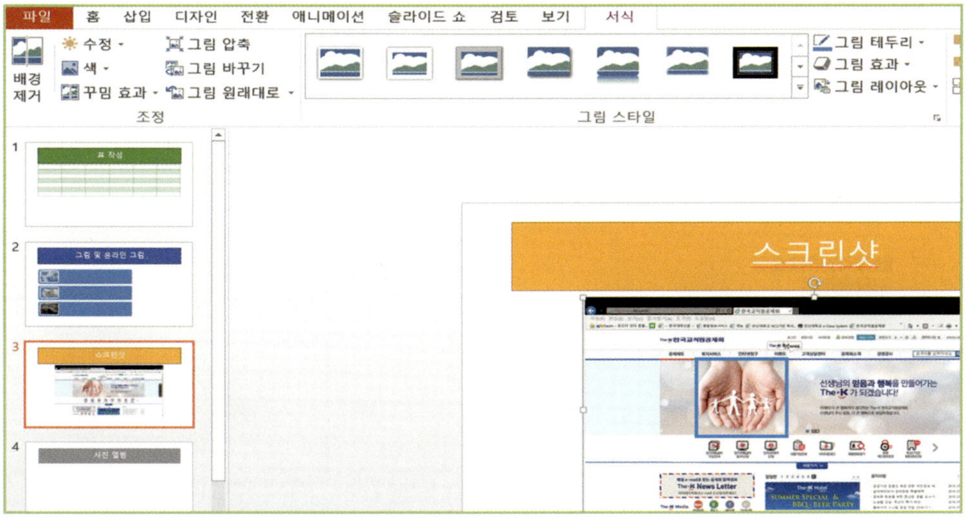

자르기를 클릭 후 드래그를 하거나 높이와 너비에 숫자를 입력하여 자를 수 있다.

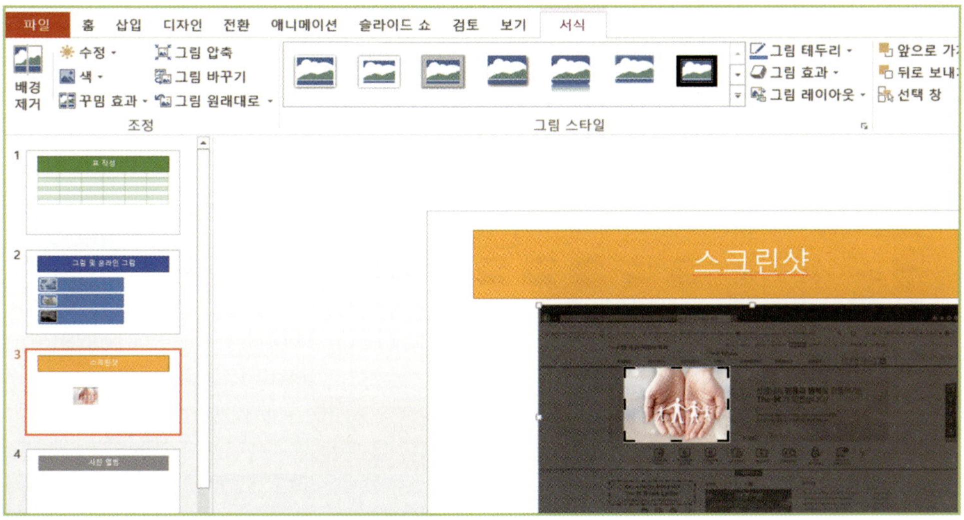

스크린샷 기능 이용 후 다음 그림처럼 원하는 부분만 남길 수 있다.

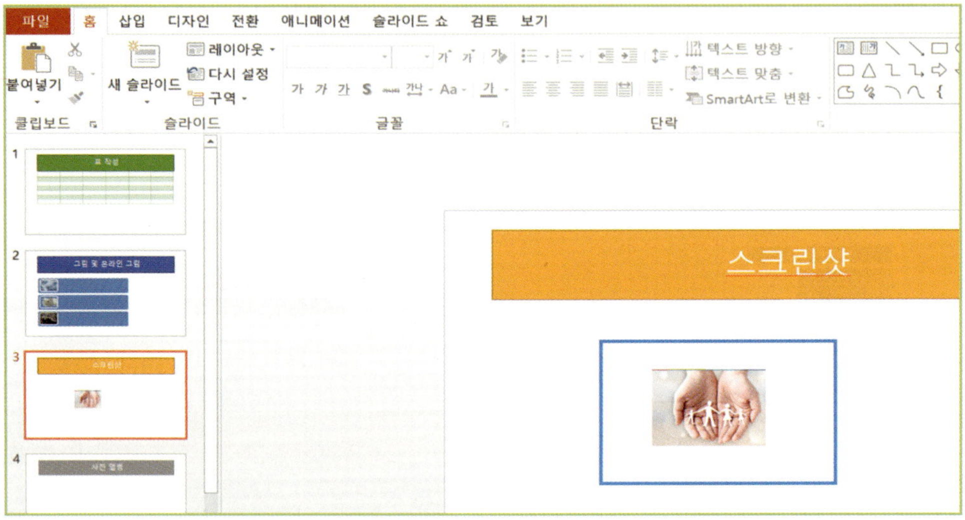

자르기 기능으로 직사각형으로 남겨진 이미지를 도형 틀에 맞게 자를 수 있는데 그 기능은 다음과 같다.

[도형에 맞춰 자르기]

[그림] 클릭 – [서식] 메뉴 – [자르기] – [도형에 맞춰 자르기] – [구름]을 선택한다.

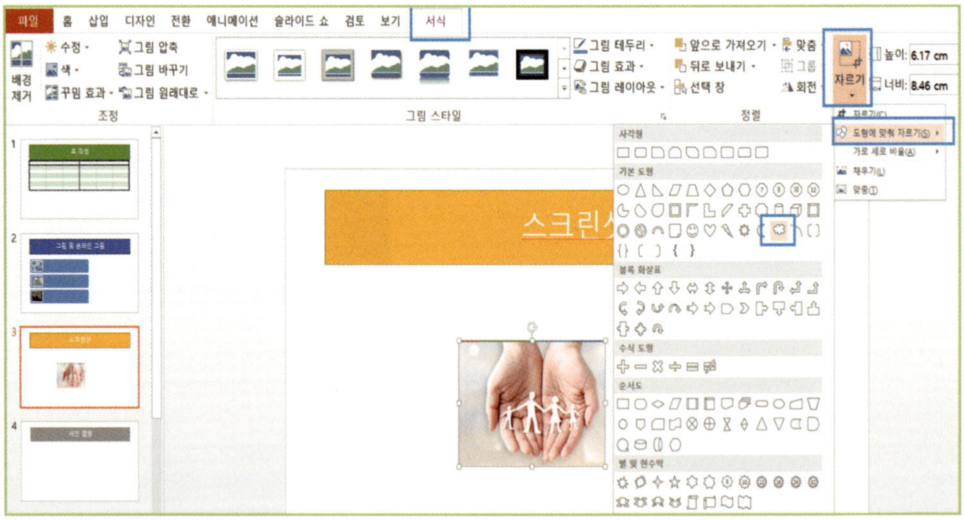

자르기 기능으로 구름 모양 안에 그림이 들어가 있는 것을 볼 수 있다.

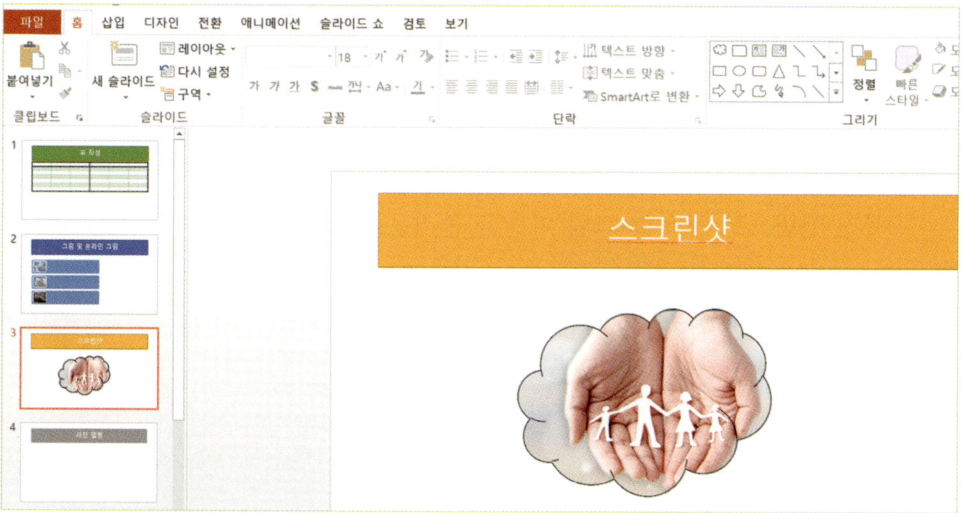

3-4 사진 앨범

여러 장의 사진을 한 번에 슬라이드에 추가하는 기능이 [사진 앨범]이다. 사진을 슬라이드에 삽입하여 캡션을 추가하고, 순서와 레이아웃을 조정하여 테마를 적용하면 멋스런 사진 앨범을 구성 할 수 있다.

슬라이드 4를 선택 후 [삽입] 메뉴 – [사진 앨범] – [새 사진 앨범]을 클릭한다.

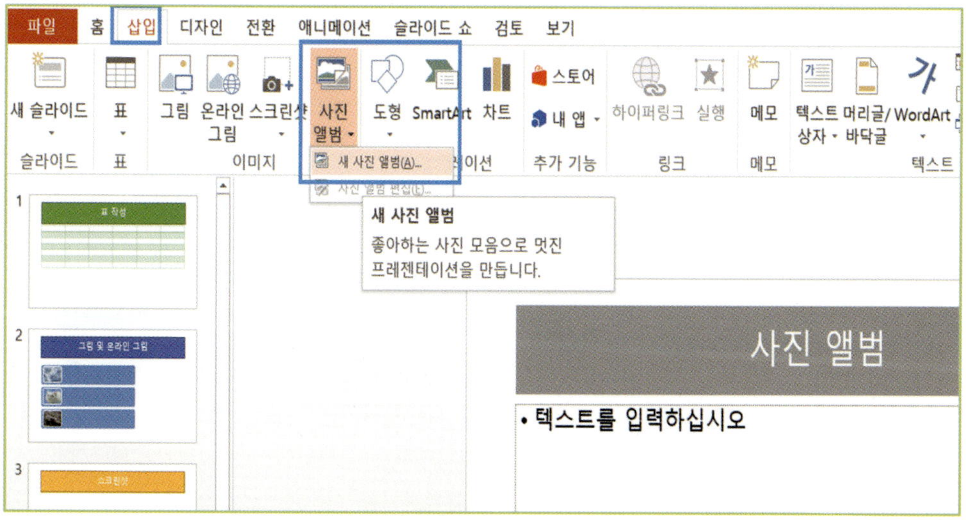

[사진 앨범] 기능은 다양한 그림 레이아웃과 프레임 모양을 지정하여 그림 삽입 및 레이아웃 작업을 통해 간단하면서 빠르게 구성할 수 있는 기능이다. 사진 앨범 기능을 작업하기 위해서는 그림들을 한 폴더에 모아 놓고 일괄적으로 삽입하면 된다.

① 파일 / 디스크
사진 앨범으로 구성할 그림 파일을 불러온다.

② 새 텍스트 상자
그림 위치에 텍스트 상자를 추가해 간격을 지정하고 설명을 추가할 수 있다.

③ 모든 그림을 흑백으로
사진 앨범의 모든 그림을 흑백으로 표시한다.

④ 그림 레이아웃
한 슬라이드에 포함할 그림의 개수와 제목 등의 포함 여부를 결정한다.

⑤ 프레임 모양
사진 앨범의 모든 그림에 어울리는 프레임 모양을 선택한다.

⑥ 테마
사진 앨범의 테마를 선택한다.

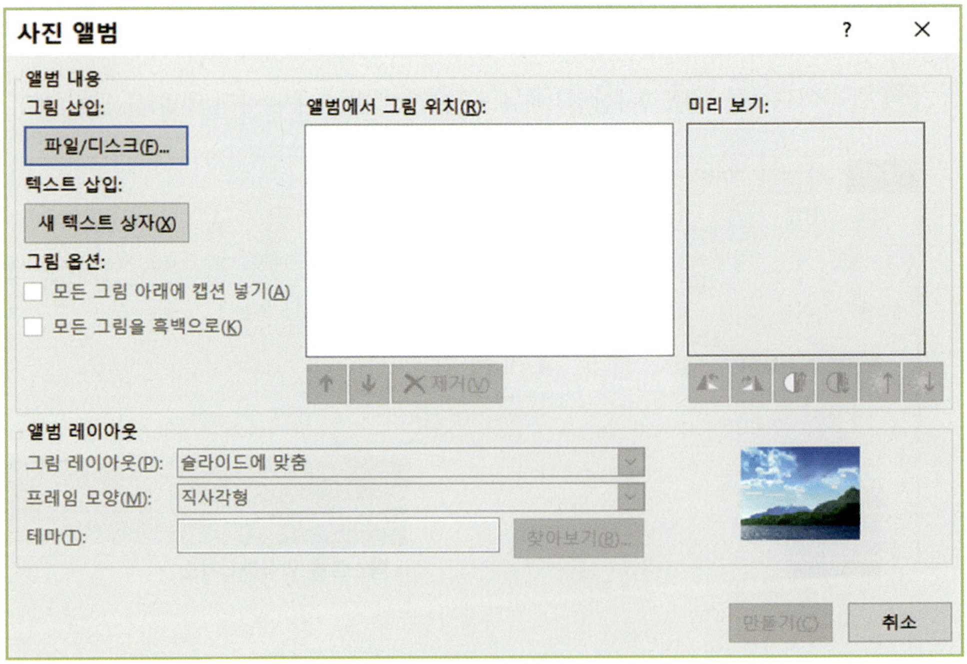

앨범 내용 중 [파일/디스크] 클릭 – [그림 폴더] 선택 – [saipan] 관련 4개의 사진을 [Shift] 키를 사용하여 선택 – [삽입]을 클릭한다.

〈앨범에서 그림 위치〉에 선택한 이미지 이름이 보이고 해당 파일을 클릭하면 〈미리보기〉 창에 내용이 보여 진다. 그림의 순서를 변경하려면 [앨범에서 그림 위치] 항목에 체크 표시를 한 후 화살표를 이용하여 위 · 아래로 순서를 수정하면 된다.

〈그림 레이아웃〉에서 [제목을 가진 그림 2개]을 선택 한 후

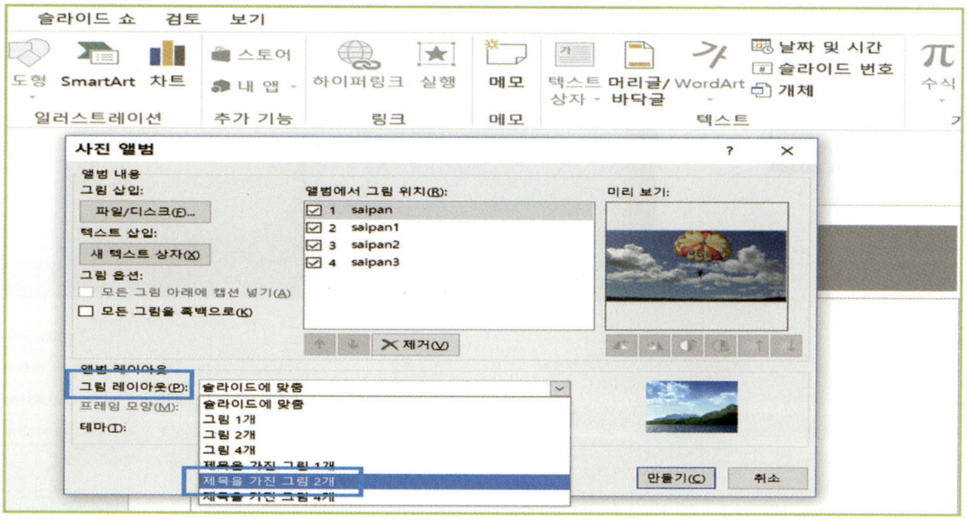

〈프레임 모양〉에서 [복합형 프레임, 검정]을 선택 – [삽입]을 클릭한다.

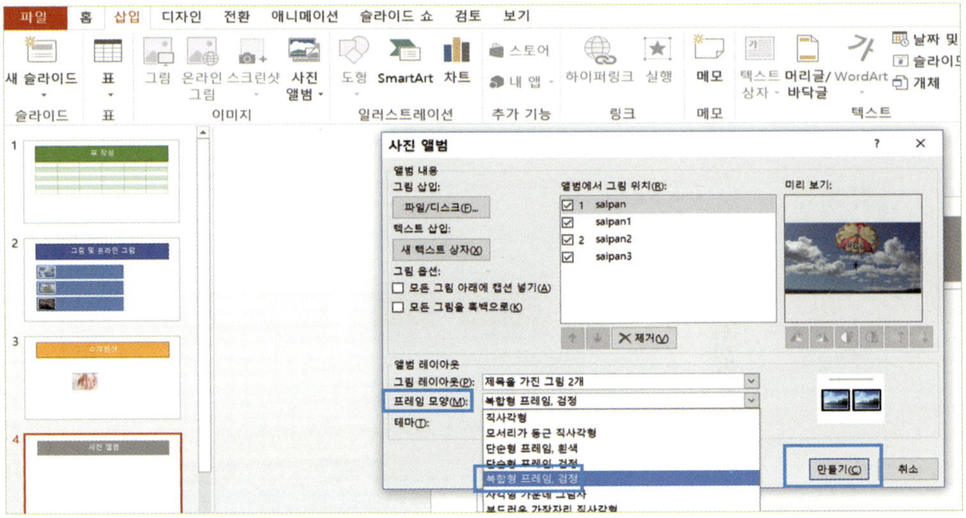

사진 앨범의 옵션을 다 선택한 내용이 다음과 같이 만들어진다.

3-5 도형

프레젠테이션은 시각적인 효과가 중요한데 도형이 그 역할에 적합하다. [도형]은 글로 표현하기 어려운 복잡한 개념을 그림으로 전개하여 청중의 이해도를 높일 수 있다. 다양한 종류의 도형을 슬라이드에 그린 후 그리기 도구를 이용하여 도형 스타일을 적용하고 도형 안에 텍스트를 입력할 수 있다. 도형을 이용하여 회전 또는 대칭, 순서, 맞춤 및 배분, 그룹 및 그룹 해제 등의 기능으로 도형 편집이 가능하다.

Ⅰ. 일반 도형 그리기

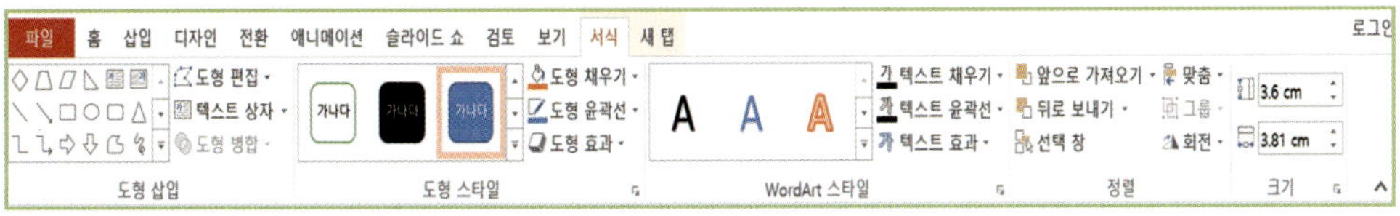

[삽입] 메뉴 – [도형] – [직각 삼각형...다이아몬드]의 4개의 도형을 차례로 그린다.

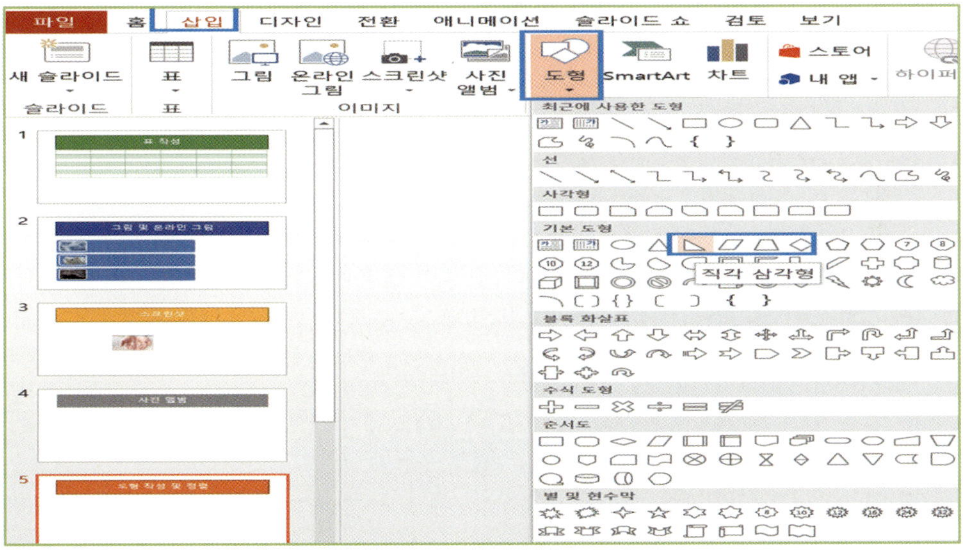

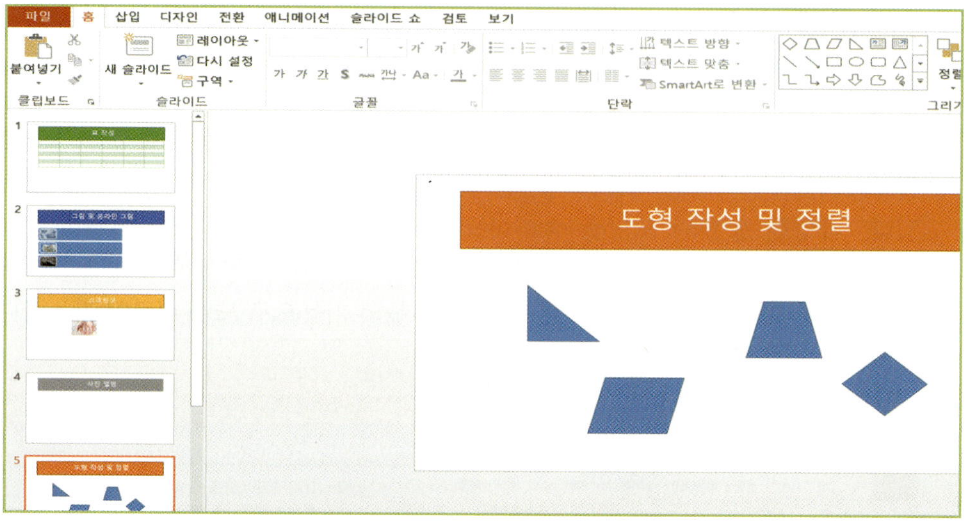

도형을 크게 분류하면 〈선〉 〈사각형〉 〈기본 도형〉 〈블록 화살표〉 〈수식 도형〉 〈순서도〉 〈별 및 현수막〉 〈설명선〉 그리고 〈실행 단추〉 등이 있다.

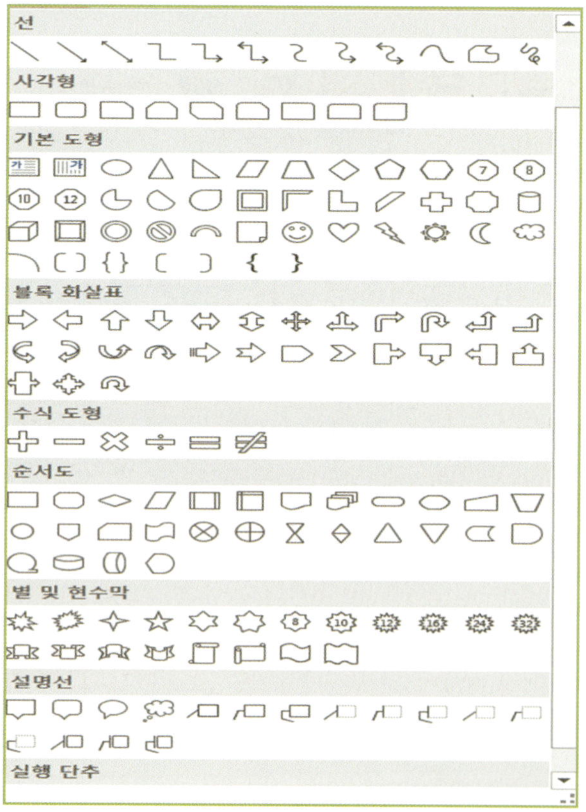

[도형 스타일]

도형 스타일에는 새로운 도형을 삽입하거나 그려진 도형을 꾸미기 위한 도형 스타일 변경 및 도형 채우기, 도형 효과 그리고 도형의 크기를 조절 할 수 있다.

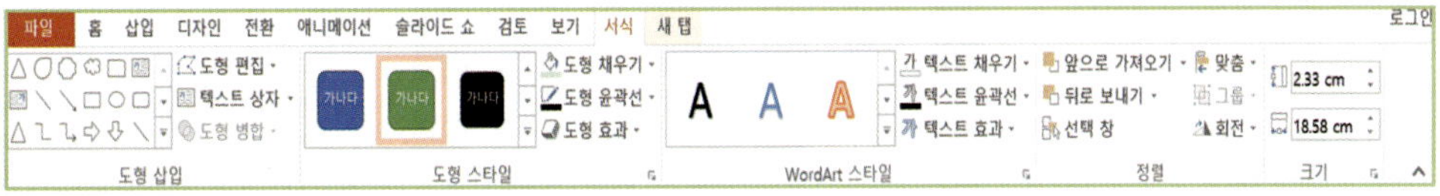

[직각 삼각형] 클릭 – [서식] 메뉴 – [도형 스타일]을 클릭 후

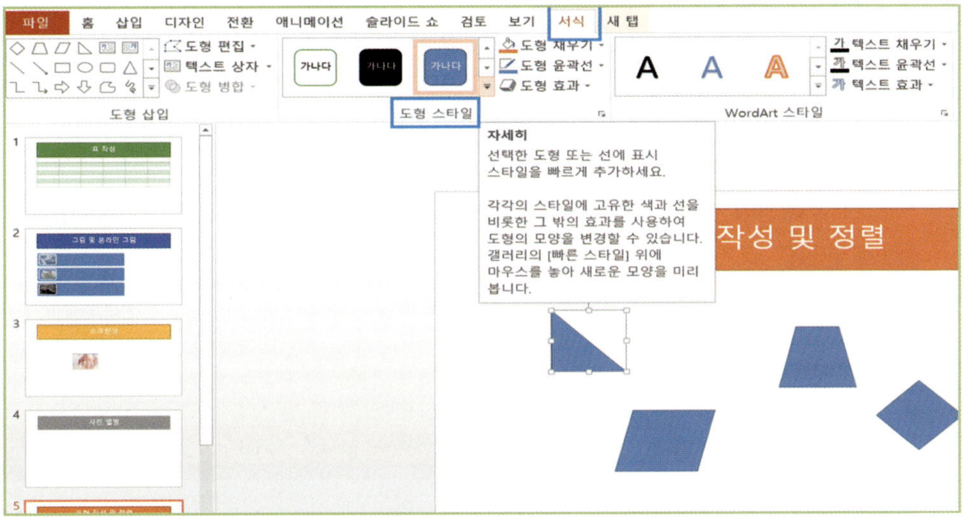

도형 스타일을 이용해 도형을 꾸며 주면 시간을 절약 할 수 있다. 다만 스타일의 종류가 한정 되어 있어 도형 스타일에 없는 그 외의 스타일을 적용하고자 할 때는 도형 채우기나 도형 윤곽선 등의 세부 기능으로 각자만의 스타일로 변경해 보는 것도 파워포인트 스킬을 높일 수 있는 좋은 방법이다.

[색 윤곽선, 주황 강조 2]를 선택한다.

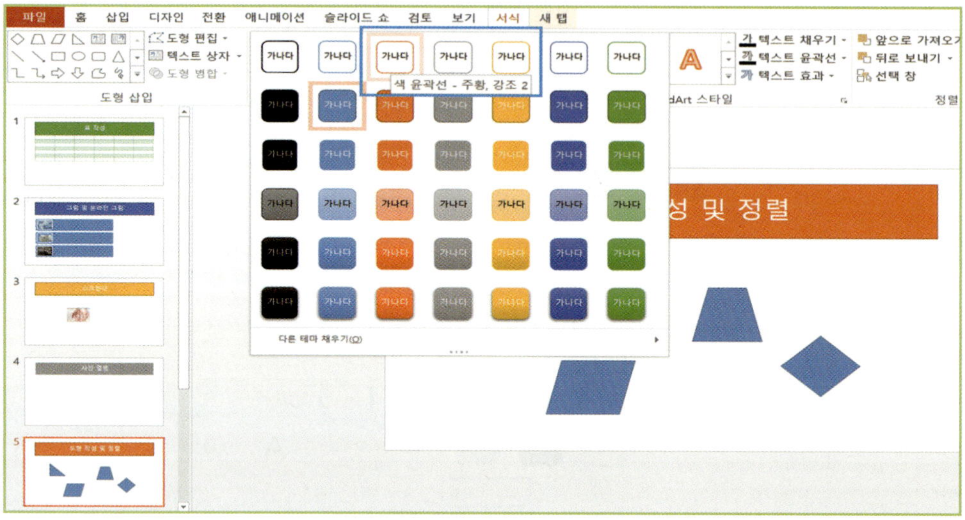

나머지 도형에도 도형 스타일을 적용해 보자

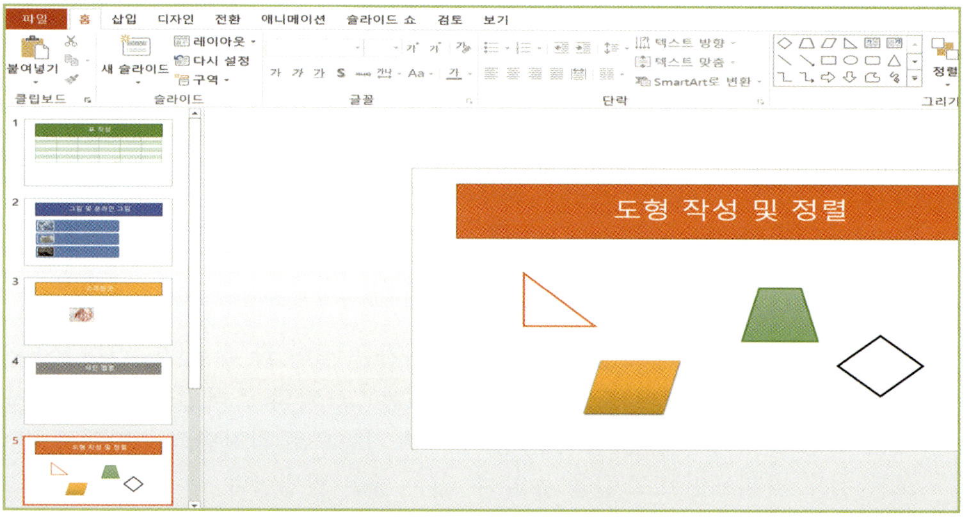

① 그라데이션 만들기

[그라데이션]은 도형이나 텍스트 상자에 두 가지 이상의 채우기 색을 설정 할 때 사용하면 된다. 즉, 한 색에서 다른 색으로 색 및 음영이 점진적으로 진행되는 것을 말하며 기본 설정 색과 종류, 방향 등을 통해 다양한 그라데이션 효과를 적용시킬 수 있다.

[직각 삼각형 도형 선택] – [마우스 오른쪽] 버튼 – [도형 서식]을 클릭 후 [채우기]를 클릭 – [그라데이션 채우기]를 선택한다.

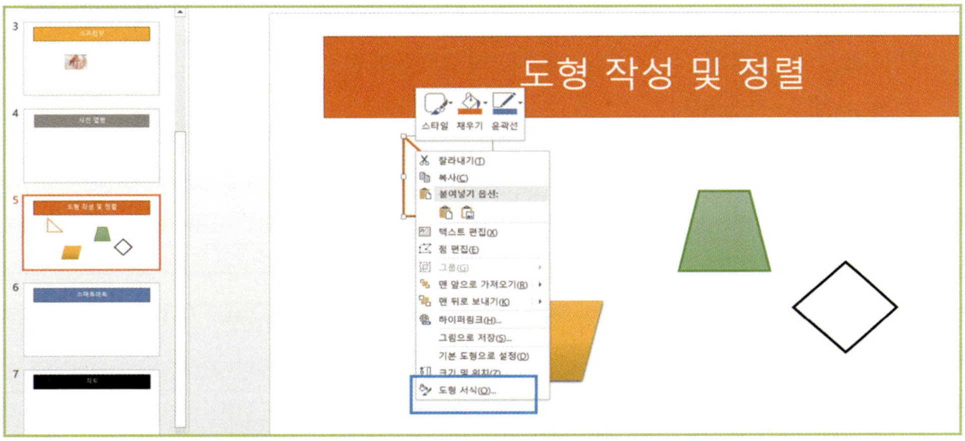

① 그라데이션 미리 설정
기본적으로 제공하는 그라데이션이 표시 되고 비슷한 효과를 선택한 후 옵션을 변경하여 지정 할 수 있다.

② 종류
선형, 방사형, 사각형 그리고 경로형 중에서 원하는 종류를 선택할 수 있다.

③ 방향 및 각도
방향은 그라데이션이 표시 되는 방향을 지정하고 각도는 사용자가 희망하는 각도를 입력하여 그라데이션 방향을 지정 할 수 있다.

④ 그라데이션 중지점
기본적으로 3개의 중지점이 표시 되고 중지점의 위치를 드래그로 변경하며 추가 삭제도 가능하다.

⑤ 도형과 함께 회전
도형을 회전했을 경우 그라데이션도 함께 회전 된다.

3-6 도형 꾸미기

[정렬]은 여러 개의 도형이 있을 경우 [정렬]을 이용하여 슬라이드의 [중간]에 맞추거나 [위쪽] 맞춤 [아래쪽]으로 맞춤이 가능하다. 도형의 [가로 간격을 동일하게] [세로 간격을 동일하게]의 정렬을 통해 쉽게 조절 할 수 있다.

Ⅰ. 정렬

슬라이드 5를 선택 후 [Shift] 키를 이용하여 [모든 도형]을 클릭한다.

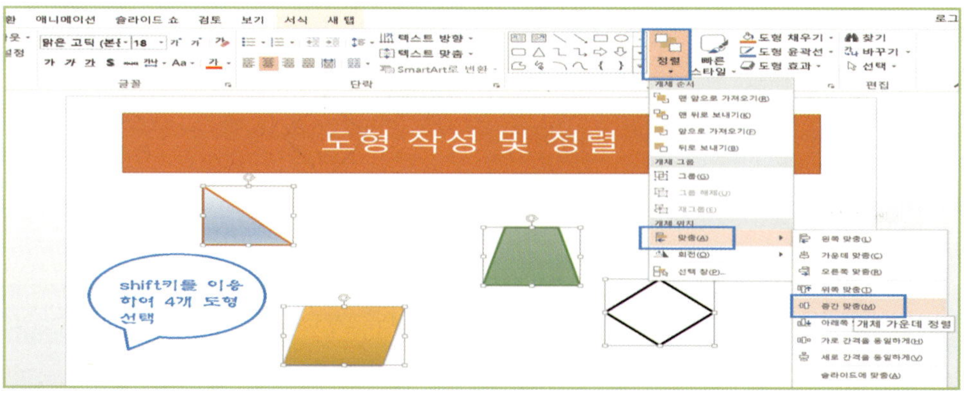

[서식] 메뉴 – [정렬] – [중간 맞춤]을 선택한다.

개체의 위치를 균등하게 놓는 〈가로 간격을 동일하게〉 의 설정은 다음과 같다.

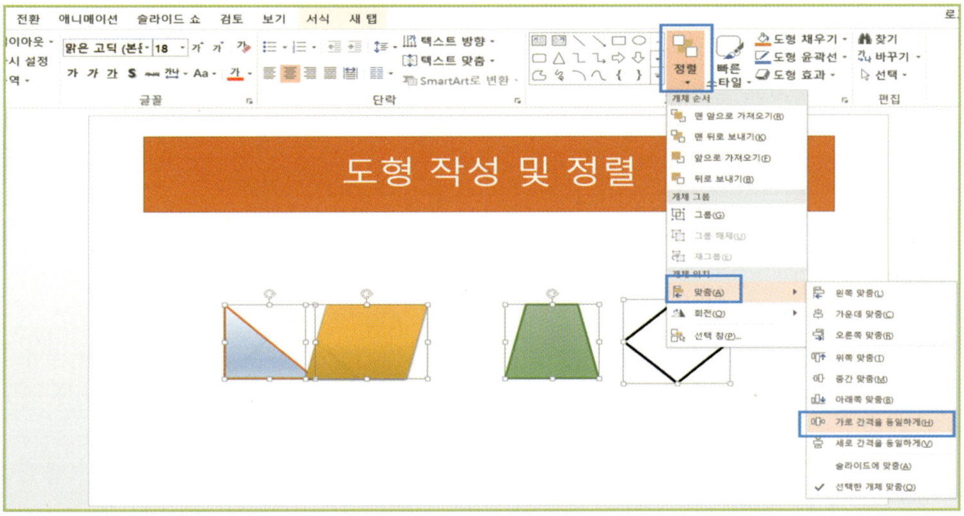

또는

[모든 도형 선택] – [홈 or 서식] 메뉴 – [정렬] – [가로 간격을 동일하게]를 선택한다.

Ⅱ. 스포이트 기능

스포이트 기능을 통해 특정 색상을 추출하여 원하는 개체에 똑같이 적용 할 수 있다.

[평행 사변형] 도형 선택 – [서식] 메뉴 – [도형 채우기] – [스포이트]를 선택한다.

[다이아몬드]를 클릭한다.

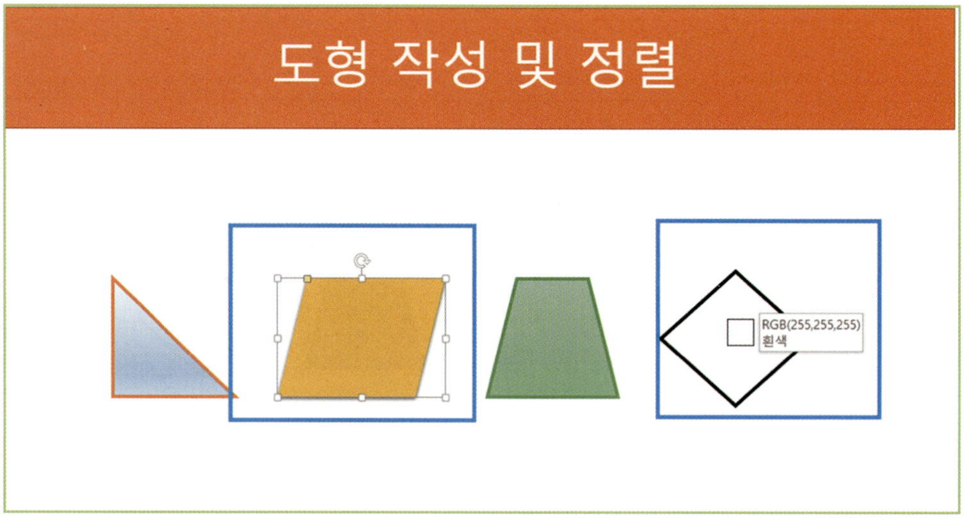

[평행 사변형] 도형의 색상이 [다이아몬드] 도형 색상과 동일하게 바뀐다.

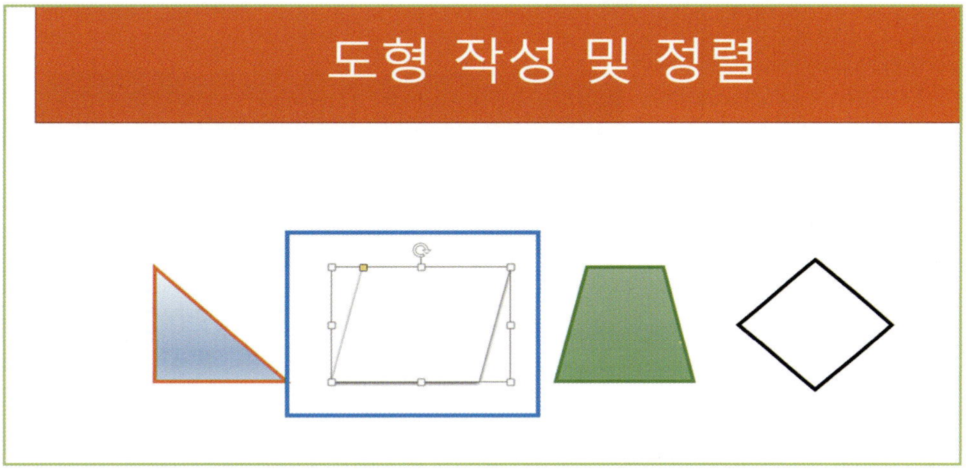

Ⅲ. 세이프 기능

두 개 이상의 도형을 합치거나 교차되는 부분을 삭제 또는 빼기 기능을 조합하여 다양한 도형을 만들 수 있다.

슬라이드 6을 선택 후 도형 삽입에서 [원 및 직사각형] 그리기 – [직사각형]을 [원] 과 겹치게 왼쪽으로 이동한다.

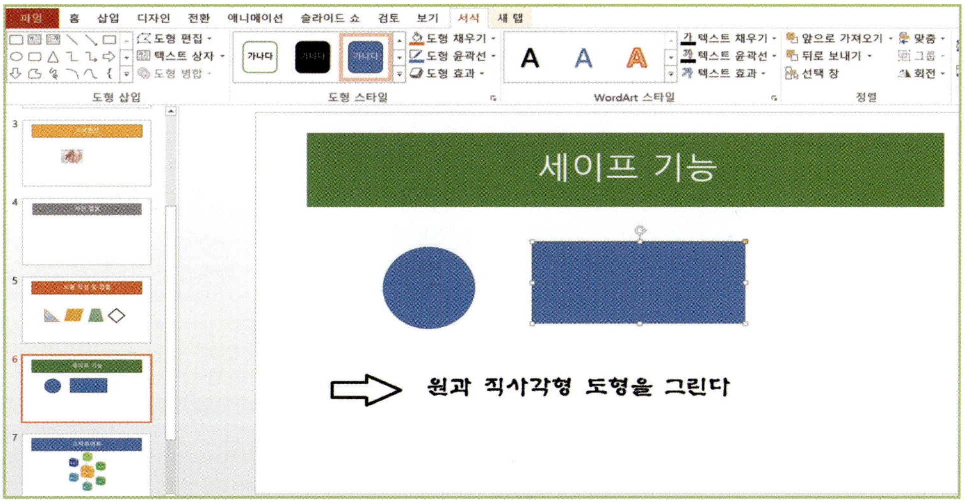

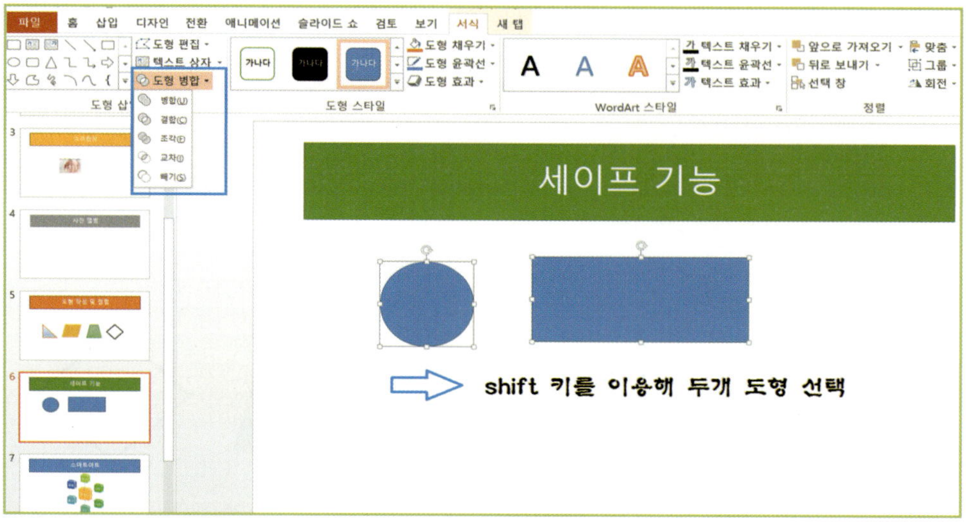

도형 복사를 위해 원과 직사각형을 [Shift] 키를 사용하여 2개의 도형을 동시에 선택한다.

[원과 직사각형] 선택 – [복사 : Ctrl키 누른 채 드래그] – 4개의 도형을 만든다.

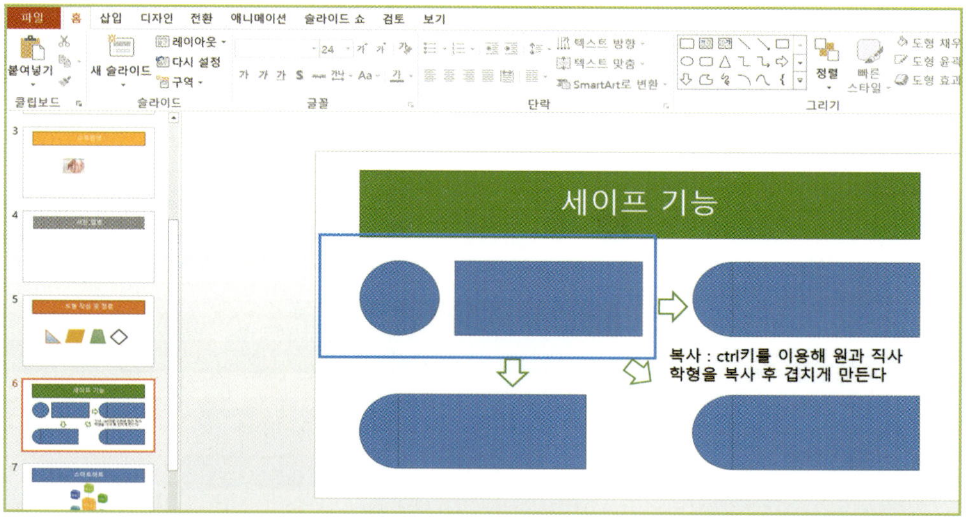

[원과 직사각형] 선택 – [서식] 메뉴 – [도형 병합] – [결합]을 선택한다.

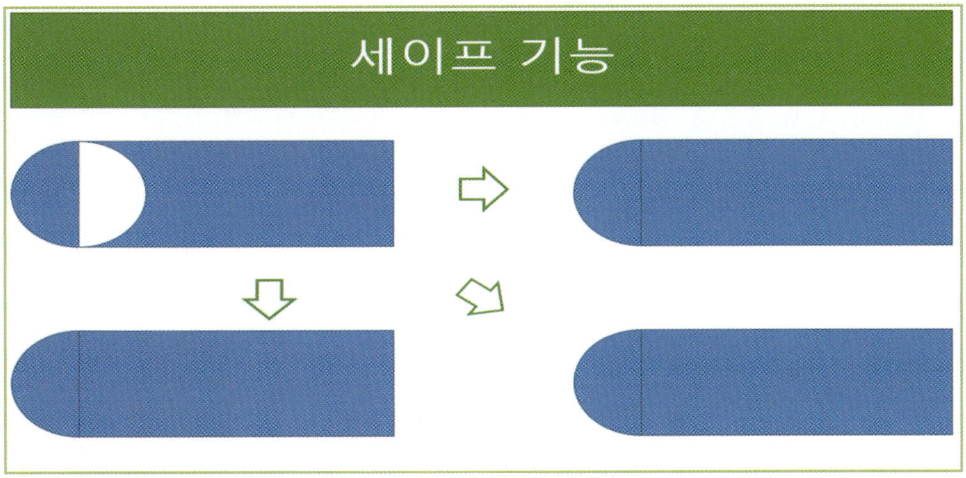

[원과 직사각형] 선택 – [서식] 메뉴 – [도형 병합] – [병합]을 선택한다.

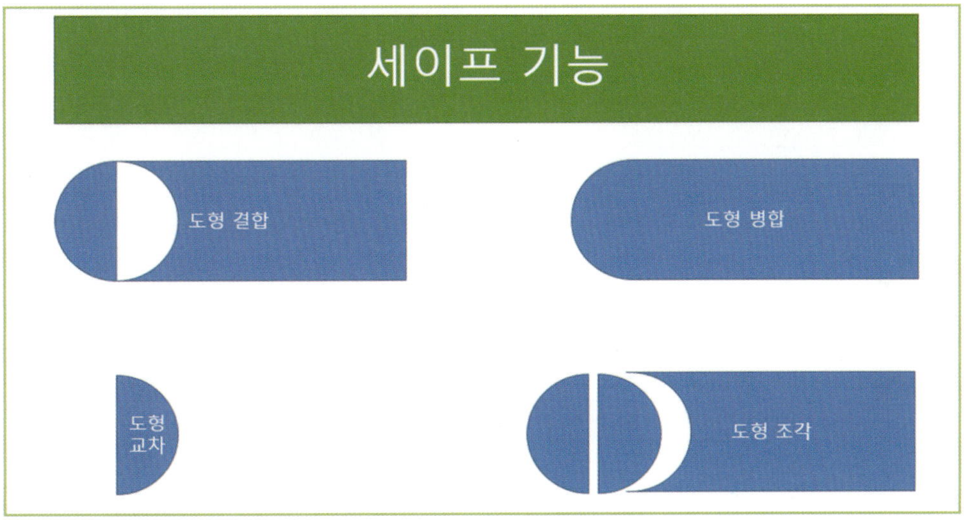

세 번째 도형에는

[원과 직사각형] 선택 – [서식] 메뉴 – [도형 병합] – [교차]를 선택한다.

마지막 도형에는

[원과 직사각형] 선택 – [서식] 메뉴 – [도형 병합] – [조각]을 선택한다.

3-7 SmartArt

[SmartArt]는 다양하고 고급스런 다이어그램이 정의되어 있는 기능으로 다양한 [SmartArt] 종류로 원하는 도해를 누구나 빠르고 전문적인 디자인을 그릴 수 있다. 프레젠테이션을 진행 할 때 [SmartArt] 나 도형을 이용하면 텍스트보다는 그래픽 활용으로 개념 전개 시 설득력 있게 작성 할 수 있다.

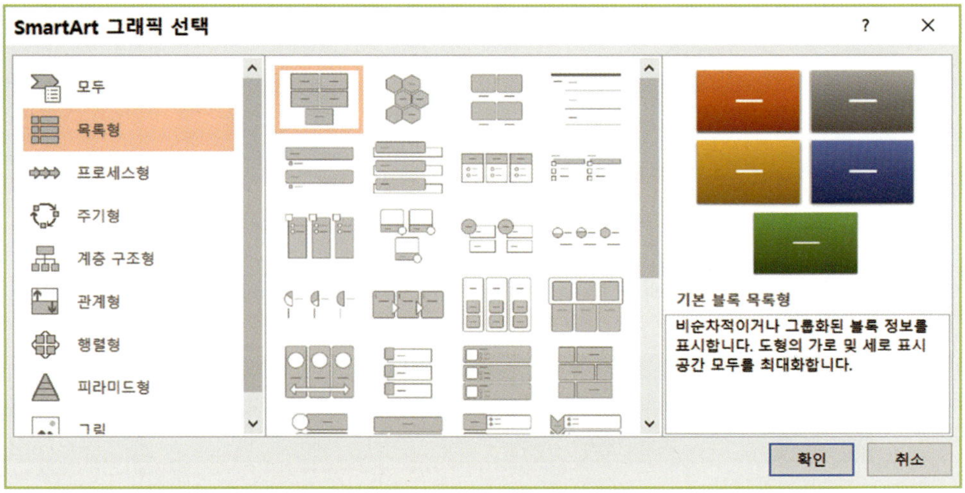

[SmartArt 종류]로는 목록형, 프로세스형, 주기형, 계층구조형, 관계형, 행렬형 그리고 피라미드형 등 다양한 종류로 분류되어 제목이나 강조할 문구에 사용하면 간단히 타이포그래피를 연출 할 수 있고 도형에 개성 있는 일러스트로 디자인이 가능하다.

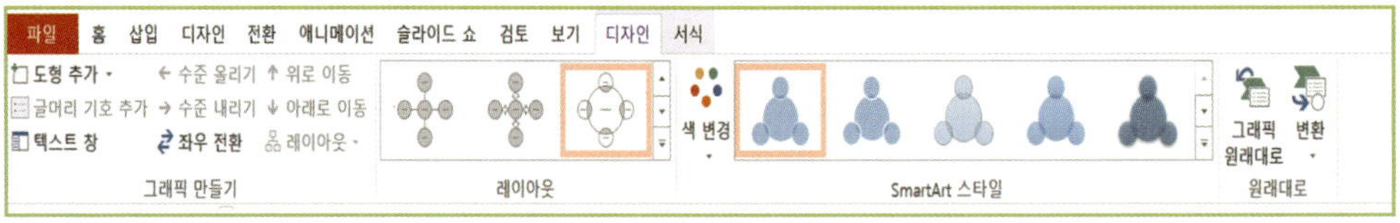

[SmartArt]를 삽입하는 대표적 방법으로 삽입 메뉴를 이용하거나 [SmartArt] 아이콘을 클릭하는 방법이 있다.

스마트아트 슬라이드를 선택 후

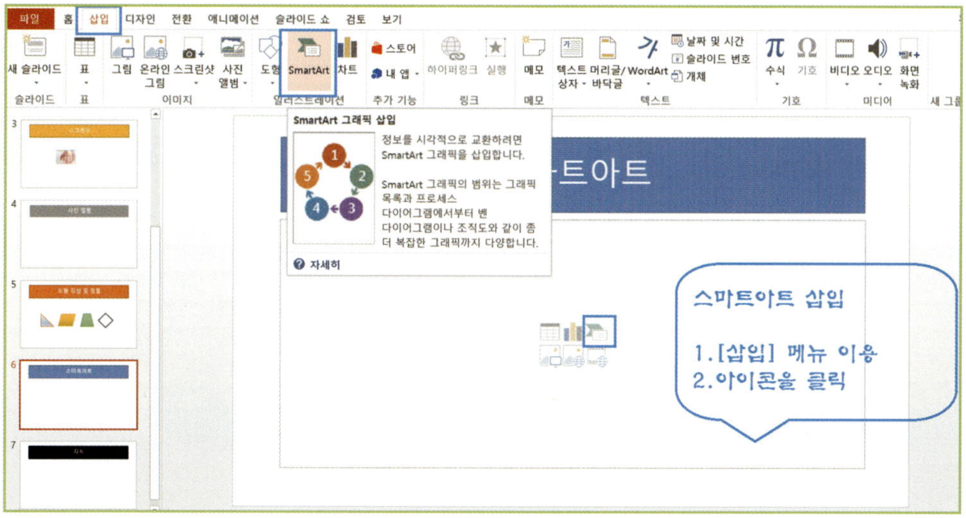

[삽입] 메뉴 – [SmartArt] – [주기형] – [방사형 벤형] – [확인]을 선택한다.

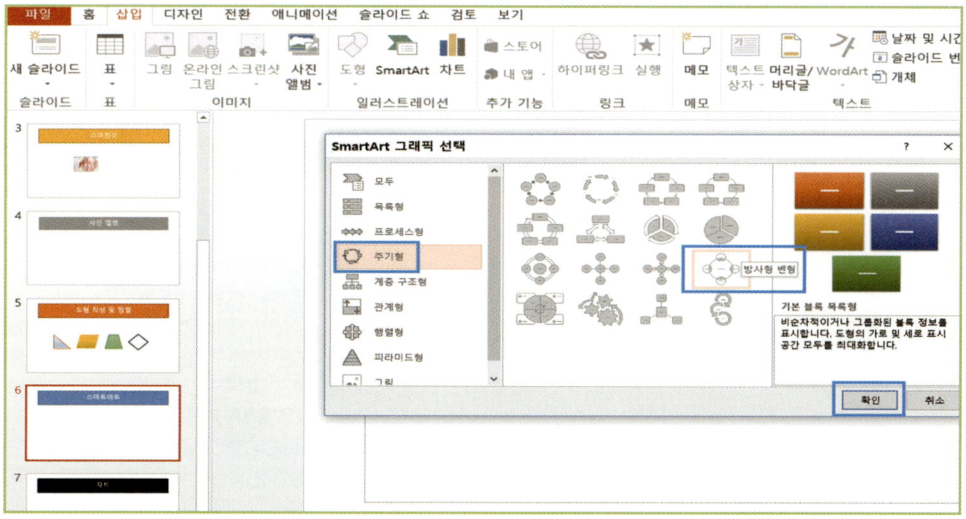

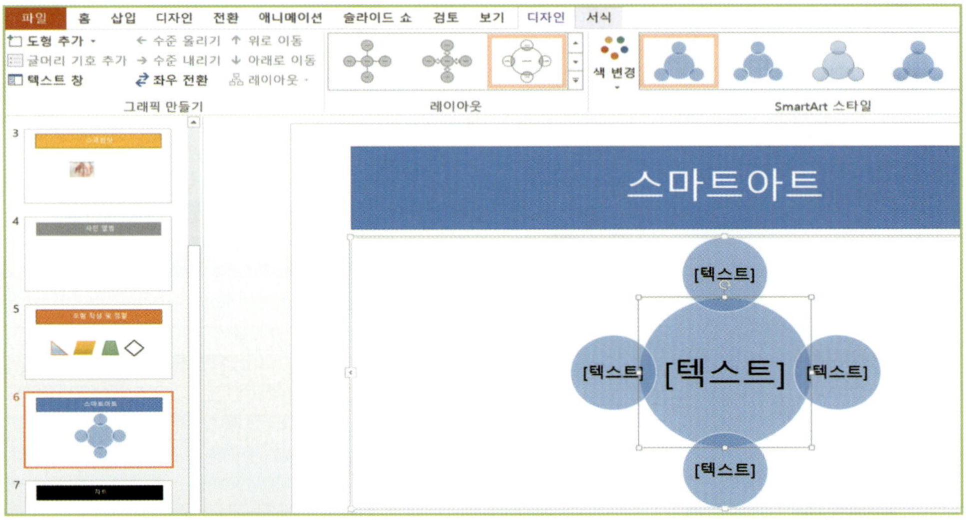

[방사형 벤형] 선택 – [SmartArt 텍스트 상자] 클릭 – [내용 입력]을 한다.

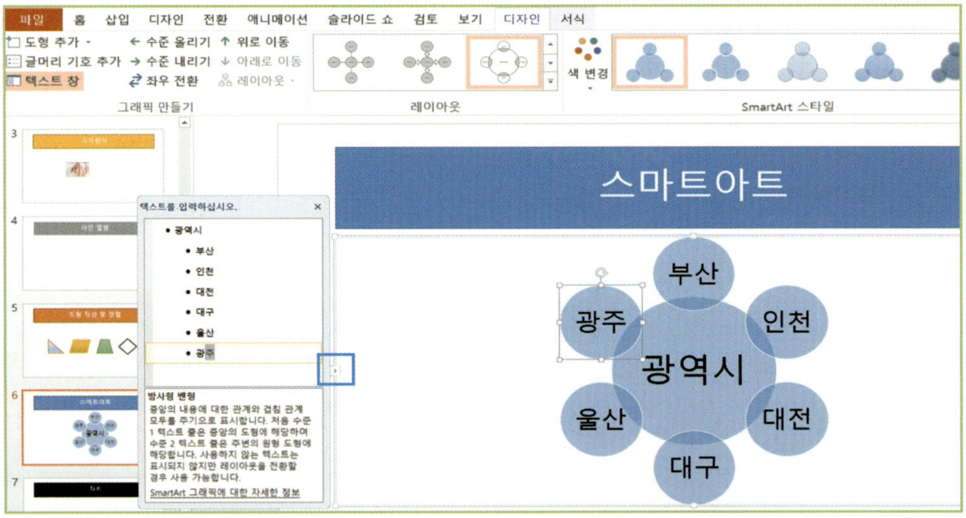

텍스트에 광역시, 부산, 인천, 대전, 대구, 울산 그리고 광주를 입력한다.

[SmartArt] 색을 변경하여 다양한 디자인으로 수정하고 싶을 때에는

[방사형 벤형] 선택 – [디자인] 메뉴 – [색 변경] – [색상형 범위 – 강조색 4 또는 5]을 선택한다.

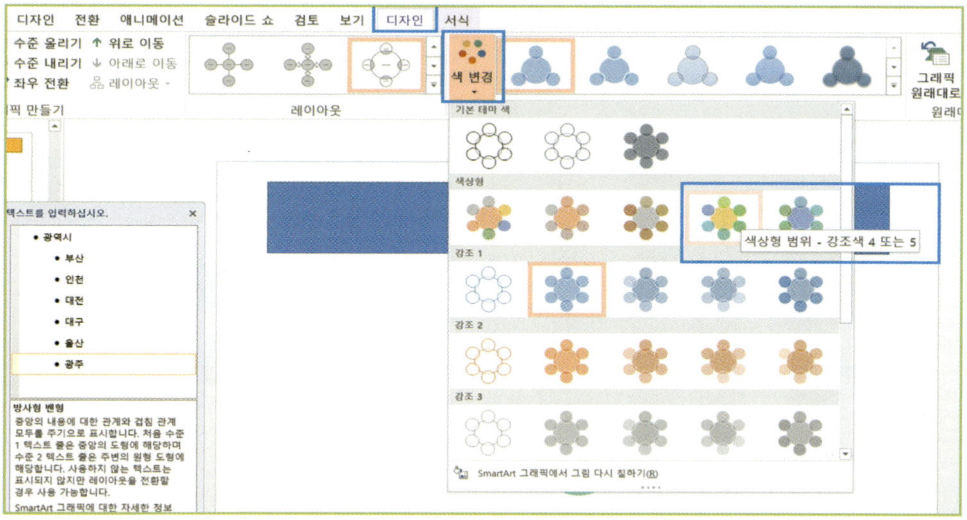

[방사형 벤형] 선택 – [디자인] 메뉴 – [SmartArt 스타일] – [3차원 : 벽돌]을 선택한다.

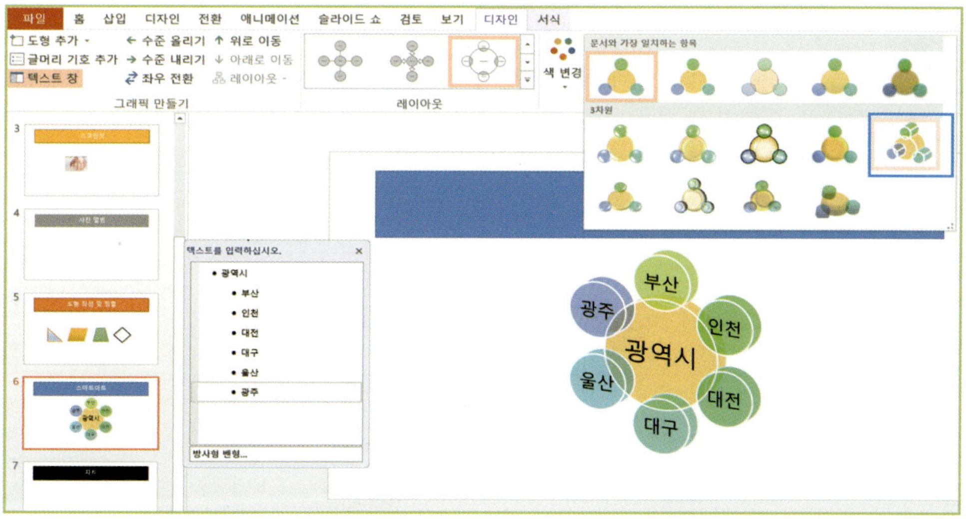

다른 종류의 [SmartArt] 변경하고자 할 때에는

[방사형 벤형] 선택 – [디자인] 메뉴 – [레이아웃] – [방사형 클러스터형]을 선택한다.

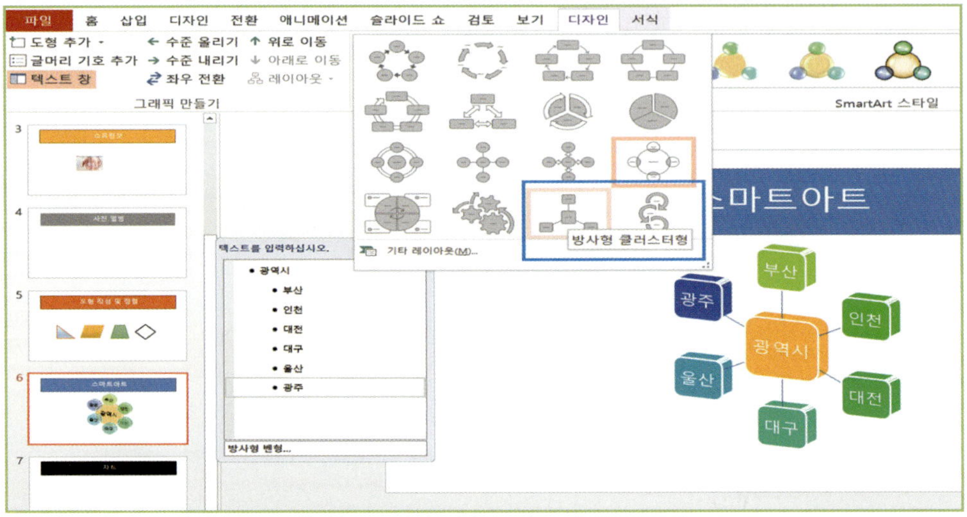

3-8 차트

[차트]는 숫자 데이터를 그래픽화하여 비교 및 분석을 쉽게 이해하도록 추세와 유형을 시각적으로 표현하고 차트 종류와 차트 옵션을 통해 데이터 특성에 맞게 재편집할 수 있다. 차트를 삽입 한 후 빠른 차트 스타일 및 레이아웃을 이용하여 차트를 빠르게 꾸밀 수 있다.

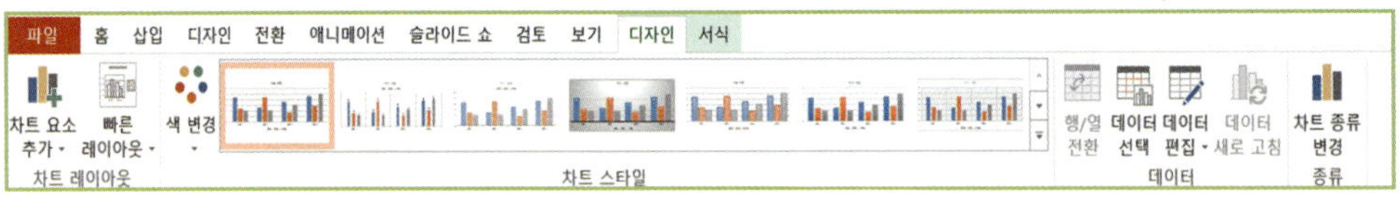

차트 슬라이드를 선택 후 [삽입] 메뉴 – [차트] – [차트 삽입] – [세로 막대형] – [2차원 세로 막대형]을 선택한다.

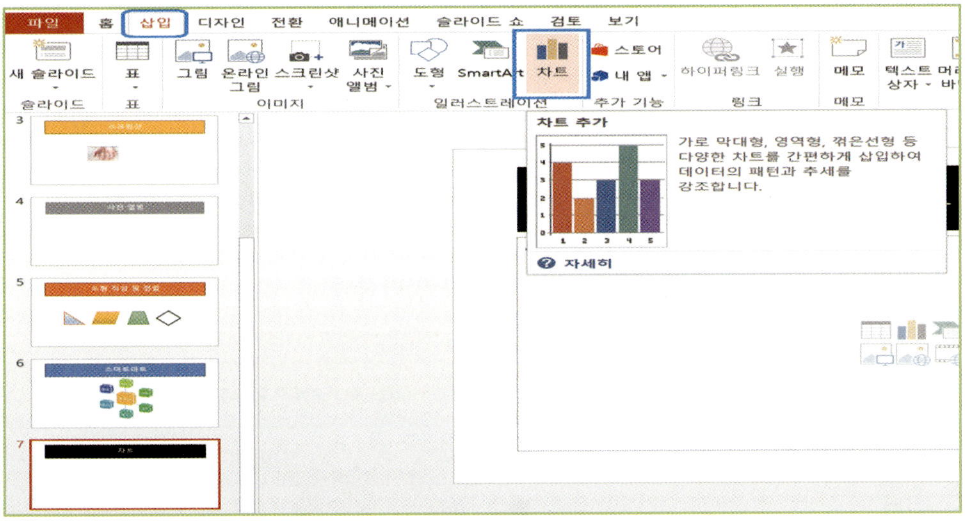

내용을 검토 후 [확인]을 클릭한다.

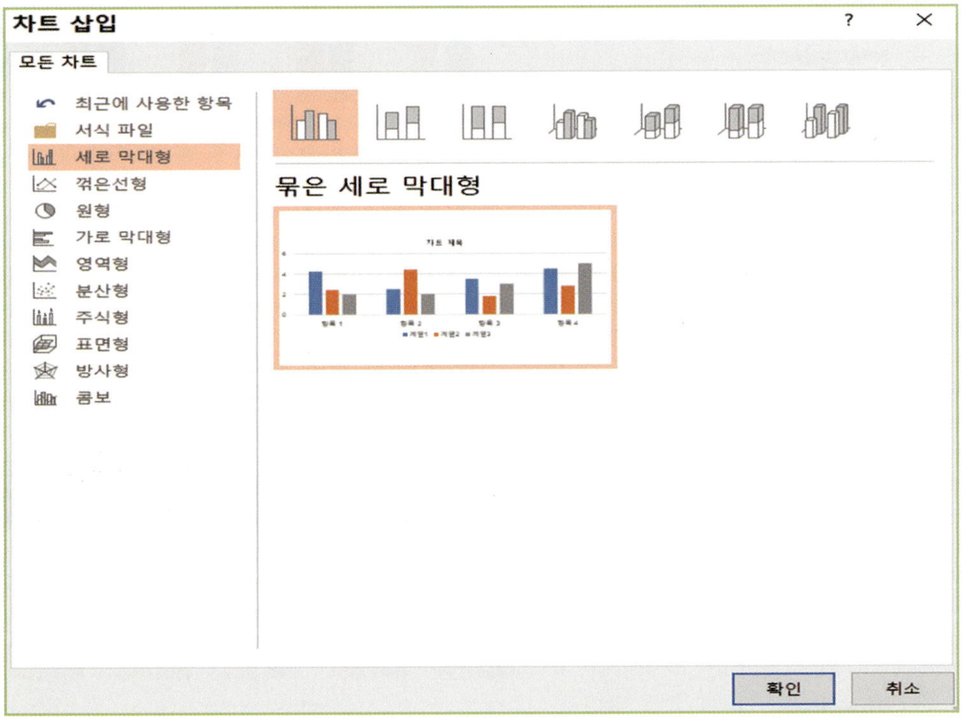

① 항목
최근에 사용한 항목을 비롯해 세로 막대형, 꺾은선형, 원형, 가로 막대형 그리고 영역형 등이 있다.

② 세부 항목
선택한 차트의 세부 형식을 선택할 수 있다.

③ 미리보기
차트의 모양을 표시하여 원하는 형식인지 미리 확인 할 수 있다.

엑셀 입력 창이 뜨면 차트에 사용 될 숫자를 입력한다.

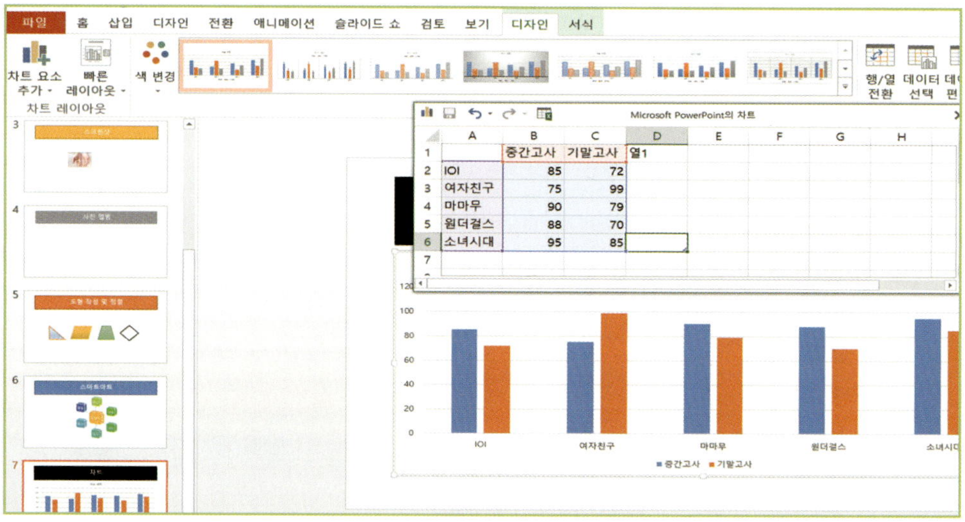

[세로 막대형]선택 – [디자인] 메뉴 – [차트 스타일] – [임의 스타일] 을 선택한다.

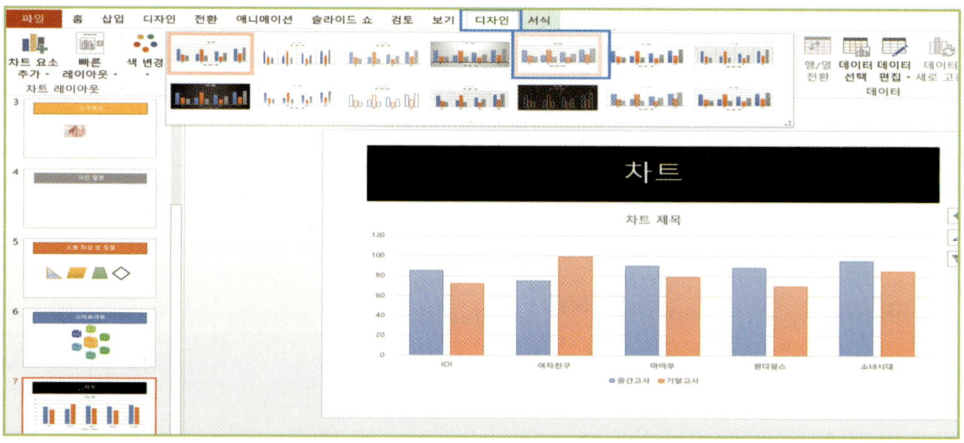

엑셀 창에서 불필요한 [열]이나 [행]은 데이터 범위의 파란색 사각형을 크기 조절하여 포함 여부를 결정할 수 있다. 위의 내용처럼 [계열3] 내용이 필요하지 않을 경우에는 계열2까지만 사각형 선을 드래그하여 크기를 조절하면 된다.

차트의 종류를 변경하고자 할 때에는

[세로 막대형]선택 – [디자인] 메뉴 – [차트 종류 변경] – [꺾은 선형] – [표식이 있는 꺾은 선형] – [확인]을 선택한다.

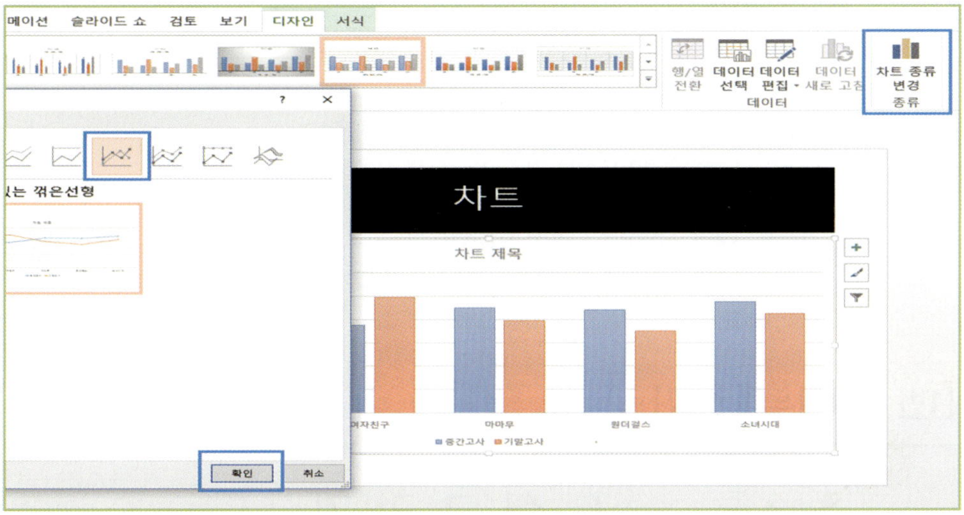

[차트 종류 변경]을 할 경우 여러 개의 종류가 포함된 혼합 차트는 수동으로도 직접 작성할 수 있다.

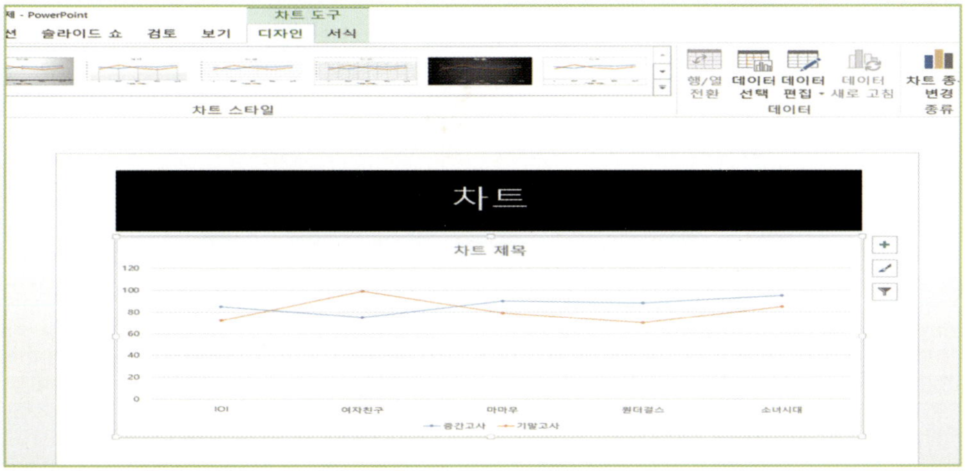

3장 실 전 예 제 만 들 기

각 슬라이드에 다음과 같은 내용을 작성 하시오.

조건

저장 : 파일명은 '도형그리기' 로 바탕화면에 저장하기

- 1번 슬라이드 만들기 : 세이프 기능 이용하기
- 2번 슬라이드 만들기 : 표와 도형 사용하여 만들기
- 3번 슬라이드 만들기 : 차트 만들기
- 4번 슬라이드 만들기 : 표 만들기
- 5번 슬라이드 만들기 : 생일 카드 만들기

[1번 슬라이드에 작성]

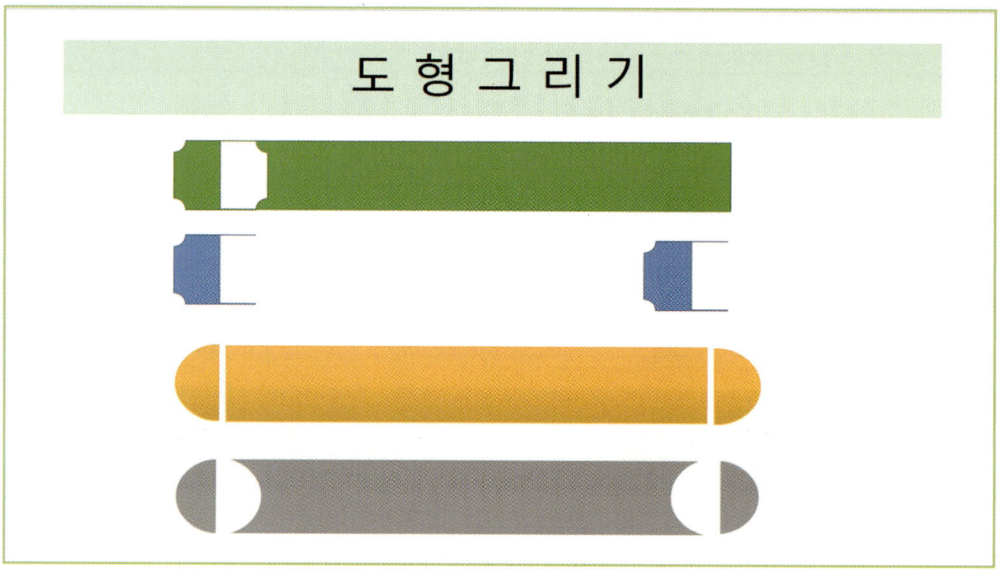

[2번 슬라이드에 작성]

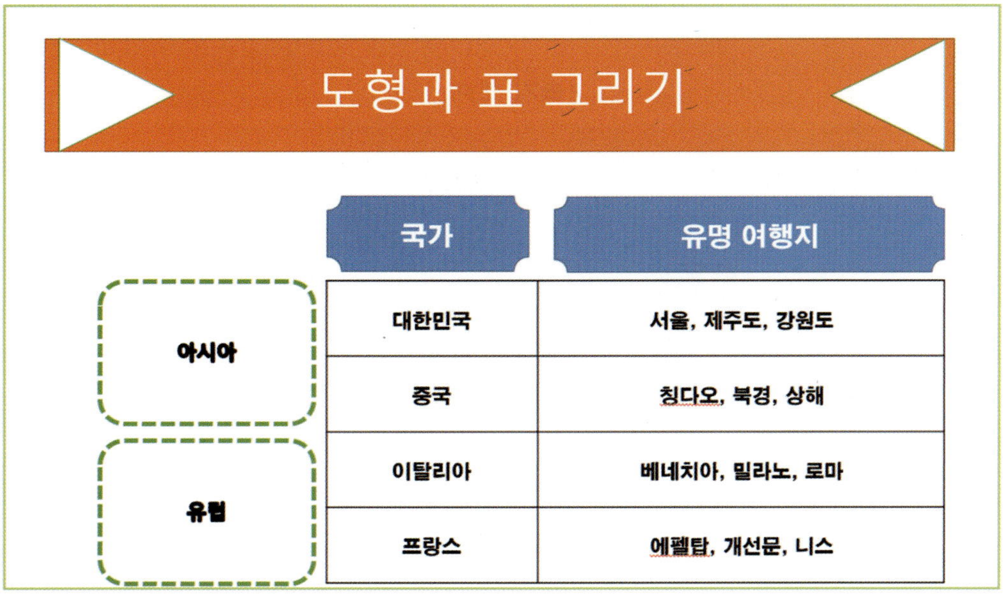

[3번 슬라이드에 작성]

• 차트를 만들기 위해 아래 데이터를 입력

Microsoft PowerPoint의 차트

	A	B	C	D	E	F	G
1		1분기	2분기	3분기	4분기		
2	보건계열	3	4	4	2		
3	공학계열	5	2	3	4		
4	사회계열	6	5	4	2		
5							

• 파워포인트 내 차트 결과 내용

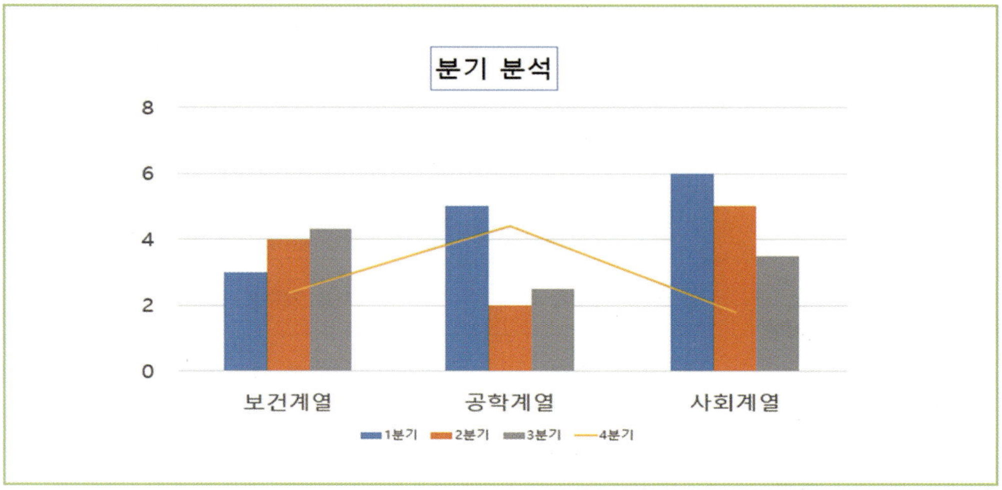

[4번 슬라이드에 작성]

표 만들기로 다음 내용을 입력 후 내용 꾸미기

구분	계	0세-29세	30-49세	50-69세	70세이상
A	22,313	8,235	8,673	4,591	814
B	4,496	1,603	1,810	944	139
C	4,234	1,512	1,642	938	142
D	1,549	549	676	269	55
E	1,501	455	652	315	79
F	890	377	395	100	18
G	813	295	340	140	38
H	670	220	314	107	29
I	36,466	13,246	14,502	7,404	1,314

조건

다음과 같이 생일 초대장을 완성하시오.

- 원하는 그림 넣기
- 텍스트를 입력 후 다음 조건으로 작성 : 텍스트 45도 회전
- 글자 크기는 각자 원하는 크기로 적당히 작성

[5번 슬라이드에 작성]

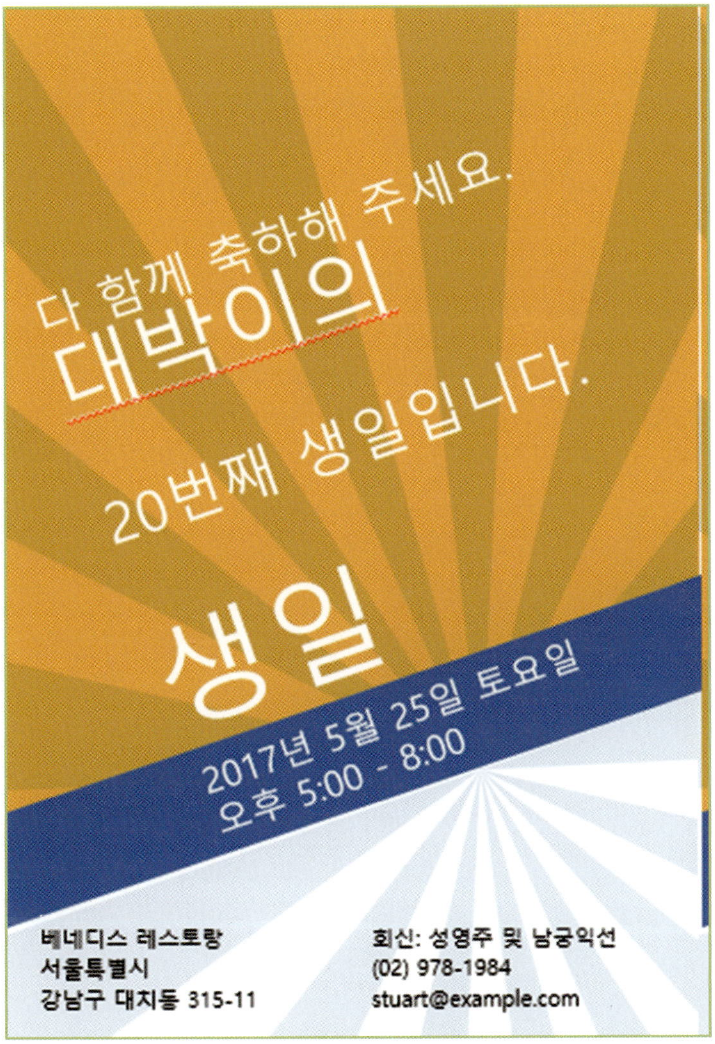

4장 텍스트와 미디어

- 하이퍼링크
- 실행
- 메모
- 텍스트 상자
- 머리글/바닥글
- WordArt
- 개체
- 기호
- 소리
- 동영상
- 화면 녹화

04 텍스트와 미디어

4장에서는 텍스트 꾸미기와 미디어 기능인 음악 파일이나 동영상 삽입을 통해 다양한 프레젠테이션 기능을 익히고 만드는 학습을 진행한다.

[4 장 예제] 파일 사용

4-1 하이퍼링크

다른 파일 및 외부 실행 프로그램이나 웹 사이트로 하이퍼링크를 설정하면 쇼 보기에서 해당 프로그램이 실행되거나 웹 사이트 주소로 이동된다.

[하이퍼링크]는 [기존 파일/웹 페이지]와 [현재 문서] 그리고 [전자 메일 주소] 등으로 이동할 수 있게 연결 할 수 있다. 하이퍼링크가 설정된 텍스트에는 파랑색의 밑줄이 표시된다. 하이퍼링크 종류로는 기존 파일/웹 페이지, 현재 문서, 새 문서 만들기 그리고 전자 메일 주소가 있다.

① 기존 파일 / 웹 페이지

다른 파일 및 외부 실행 프로그램이나 웹 사이트로 하이퍼링크를 설정하면 쇼 보기에서 해당 프로그램이 실행되거나 웹 사이트 주소로 이동된다.

슬라이드 2의 목차 선택 후 [호텔 소개] 클릭 – [삽입] 메뉴 – [하이퍼링크]를 선택한다.

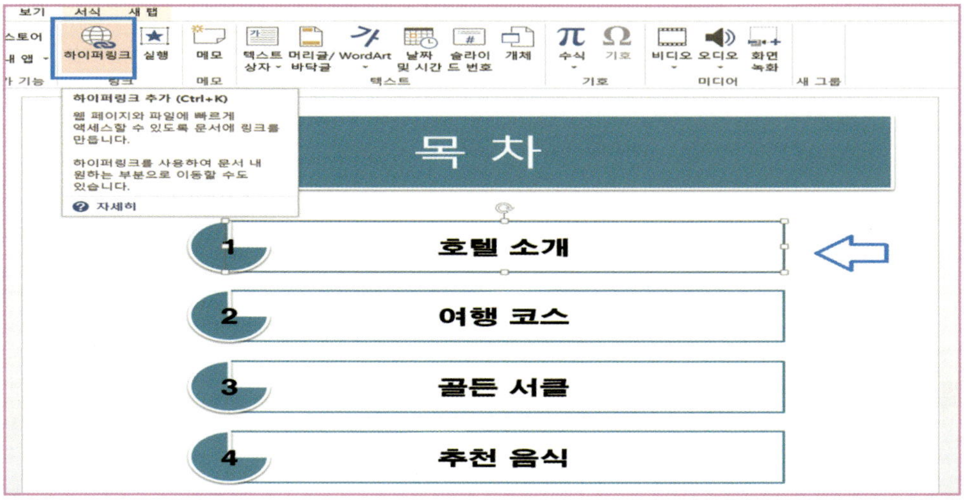

[기존 파일/웹 페이지]는 기존 파일이나 웹 페이지로 하이퍼링크를 연결하고자 할 때 선택하면 된다.

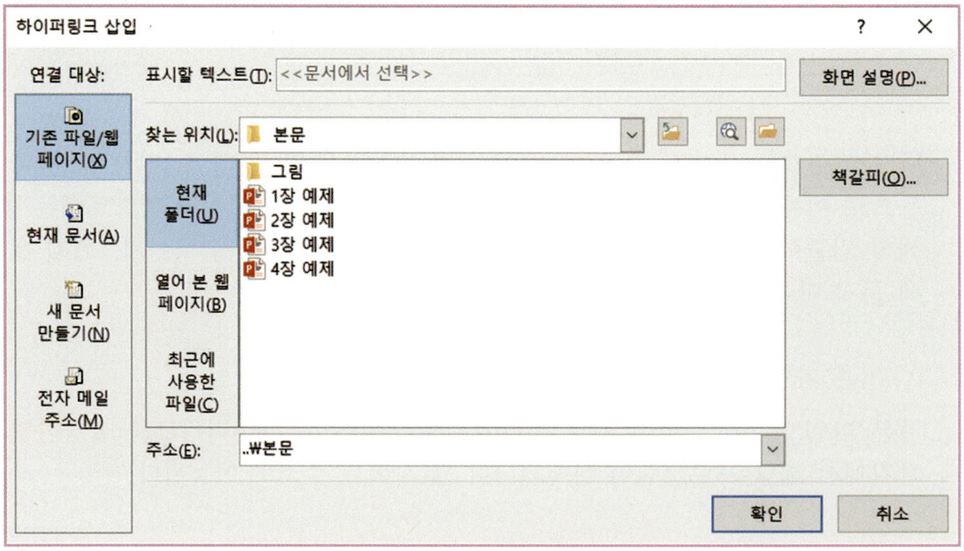

[연결 대상] – [기존 파일/웹 페이지] 클릭 – [www.naver.com]를 입력 – [화면 설명 : '네이버로 이동 합니다'] 입력 – [확인]을 클릭한다.

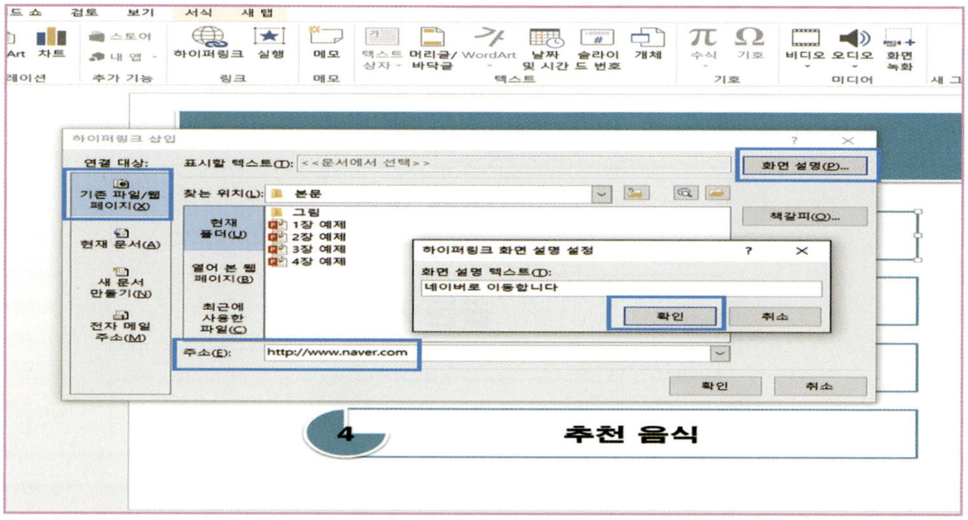

[화면 설명]은 슬라이드 쇼를 할 때 화면에 풍선 도움말로 표현하고 싶은 내용을 입력하면 된다.

② 하이퍼링크 설정 확인 방법

슬라이드 쇼를 시작하는 방법 중 [처음부터]를 선택하면 슬라이드 위치와 상관없이 첫 페이지부터 쇼가 진행 되고 [현재 슬라이드부터]를 선택하면 쇼를 하기 전 커서가 위치해 있던 곳부터 쇼가 진행 된다.

[슬라이드 쇼] 메뉴 – [현재 슬라이드부터]을 클릭한다.

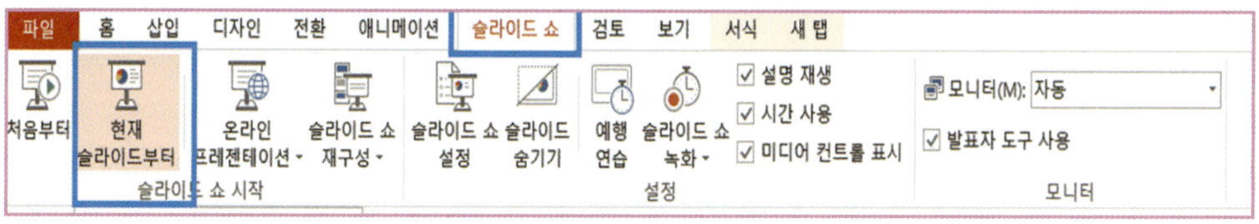

③ 현재 문서

현재 문서의 슬라이드 제목을 선택하여 해당 슬라이드 내용으로 이동할 수 있다.

슬라이드 2의 목차 선택 후 [여행 코스]를 클릭 – [삽입] 메뉴 – [하이퍼링크]을 선택

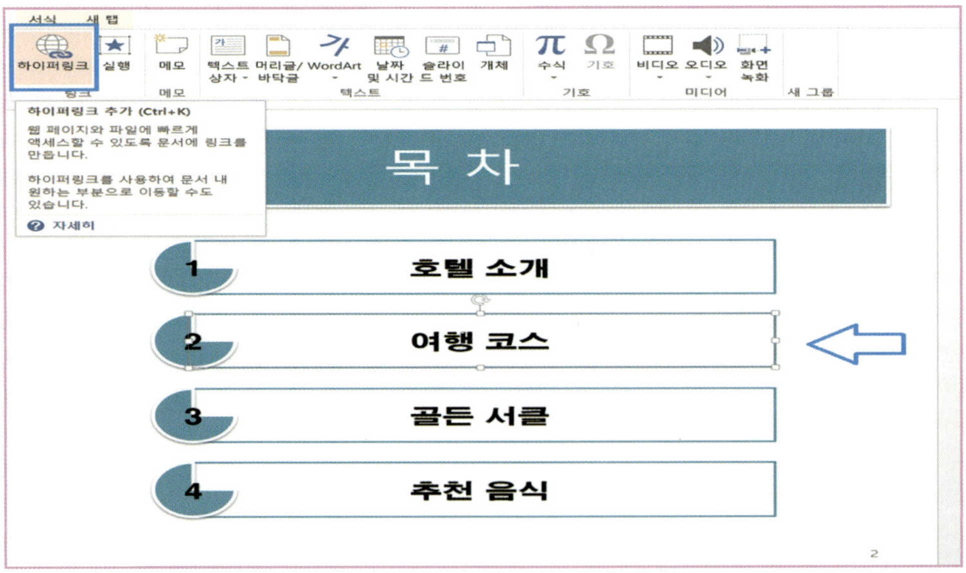

[연결 대상] - [현재 문서] 클릭 - [슬라이드 제목]을 클릭 - [4. 아이슬란드 여행코스] 클릭 - [확인]을 클릭한다.

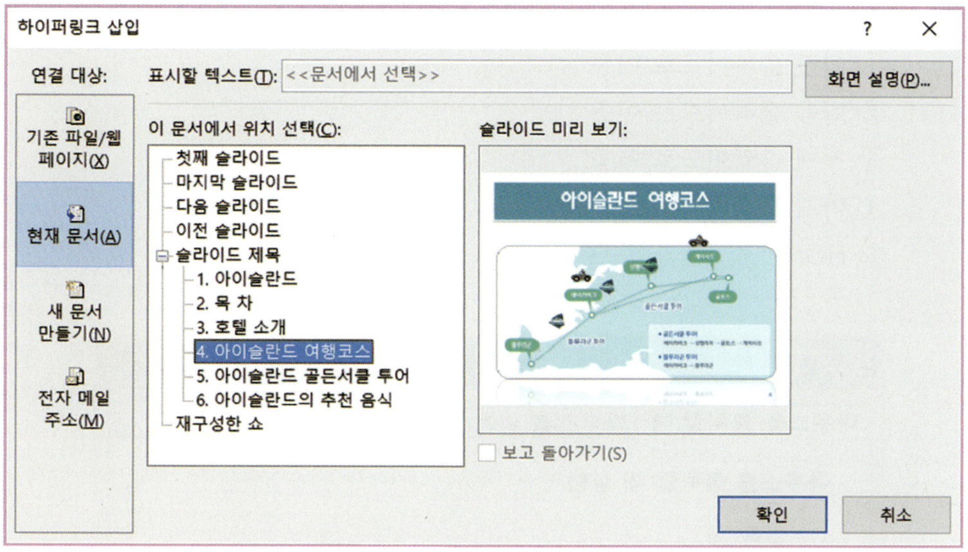

슬라이드 2의 〈여행 코스〉를 선택하면 슬라이드 4번으로 이동 된다.

4-2 실행

슬라이드 쇼를 진행하다보면 자유롭게 슬라이드 위치를 이동하고자 할 때가 있는데 실행 단추를 활용하면 이런 요구가 쉽게 해결 된다.

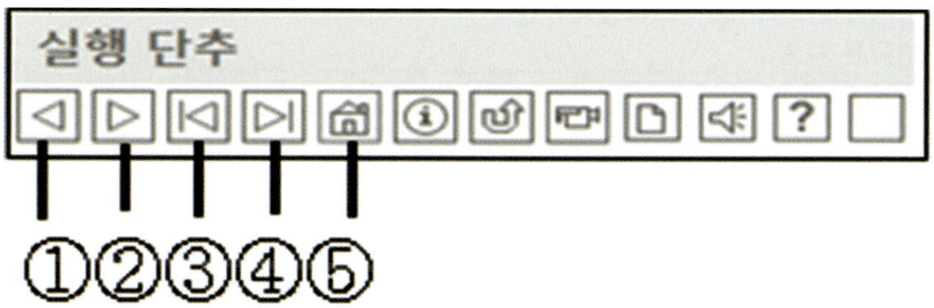

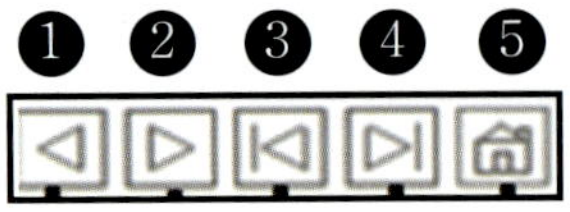

① 이전 슬라이드로 이동

② 다음 슬라이드로 이동

③ 첫째 슬라이드로 이동

④ 마지막 슬라이드로 이동

⑤ HOME(첫) 슬라이드로 이동

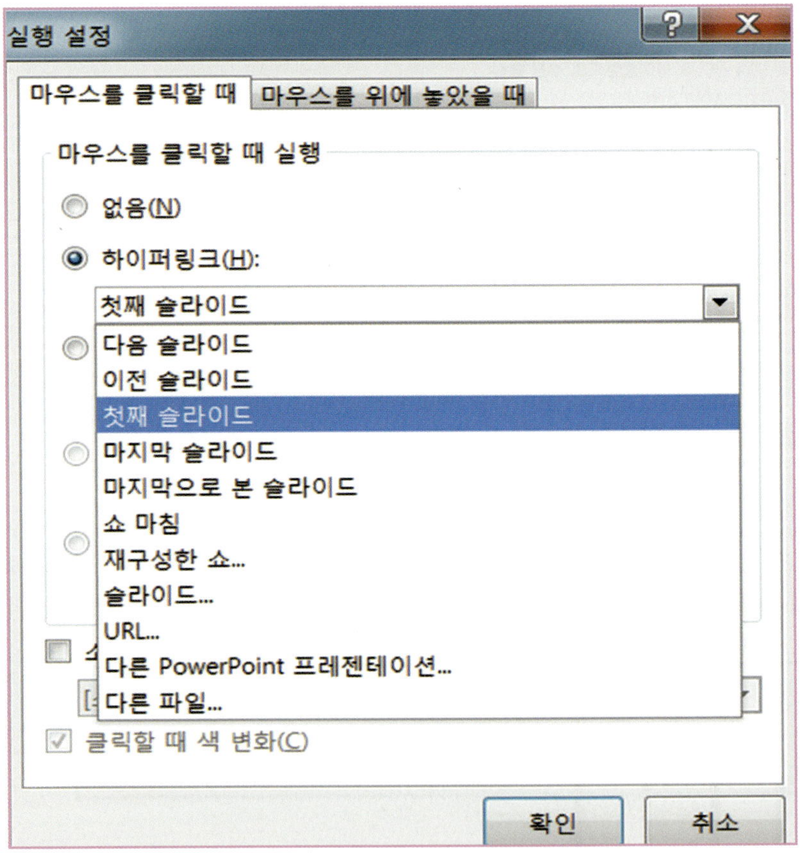

슬라이드 2의 목차를 선택 후 [삽입] 메뉴 – [도형] – [실행 단추] – [홈] 단추를 클릭 한다.

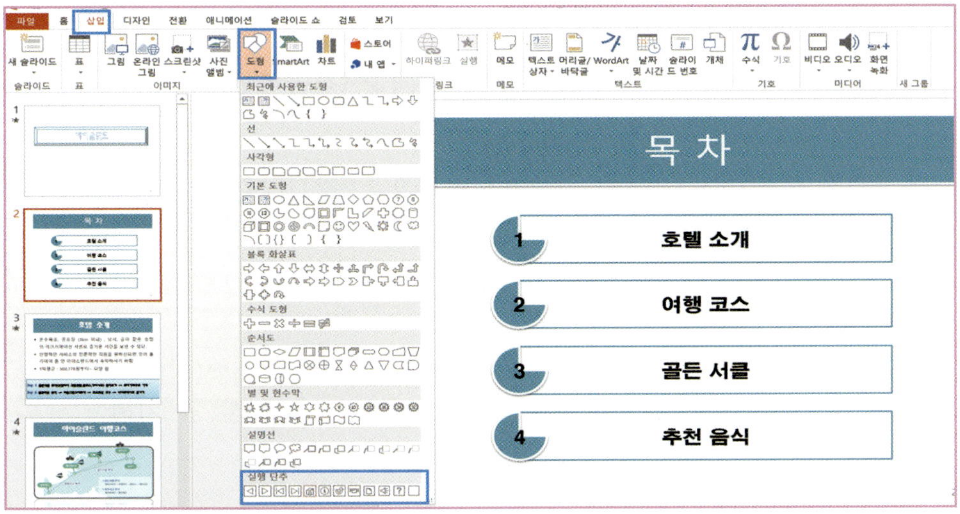

[실행 설정] 대화상자에서 – [마우스를 클릭할 때] 선택 – [하이퍼링크] – [첫째 슬라이드] – [확인]을 클릭한다.

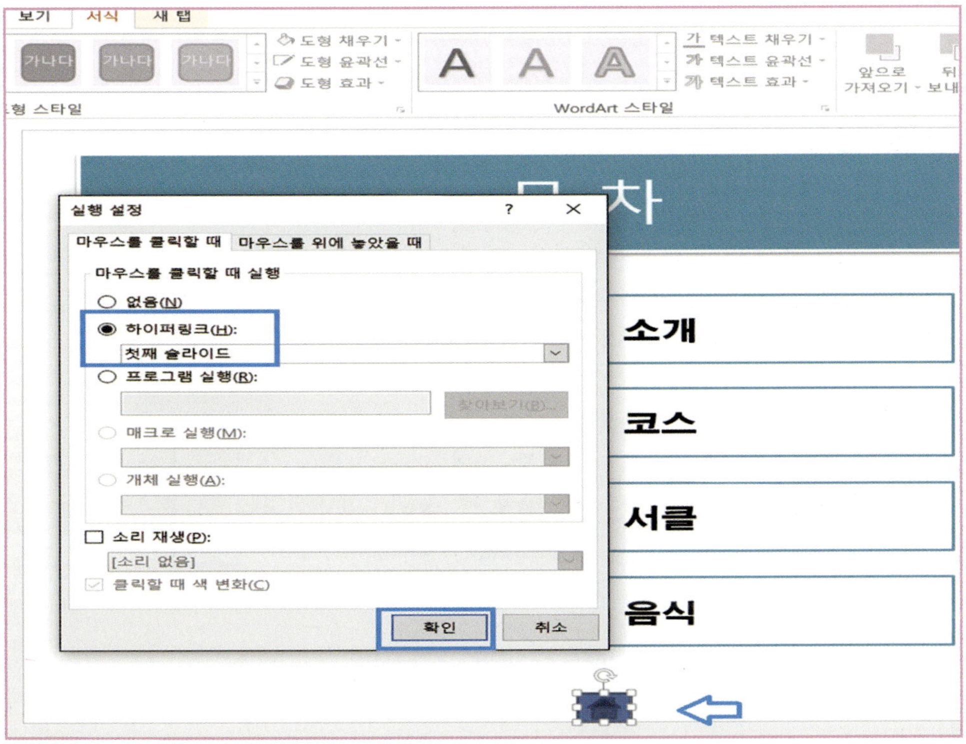

이런 방법으로 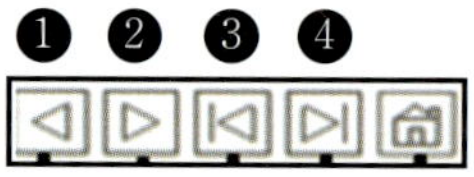 의 실행 단추를 슬라이드에 추가 한다.

① [실행 설정] – [마우스를 클릭할 때] 선택 – [하이퍼링크] – [이전 슬라이드] – [확인]을 클릭한다.

② [실행 설정] – [마우스를 클릭할 때] 선택 – [하이퍼링크] – [다음 슬라이드] – [확인]을 클릭한다.

③ [실행 설정] – [마우스를 클릭할 때] 선택 – [하이퍼링크] – [첫째 슬라이드] – [확인]을 클릭한다.

④ [실행 설정] – [마우스를 클릭할 때] 선택 – [하이퍼링크] – [마지막 슬라이드] – [확인]을 클릭한다.

[마우스를 클릭 할 때] 탭에 실행 설정을 한 경우 슬라이드 쇼 진행시 마우스가 하이퍼링크 된 곳을 클릭하면 화면 전환이 이루어진다.

[마우스를 위에 놓았을 때] 탭에 실행 설정을 한 경우 슬라이드 쇼 진행시 마우스가 하이퍼링크 된 곳으로 이동되면 자동으로 화면 전환이 이루어진다.

4-3 메모

[메모]는 완성된 프레젠테이션을 다른 사람에게 검토하도록 의뢰하거나 제작자 본인이 나중에 참고할 수 있도록 슬라이드의 특정 위치에 내용을 입력하여 [메모]를 삽입해 둘 수 있다.

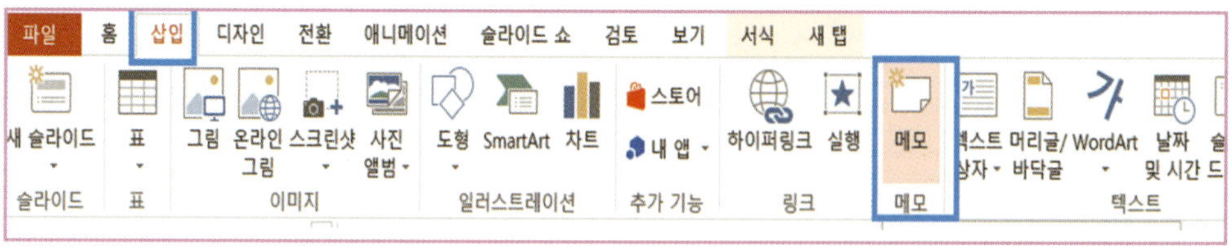

슬라이드에 삽입된 메모는 슬라이드 쇼 보기에서는 표시 되지 않고 인쇄 시에는 포함시켜 인쇄되도록 설정 할 수 있다.

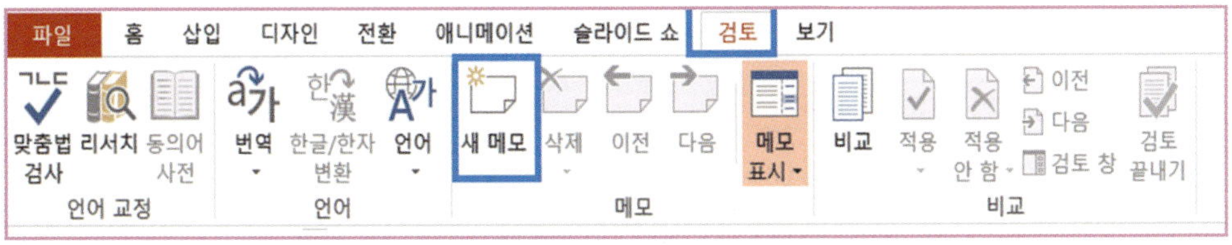

슬라이드 1의 제목을 선택 후 [검토] 메뉴 – [메모] 그룹 – [새 메모] 클릭 – [북 대서양에 위치한 섬나라] 라고 입력한다.

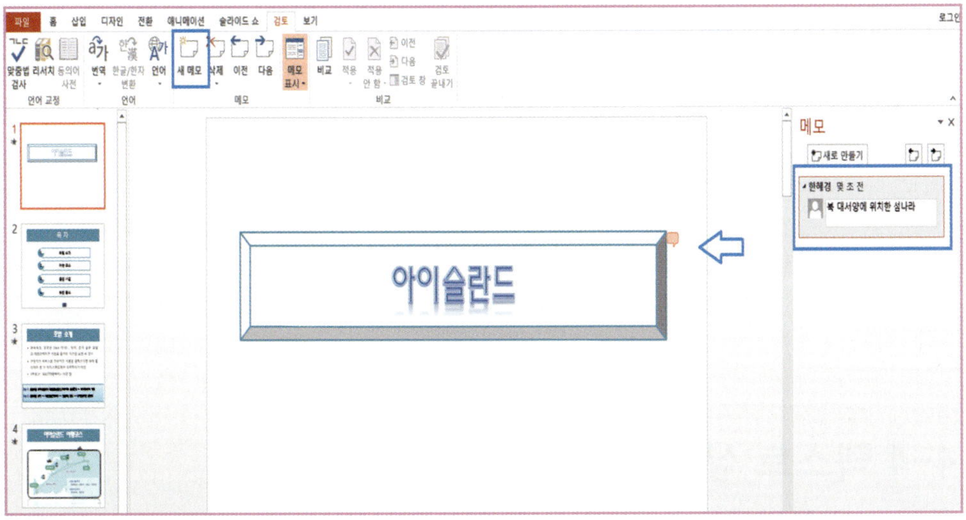

슬라이드에 메모를 삽입하면 사용자 이름과 메모를 작성한 날짜가 자동으로 표시 된다. 메모가 삽입된 위치에는 메모 표식이 나타나며 메모 표식을 드래그하여 원하는 위치로 이동할 수 있다.

① 새 메모 : 메모를 추가 한다.
② 삭제 : 추가 된 메모를 삭제 한다.
③ 이전/다음 : 만들어진 메모를 앞/뒤쪽으로 찾을 수 있다.
④ 메모 표시 : 메모를 메모 창에 표시하거나 내용을 보기/숨기기 형태로 바꿀 수 있다.

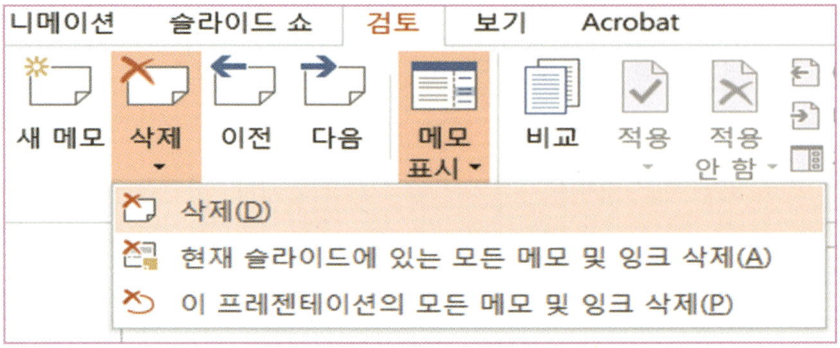

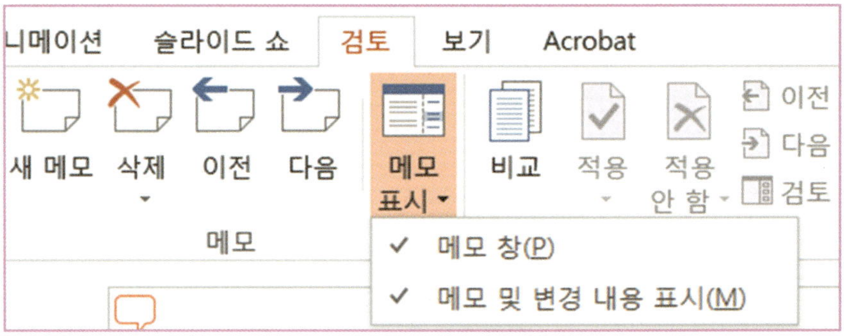

4-4 텍스트 상자

[텍스트 상자]는 텍스트 틀이 없어도 문자를 원하는 위치에 자유롭게 추가하고 편집 할 수 있다.

서식이 지정된 텍스트 상자의 텍스트를 다른 슬라이드로 복사하려면 해당 텍스트를 복사한 후 [붙여 넣기 옵션]을 이용하여 붙여 넣기 한다. [텍스트 상자 서식]으로는 세로 맞춤, 텍스트 방향, 안쪽 여백, 단 설정 등을 할 수 있다. 일부 다른 기능은 [도형 서식] 대화상자나 [홈] 메뉴를 이용하여 서식을 변경 할 수도 있다 .

슬라이드 1을 선택 후 [삽입] 메뉴 – [텍스트 상자] – [가로 텍스트 상자]를 클릭한다.

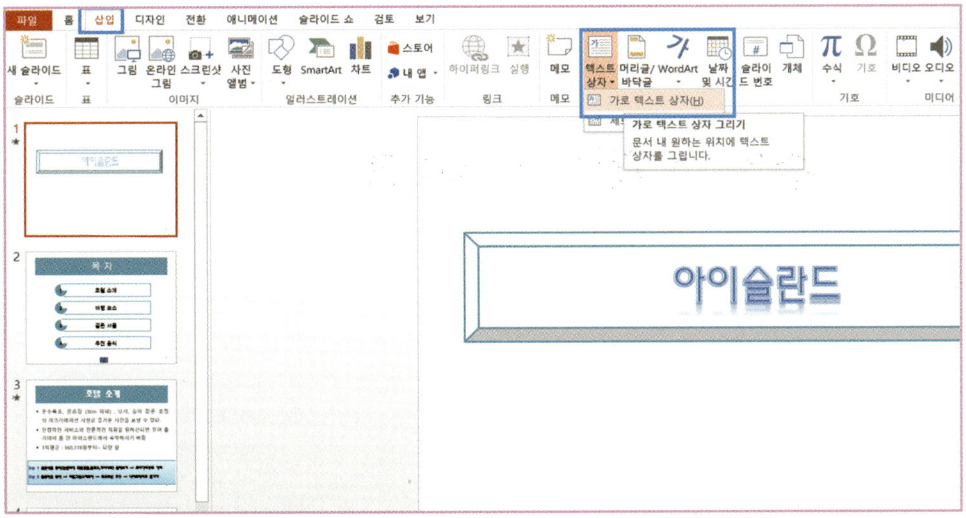

[드래그로 글상자 크기 설정] – 글 상자에 [수도 : 레이캬비크] 라고 입력한다.

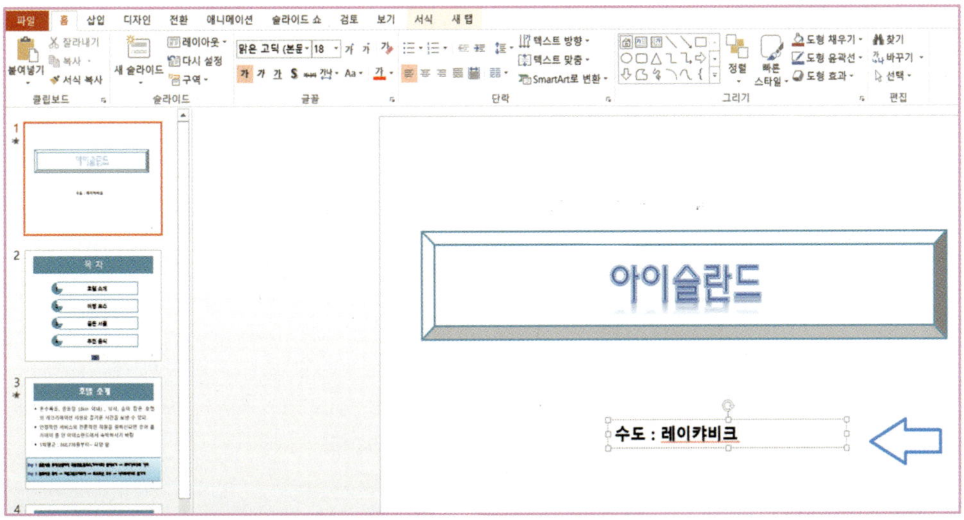

[텍스트 상자] 클릭 - [마우스 오른쪽 클릭] - [도형 서식]을 클릭 - [채우기 색 : 연두색] - 선은 [실선]으로 선택한다.

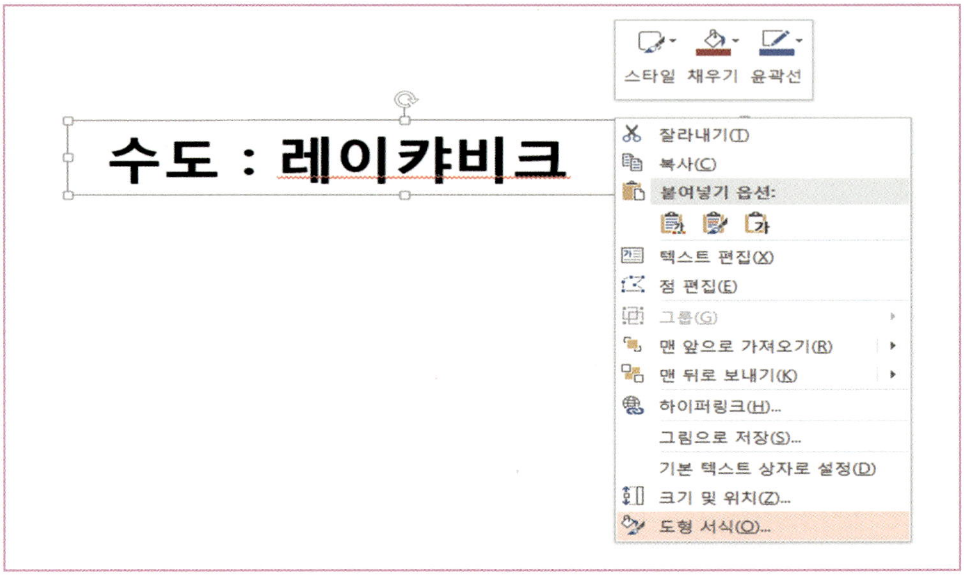

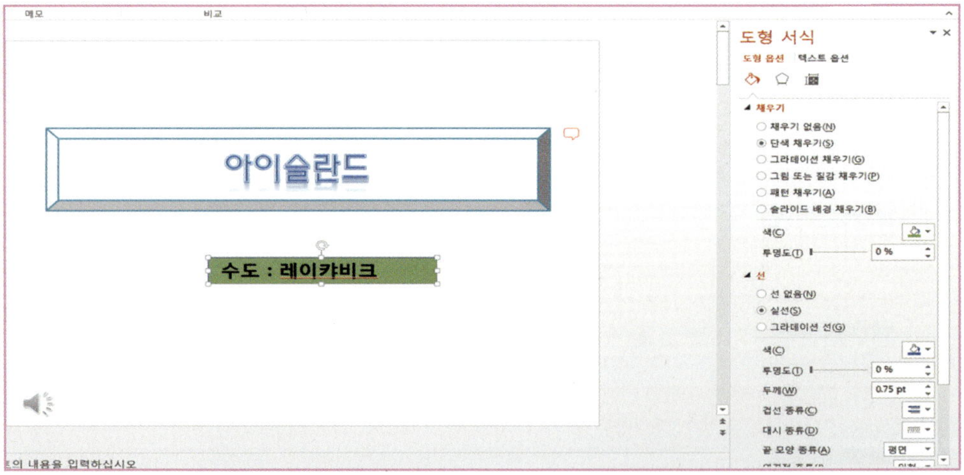

[텍스트 상자 삭제]는 텍스트 상자를 클릭 후 [Delete] 키를 눌러 제거한다. 텍스트 상자의 크기를 변경하고 그리기 도구를 이용하여 텍스트 상자에 도형 채우기, 도형 윤곽선 그리고 도형 효과를 설정하여 다양하고 보기 좋게 꾸밀 수도 있다.

4-5 머리글/바닥글

유인물의 모든 페이지 위쪽이나 아래쪽에 페이지 번호나 상호 및 작성자 이름 등을 넣을 수 있고, 유인물과 슬라이드 노트의 [머리글/바닥글]은 동일하게 들어가며 유인물 마스터를 이용하여 위치 및 서식을 변경한다.

슬라이드 5를 선택 후 [삽입] 메뉴 – [머리글/바닥글]을 클릭한다.

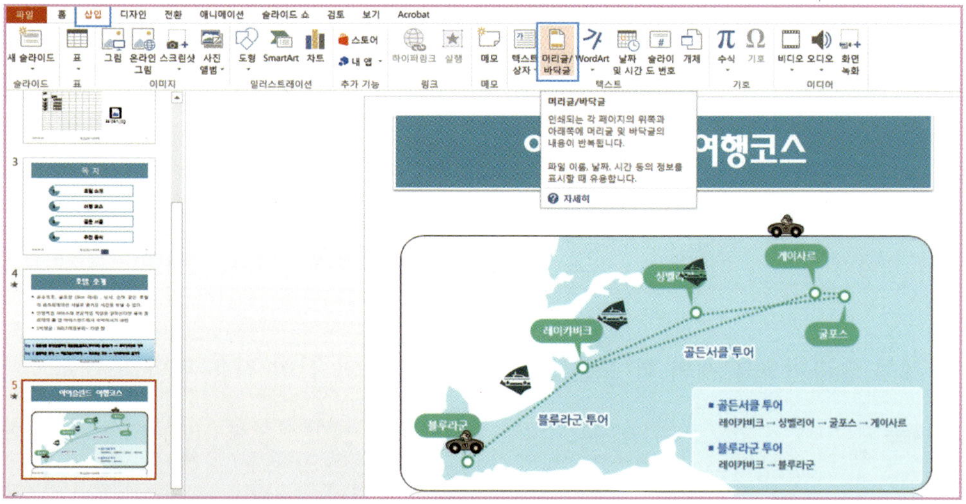

머리글/바닥글 대화 상자에서

〈슬라이드에 넣을 내용〉에 [날짜 및 시간]을 클릭 – [자동으로 업데이트] 선택 – [슬라이드 번호] 선택 – [바닥글 : 매 순간을 소중하게]를 입력 – [제목 슬라이드에는 표시 안함] 체크 – [모두 적용]을 클릭 한다.

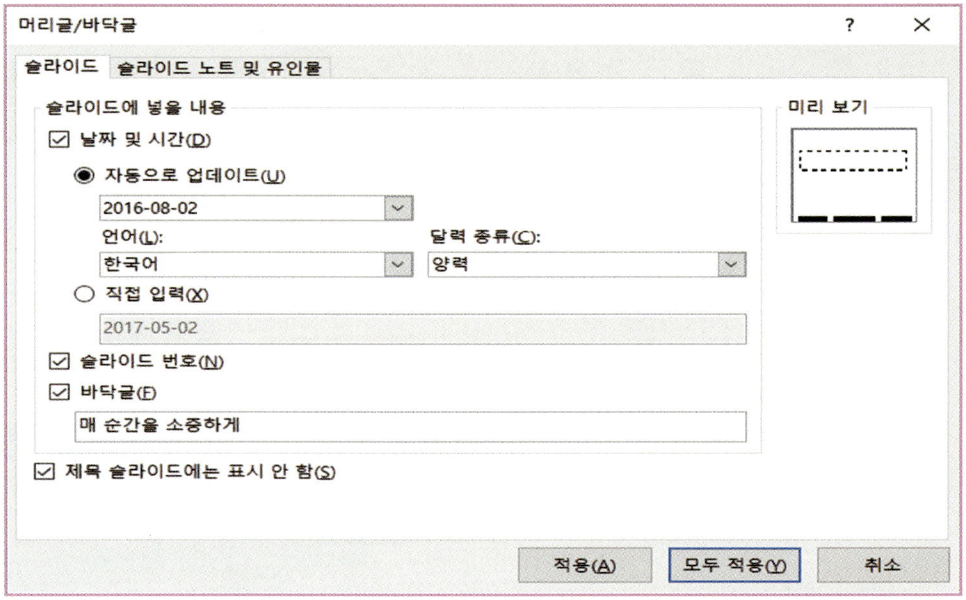

제목 슬라이드를 제외 한 모든 슬라이드에 다음과 같이 적용 된다.

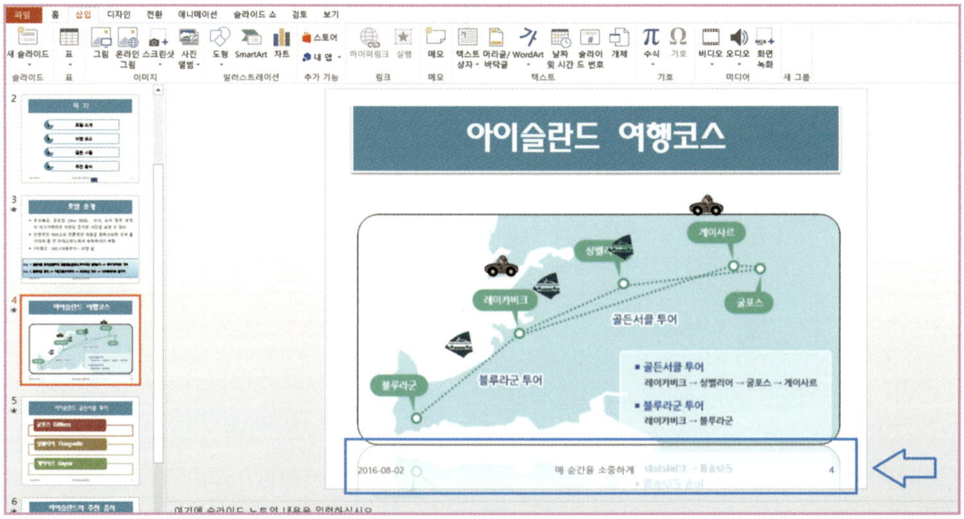

4-6 WordArt

[WordArt(워드아트)]는 슬라이드 제목이나 강조할 부분의 텍스트를 다양한 갤러리 스타일로 그래픽화하여 화려하고 돋보이게 하는 방법이다.

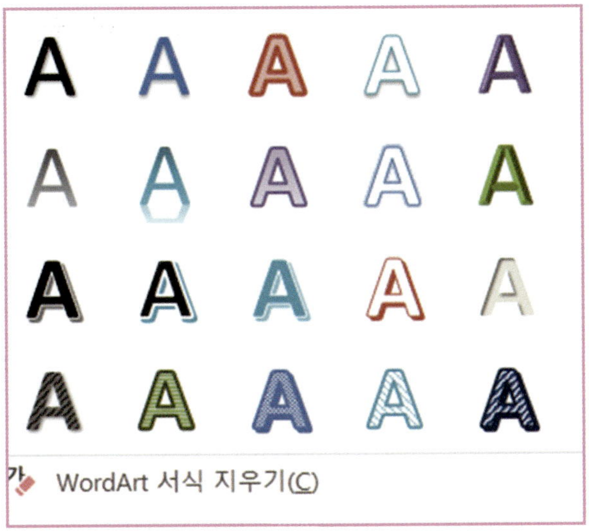

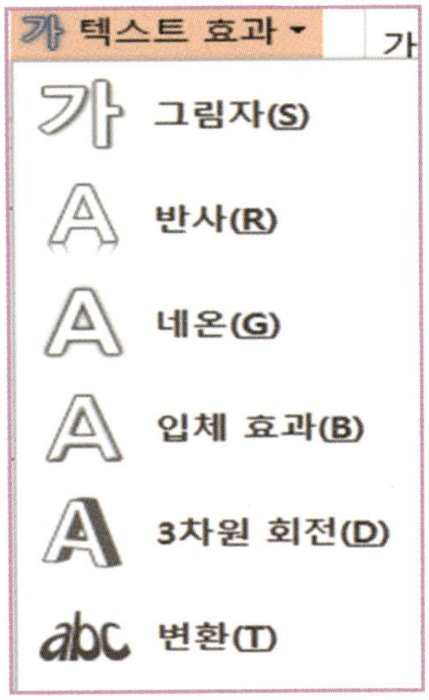

[WordArt 편집]은 기본적으로 제공되는 도형 스타일을 이용하여 스타일, 텍스트 채우기, 텍스트 윤곽선, 텍스트 효과를 사용자가 직접 디자인하여 개성 있는 워드아트를 꾸밀 수 있다.

채우기 또는 윤곽선을 변경하거나 그림자, 반사, 네온 또는 3차원 회전 또는 입체 효과와 같은 기능을 추가하여 텍스트나 [WordArt]의 모양을 변경할 수 있다.

슬라이드 1을 선택 후 [홈] 메뉴 – [새 슬라이드] – [제목만]을 선택하여 빈 슬라이드를 추가한다.

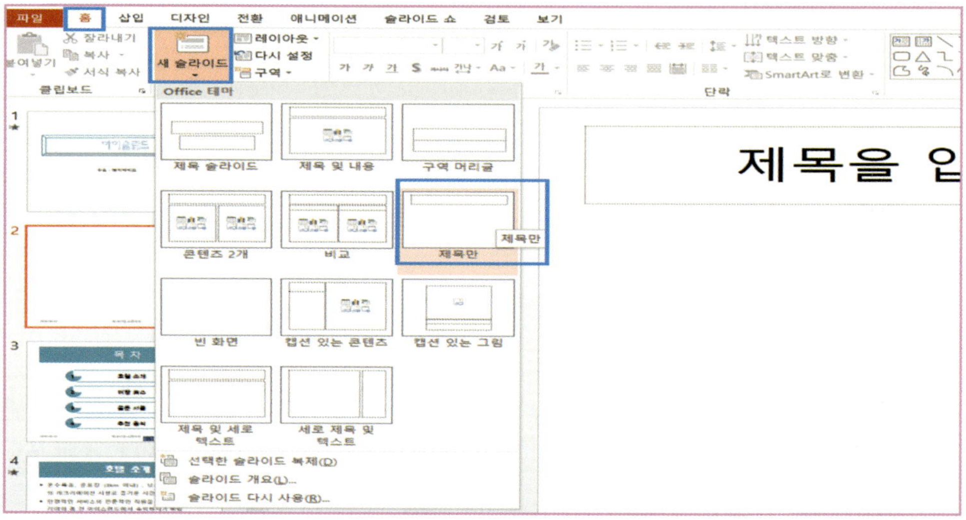

슬라이드 2를 선택 후 [삽입] 메뉴 – [WordArt] – [원하는 WordArt 디자인]을 클릭한다.

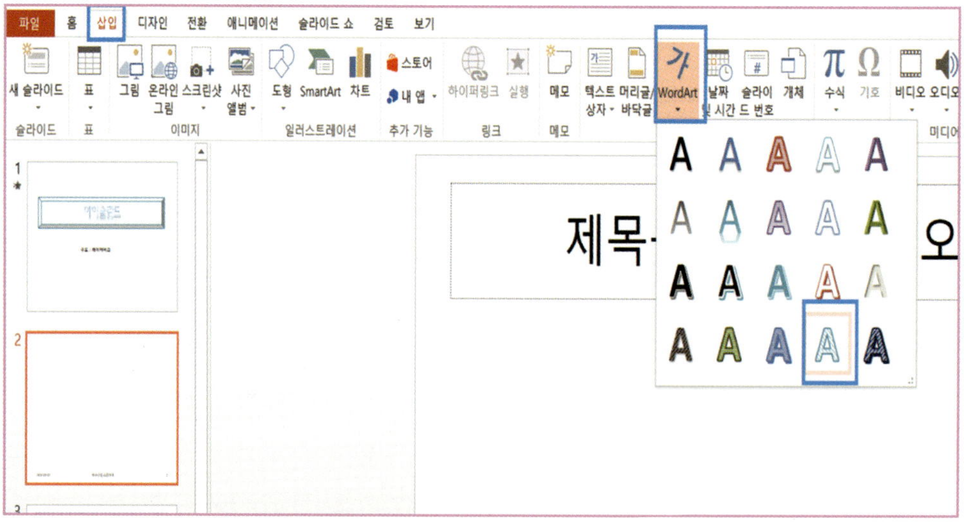

[WordArt] 글 상자에 [너의 꿈을 향하여]를 입력한다.

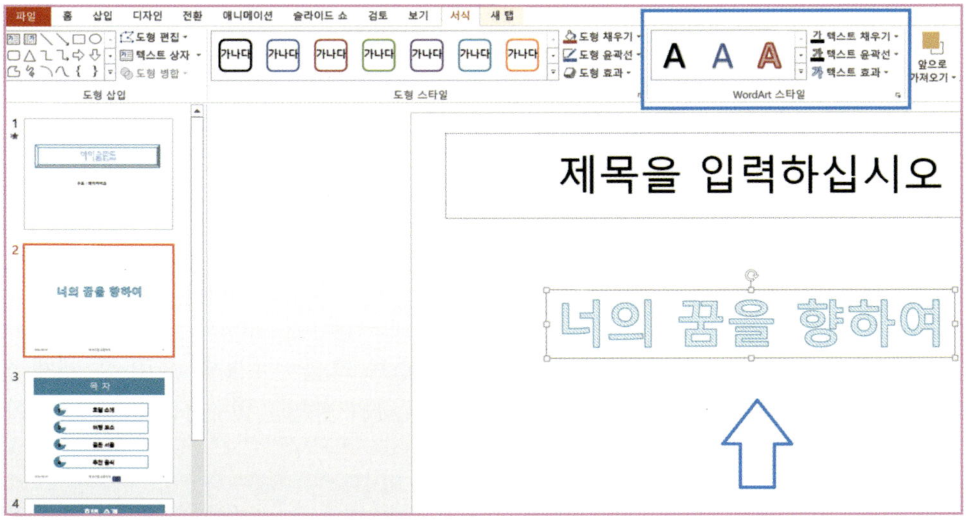

[WordArt] 편집을 위해

[너의 꿈을 향하여 WordArt 선택] – [서식] 메뉴 – [텍스트 효과] 선택 – [변환] – [WordArt 스타일]을 클릭한다.

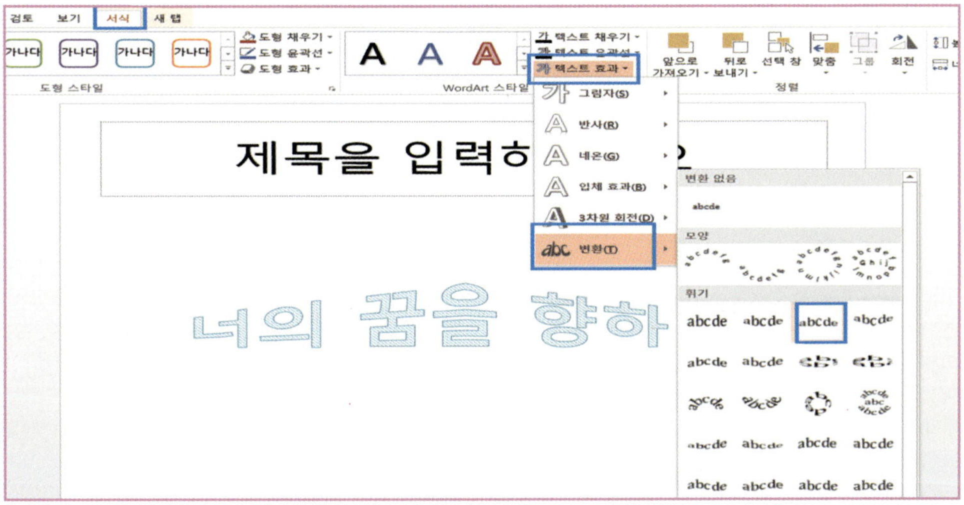

4-7 개체

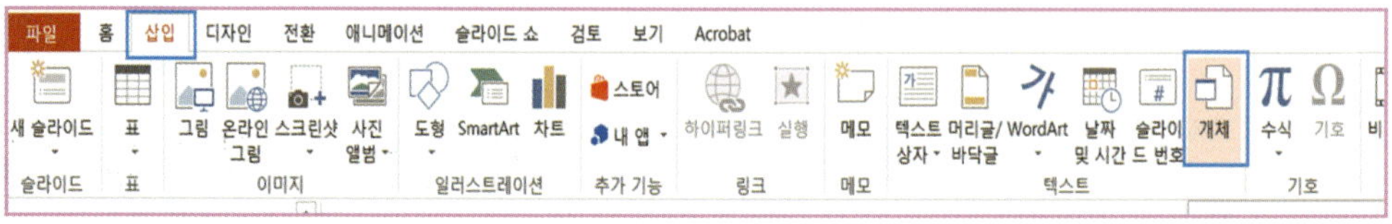

① 새로 만들기

슬라이드 2를 선택 후 [삽입] 메뉴 – 텍스트 그룹 – [개체] 클릭 후 개체 삽입 대화 상자에서 [새로 만들기] 클릭 – [Microsoft Excel WorkSheet] – [확인]을 클릭한다.

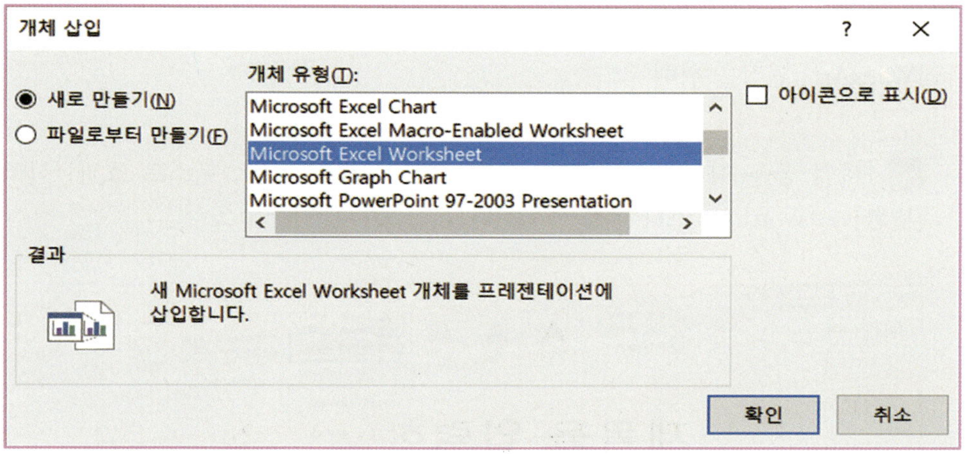

다음 내용을 입력한다.

	A	B	C
1	실적		
2		판매액	
3	1분기	1500000	
4	2분기	1200000	
5	3분기	2000000	
6	4분기	1700000	
7			
8			

다음과 같이 개체가 추가 되어 완성 된다.

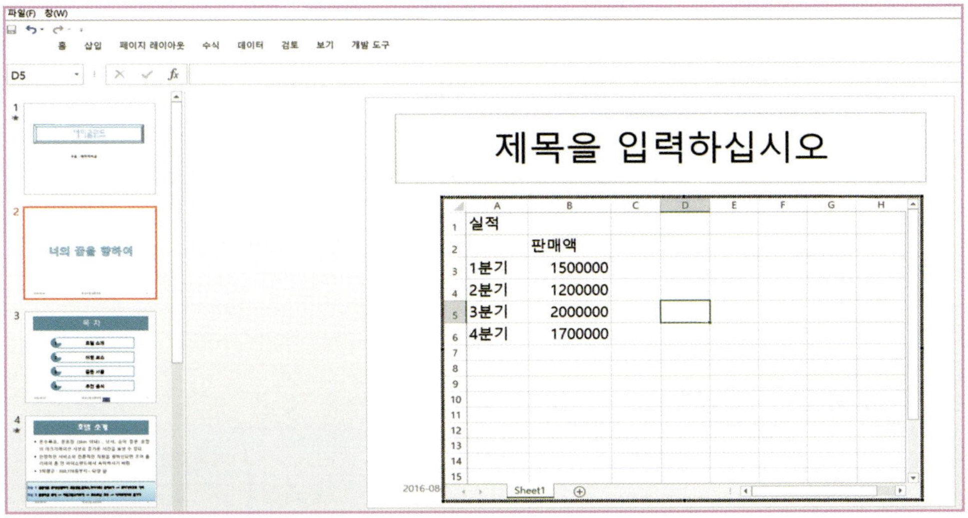

② 파일로부터 만들기

슬라이드 2를 선택 후 [삽입] 메뉴 – 텍스트 그룹 – [개체] 클릭 후 개체 삽입 대화 상자에서 [파일로부터 만들기] 클릭 – [찾아보기] 클릭 – [그림 폴더 : saipan]을 클릭 – [확인]을 선택한다.

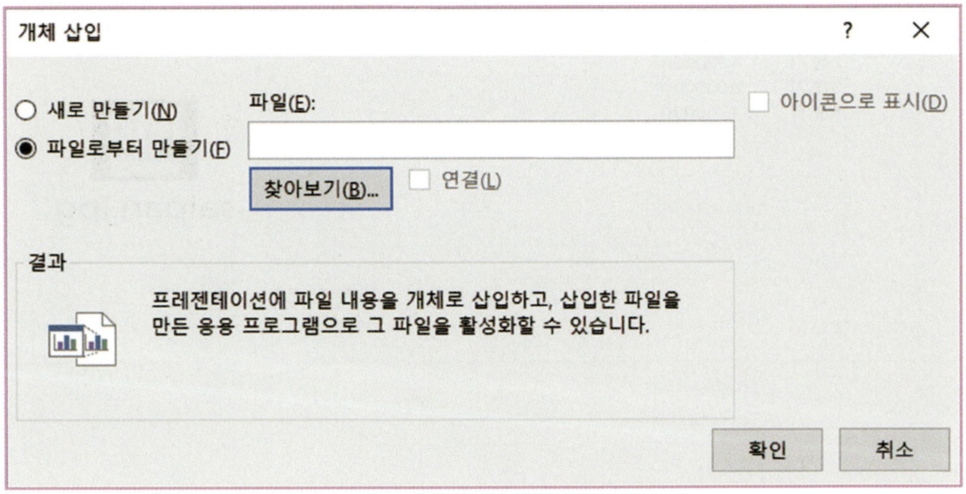

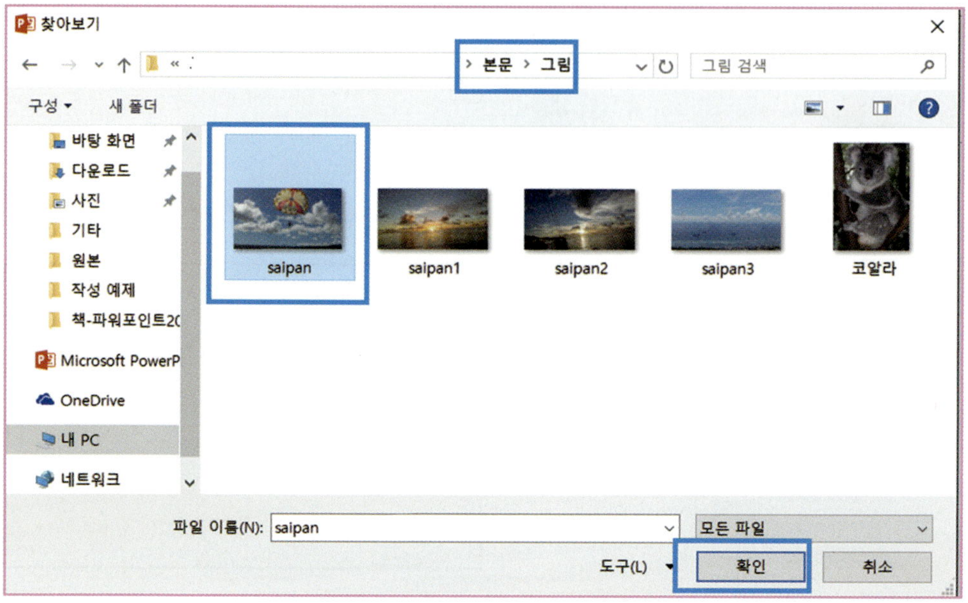

다음과 같이 파일 개체가 추가 되어 완성 된다.

4-8 기호

슬라이드 1 선택 – [수도 : 레이캬비크 앞에 커서 만들기] – [삽입] 메뉴 – [기호]를 클릭한다.

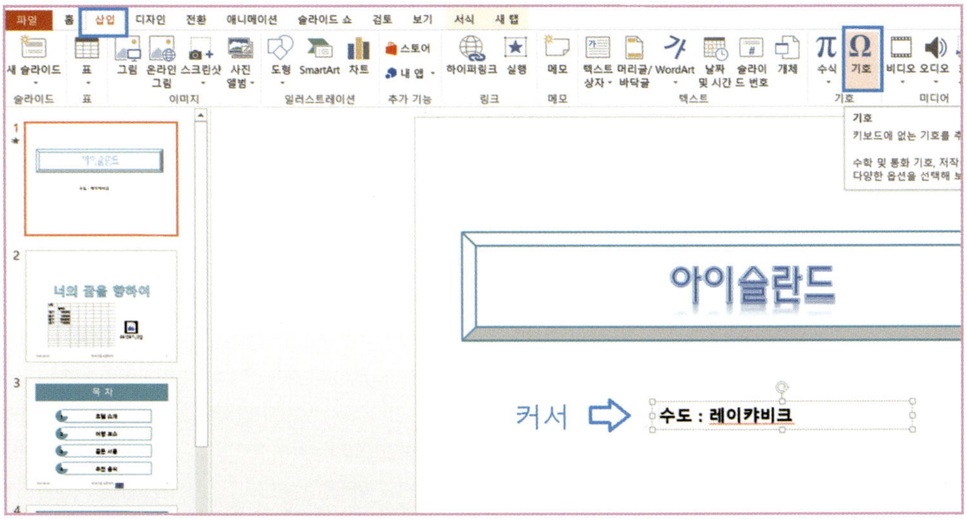

[기호] 대화 상자에서 원하는 기호 하나를 클릭 – [삽입]을 선택한다.

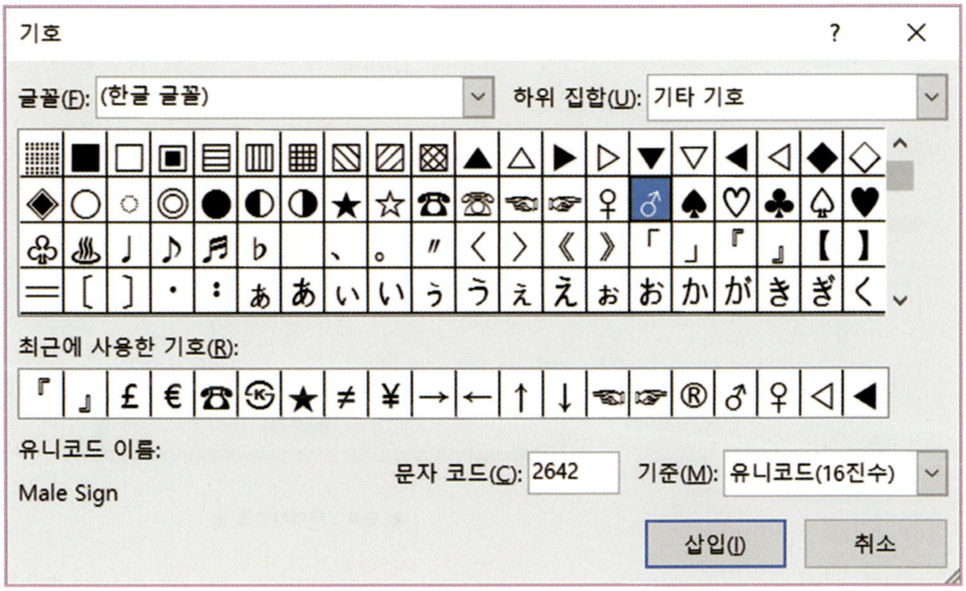

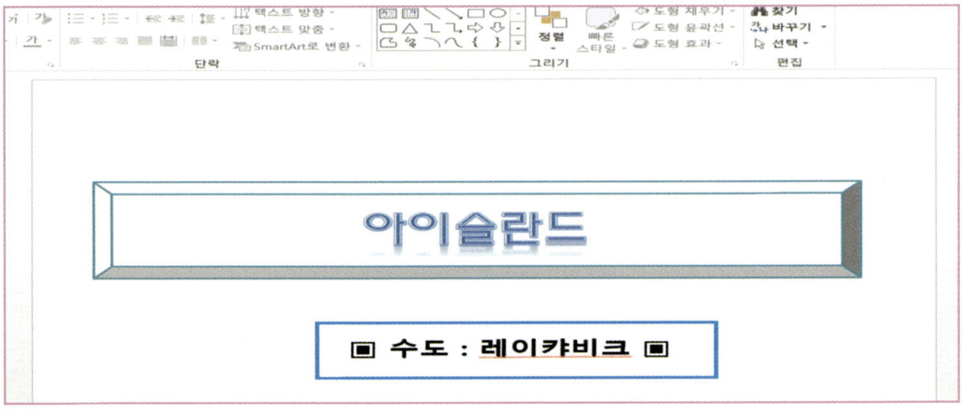

기호 대화 상자의 [글꼴]과 [하위 집합]을 다르게 선택하여 다양한 기호를 찾아 슬라이드 내용에 어울리는 기호를 삽입한다.

4-9 소리

[소리]는 녹음된 소리 파일이나 배경 음악 파일, 효과음으로 사용할 소리 파일의 멀티미디어 파일을 슬라이드에 삽입하여 슬라이드 쇼를 진행 할 때 재생할 수 있다. 소리 파일 형식은 [wav, mid, mp3] 등을 지원하고 슬라이드 쇼를 진행시 소리 파일이 자동으로 시작하거나 마우스를 클릭할 때 재생되도록 설정할 수 있다.

슬라이드 1을 선택 후 [삽입] 메뉴 – [미디어] 그룹 – [오디오]를 선택 후

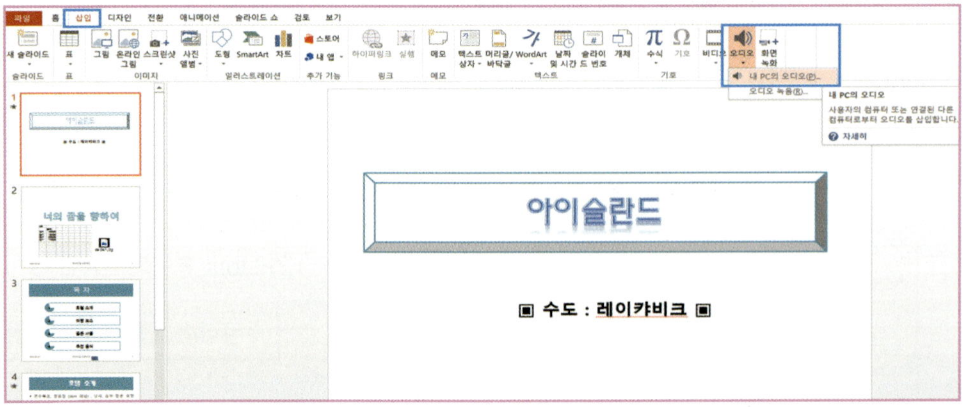

[내 PC의 오디오] 선택 - 본문 폴더에 있는 [PICK ME] 파일을 클릭 – [삽입]을 선택한다.

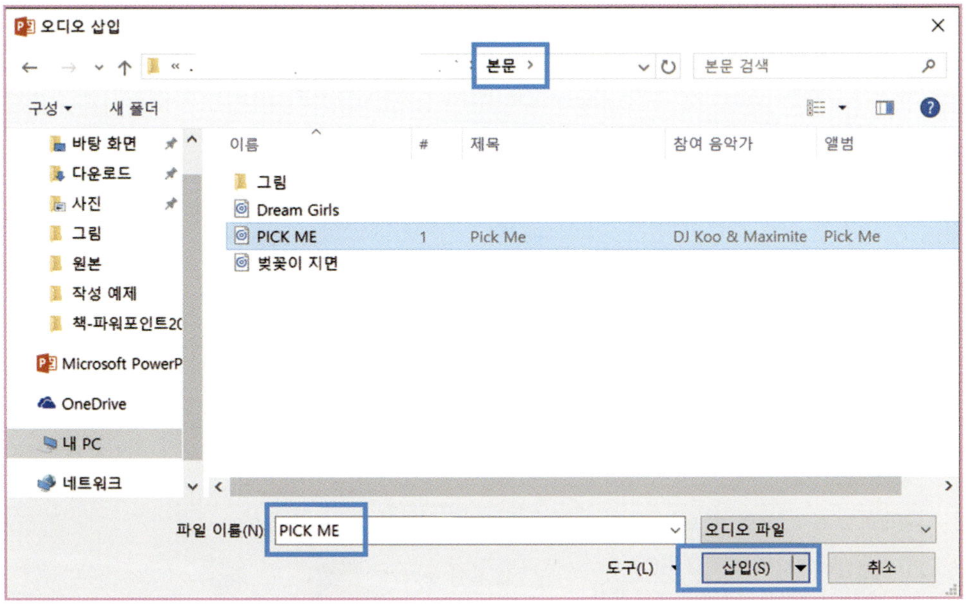

오디오 마크인 스피커가 나타나고 그 아이콘을 선택하면 재생 옵션이 나타난다.

[오디오 옵션]

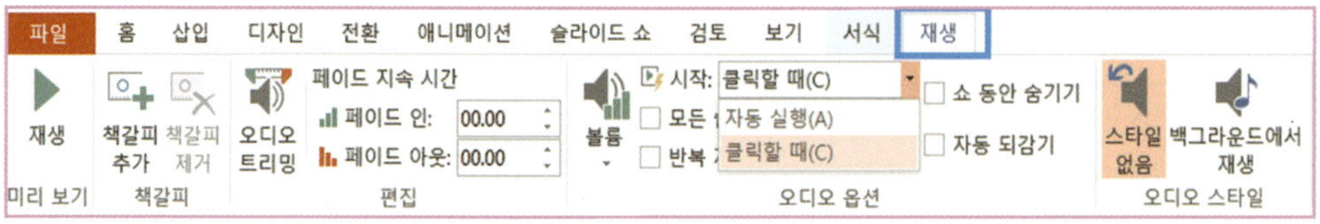

오디오 옵션 중 시작의 [자동 실행]은 슬라이드 쇼가 시작될 때 오디오가 자동으로 재생되며 [클릭할 때]는 슬라이드 쇼를 시작한 후 오디오 클립을 클릭해야 재생된다. 그리고 [모든 슬라이드에서 실행]은 모든 슬라이드에 이어서 오디오가 재생된다.

오디오 옵션 중 시작의 [볼륨]을 통해 오디오 소리를 높음, 중간 그리고 낮음으로 설정 할 수 있다.

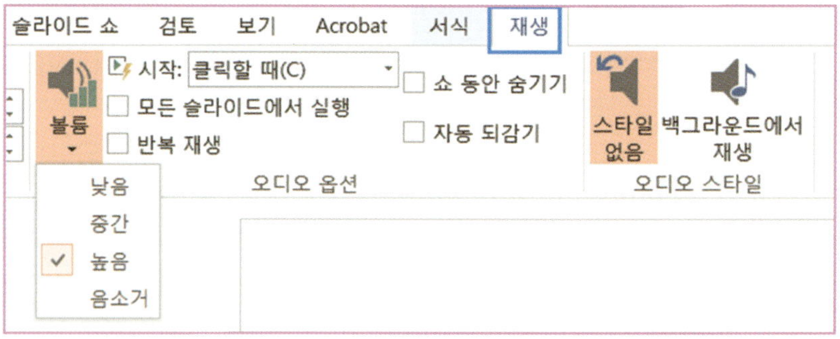

4-10 동영상

작업한 동영상 파일이나 인터넷 YouTube의 동영상을 프리젠테이션에 삽입 할 수 있는 기능이다. [wmv, avi, mid, mov] 등의 파일 형식이 지원되며 준비된 동영상 파일을 슬라이드에 직접 삽입도 가능하다. 동영상 파일 역시 자동 또는 수동으로 재생되도록 설정 할 수 있다.

[삽입] 메뉴 – [미디어] 그룹 – [비디오] – [온라인 비디오]을 선택한다.

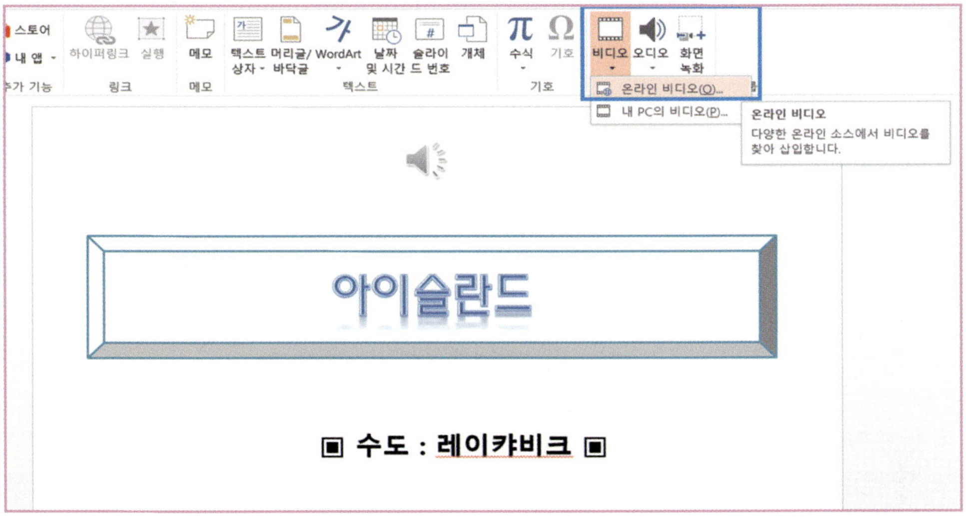

YouTube에 있는 동영상이 검색 되어 나오면 검색 란에 〈아이슬란드〉라고 입력 후 검색 단추를 클릭한다.

검색 된 동영상 중 [원하는 동영상]을 클릭 – [삽입]을 클릭한다.

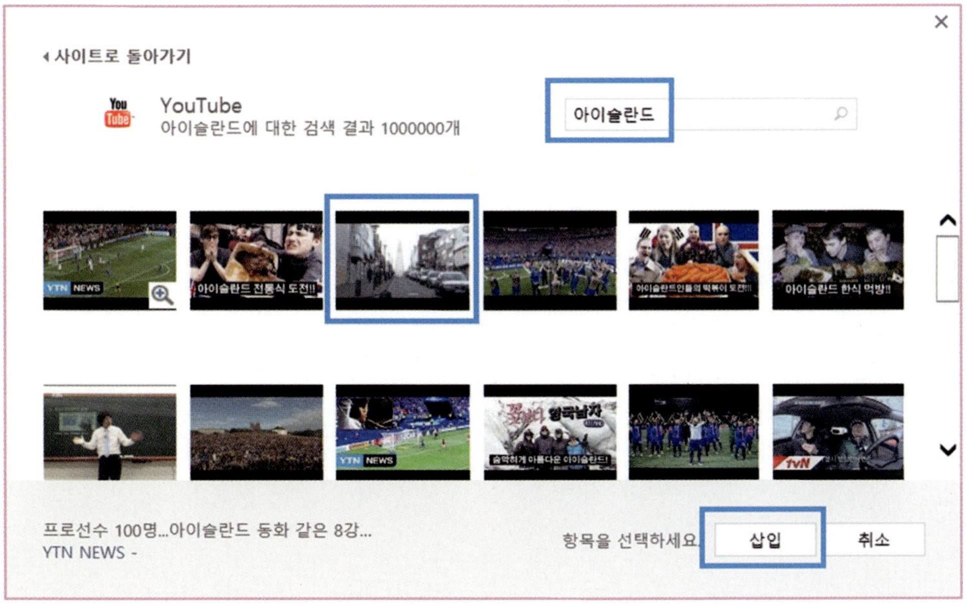

다음과 같이 동영상이 슬라이드에 삽입 된다.

4-11 화면 녹화

아이슬란드 여행코스 슬라이드를 선택 후 [삽입] 메뉴 – 미디어 그룹의 [화면 녹화]를 클릭한다.

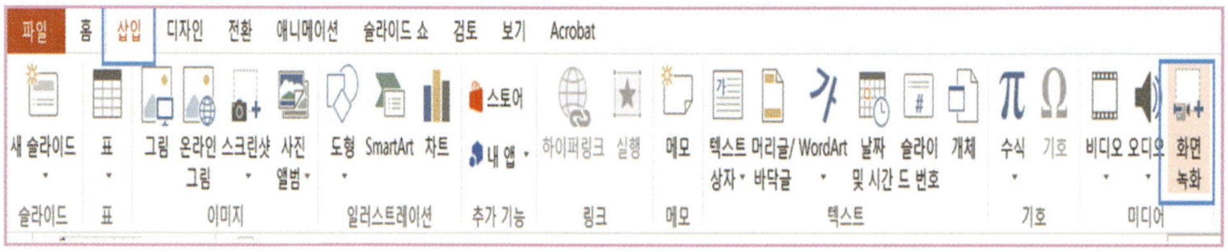

녹화가 필요한 부분만큼 크기를 드래그로 조절 – [기록]을 선택한다.

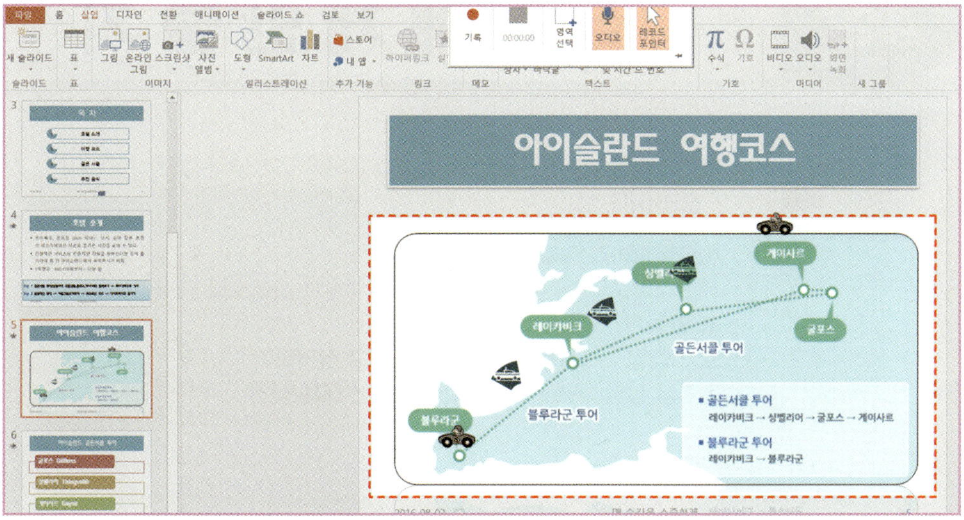

〈블루라군〉의 [자동차]의 위치를 나름대로 이동 시키며 녹화를 한 후 중지한다.

[화면 녹화] 부분을 클릭 – [재생] 버튼을 클릭하여 화면을 확인한다.

4장 실전예제만들기

조건

슬라이드 1

- (본인)대학교 : WordArt로 작성
- 대한대학교 : 하이퍼링크 걸기(본인 대학교 사이트로 연결)
- 표 만들기 : 2 * 2
- 로고 삽입 : 스크린샷을 이용하여 로고 삽입하기
- 동영상 삽입 : Youtube에서 학교 관련 내용 삽입

조건

슬라이드 2

- 개체 삽입 : 아이콘으로 본문 폴더에 있는 [4장 예제]를 추가
- 독수리 그림 삽입 후 그림에 액자 적용하기
- 바닥글 추가 : 페이지 번호, '멀리 날아보자' 입력

[완성본]

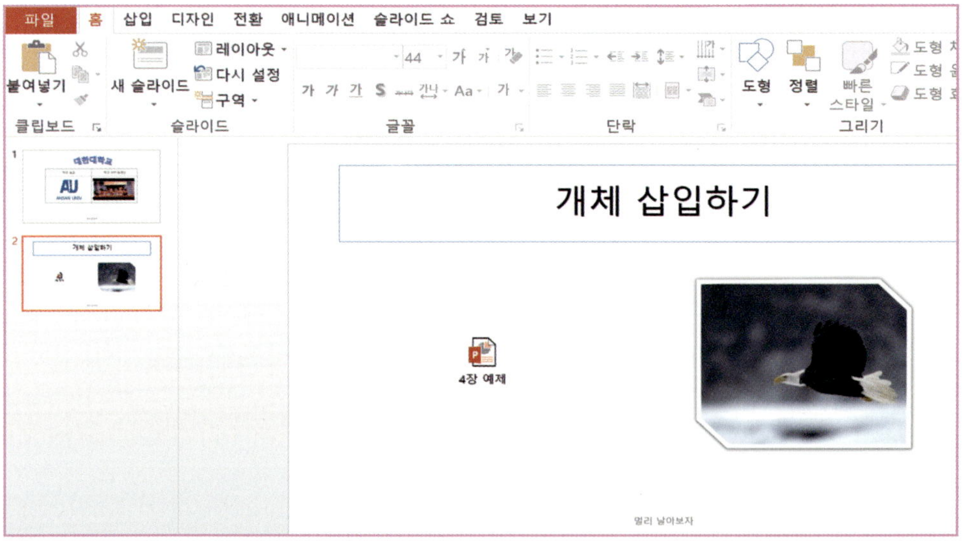

[1번 슬라이드에 작성]

[2번 슬라이드에 작성]

5장 슬라이드 쇼

- 애니메이션
- 슬라이드 쇼
- 전환
- 타이밍
- 트리거
- 애니메이션 복사
- 슬라이드 쇼 재구성
- 슬라이드 쇼 설정
- 슬라이드 마스터

05 슬라이드 쇼

5장에서는 애니메이션 기능과 전환 등의 기능을 삽입하고 그 내용을 슬라이드 쇼로 확인하여 더 나은 프레젠테이션을 완성하는 학습을 진행한다.

[5 장 예제] 파일 사용

5-1 애니메이션

[애니메이션 기능]을 이용하여 슬라이드에 포함되어 있는 다양한 개체에 설명하는 순서대로 애니메이션을 설정하여 청중들의 이해와 집중도를 한결 높일 수 있다.

애니메이션 그룹에는 나타내기, 강조, 끝내기 그리고 이동 경로 등이 있다.

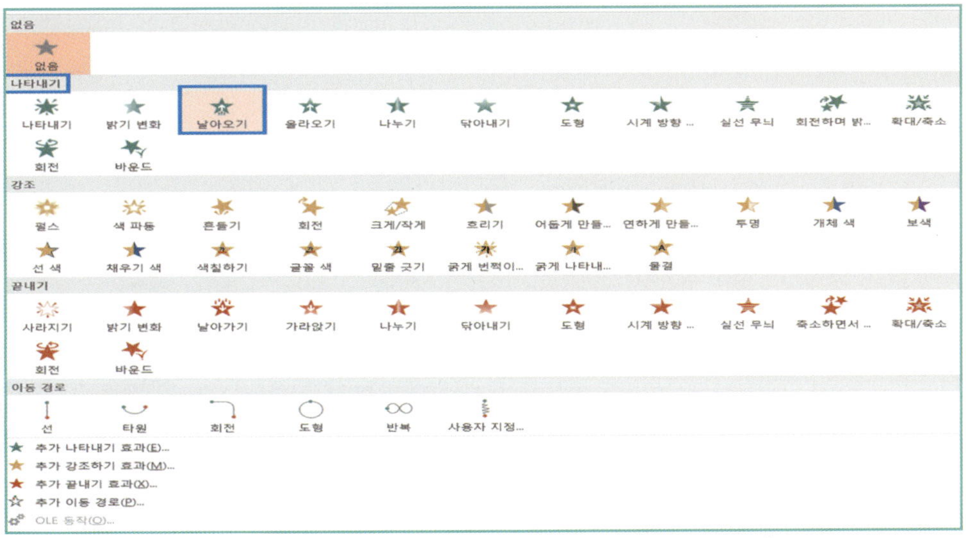

슬라이드 2의 제목 선택 후 [애니메이션] 메뉴 – [애니메이션] 그룹 – [날아오기]를 선택 – 효과 옵션의 [아래에서] 를 클릭한다.

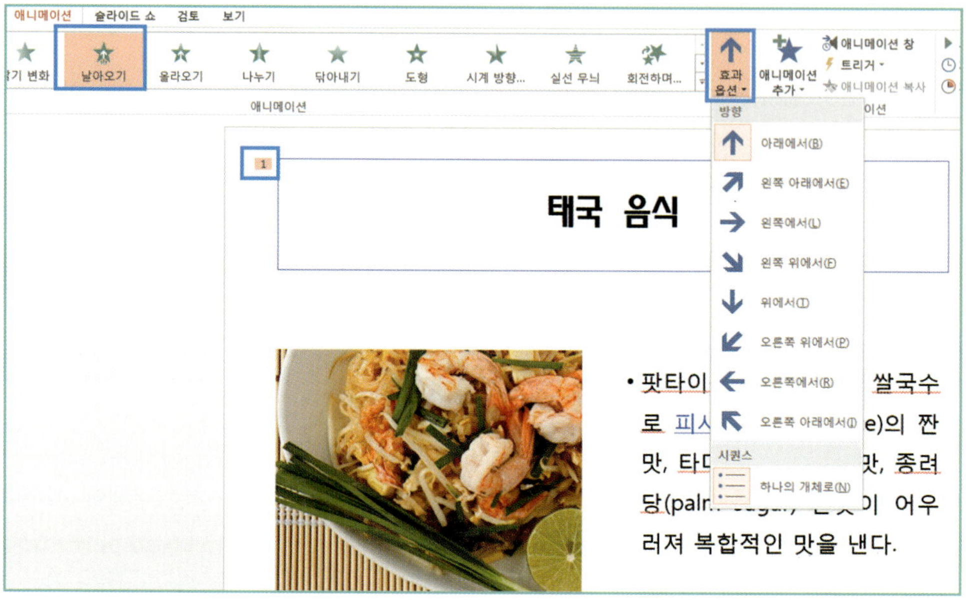

[효과 옵션]

[효과 옵션]은 오른쪽에서, 위에서, 왼쪽에서, 아래에서, 오른쪽 아래에서, 왼쪽 위에서 그리고 왼쪽 아래에서 등의 다양한 효과가 있다.

또한 [효과 옵션]은 애니메이션 설정에 따라 다르게 적용 할 수 있다.

슬라이드 3의 그림을 선택 후 [애니메이션] 메뉴 – [나타내기] 그룹 – [도형]을 선택 – 선택 옵션의 [다이아몬드]를 클릭한다.

[슬라이드 쇼] 메뉴 – [현재 슬라이드부터]를 클릭한다.

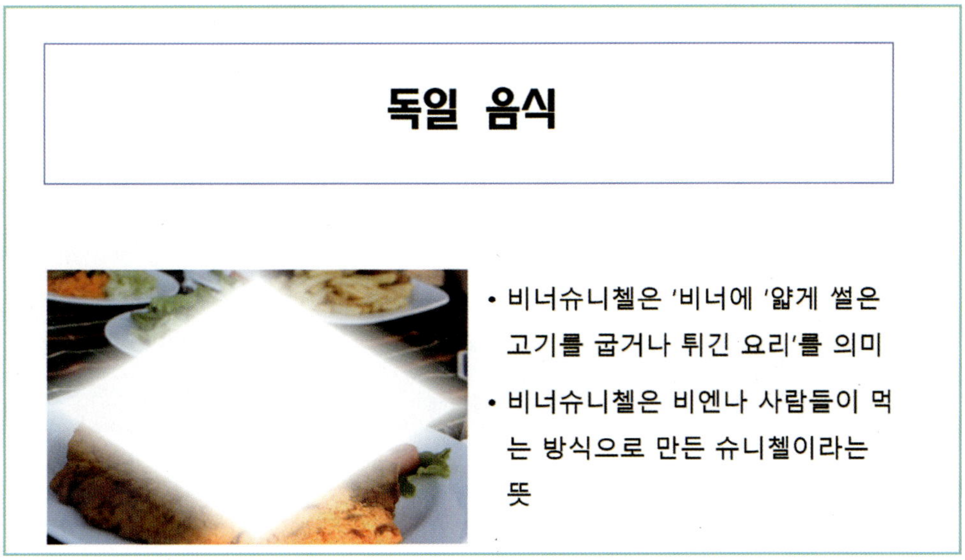

5 - 2 슬라이드 쇼

[슬라이드 쇼]는 청중을 상대로 전달하고자 하는 주제에 관한 화면들을 준비하여 한 장씩 보여주는 것을 말한다. 그리고 일부 슬라이드는 쇼 진행시 슬라이드 숨기기로 슬라이드 쇼 편집이 가능하다.

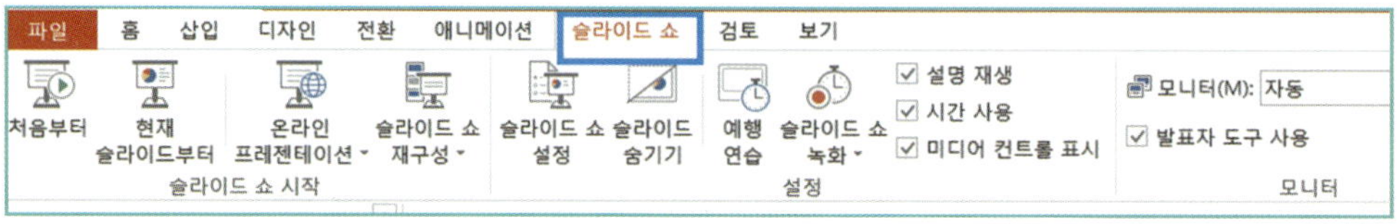

슬라이드 쇼는 무조건 1페이지부터 쇼가 진행 되는 [처음부터]와 특정 슬라이드부터 쇼 시작을 할 수 있는 [현재 슬라이드부터]가 있다.

슬라이드 3을 선택 후 [슬라이드 쇼] 메뉴 – [처음부터]를 선택한다.

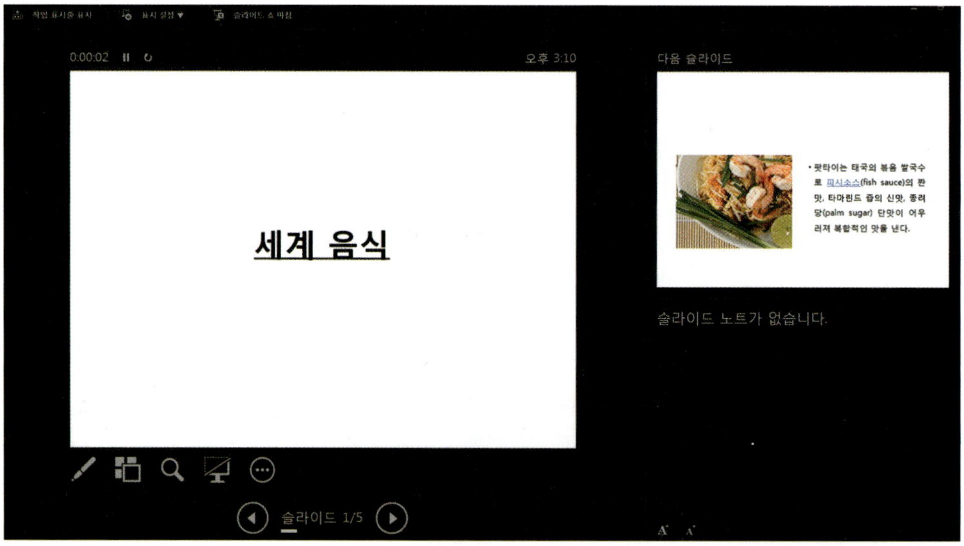

[잉크 주석]은 슬라이드 쇼 진행 중에 중요 부분에 강조 표시를 해야 하는 경우에 사용된다.

슬라이드 쇼 진행 중에 [마우스 오른쪽] 클릭 – [포인터 옵션] – [펜]을 클릭 – 원하는 곳에 [동그라미]를 표시한다.

잉크 주석을 사용하기 위해 슬라이드 쇼 중 [마우스 오른쪽] 버튼을 누르면 된다. 화살표, 볼펜, 사인펜, 형광펜의 다양한 펜 종류가 있고 색으로 강조할 부분을 동그라미로 그리거나 밑줄 등으로 표시하여 잉크 주석을 유지한 채 인쇄 그리고 저장도 할 수 있다.

슬라이드 쇼를 마치기 위해 키보드의 Esc 키를 누른 후 잉크 주석을 저장 할 것이냐고 물으며 〈예〉 단추를 누른다.

슬라이드 편집 상태로 돌아오면 아래와 같이 펜으로 동그라미 친 부분이 그대로 저장 되어 남아 있는 것을 확인 할 수 있다.

슬라이드의 쇼 보기에서 중요 내용에 밑줄을 치거나 동그라미로 내용을 강조할 수 있고 기록한 부분을 슬라이드에 저장하여 유지할 수 있다.

5 - 3 전환

① 슬라이드 화면 전환

강력하고 화려한 파워포인트 화면 전환을 통해 슬라이드 쇼 실행시 화면이 전환되어 청중들에게 보다 강한 인상을 줄 수 있고 지루함을 줄일 수 있다. 화면 전환의 종류에는 [온화한 효과] [화려한 효과] [동적 콘텐츠] 등이 있다.

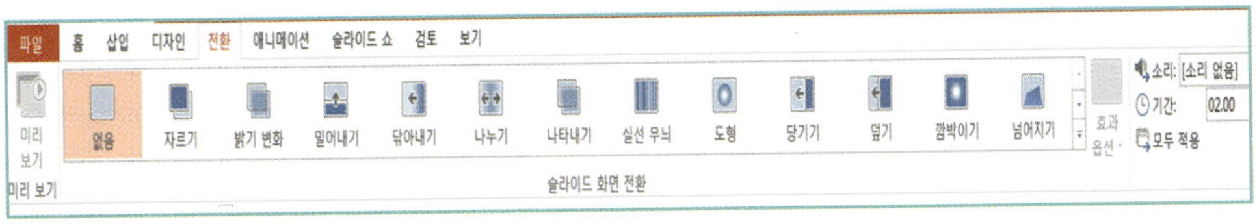

슬라이드 1을 선택 후 [전환] 메뉴 - [슬라이드 화면 전환] 그룹 - [커튼]을 선택 - [슬라이드 쇼] - [현재 슬라이드]를 클릭한다.

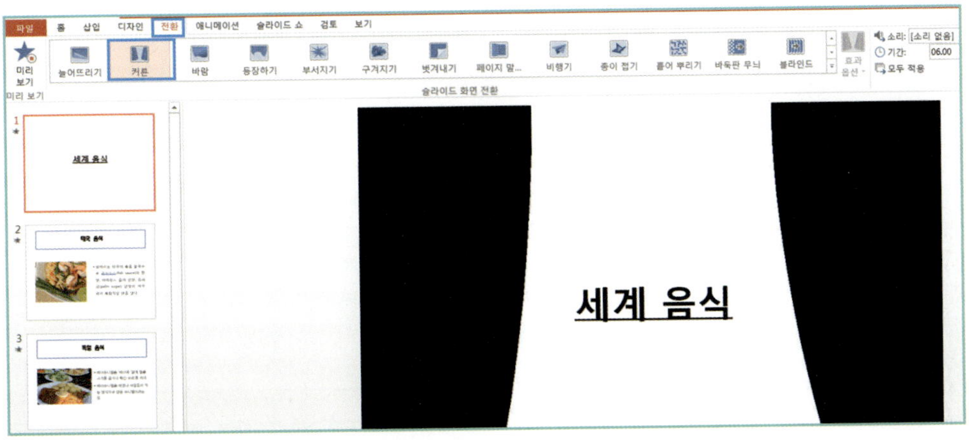

5-4 타이밍

① 화면 전환 소리

타이밍 그룹의 [소리]는 화면 전환이 진행될 때 소리 효과를 넣을 수 있고 [반복 재생]을 선택하면 반복해서 재생된다.

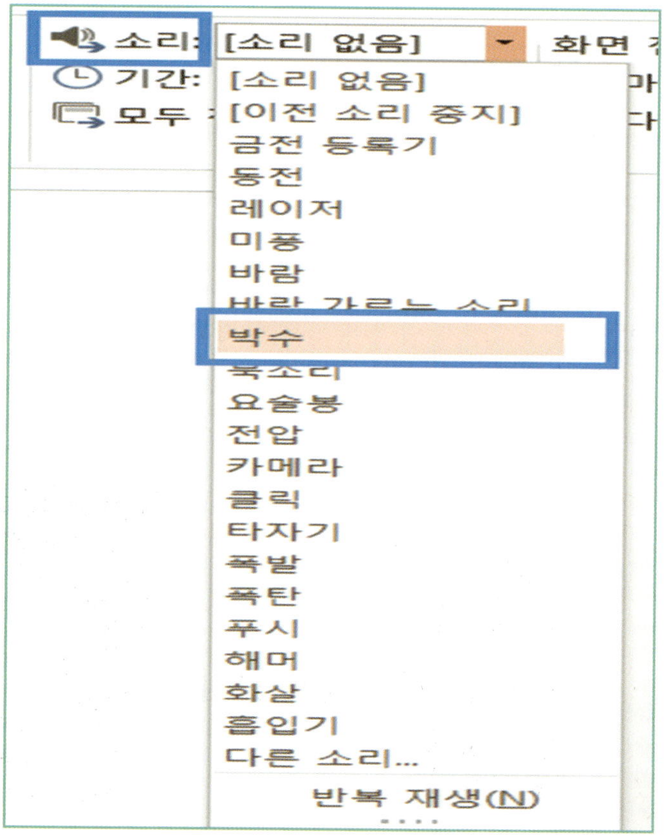

② 화면 전환

타이밍 그룹의 화면 전환 중 [마우스를 클릭할 때]는 슬라이드 쇼를 진행할 때 마우스를 클릭하면 다음 슬라이드로 자동 전환되며 설정한 화면 전환 효과가 재생된다.
[다음 시간 후]는 이전 화면 전환 실행 후 설정한 시간이 지나면 자동으로 다음 슬라이드로 전환되면서 설정한 화면 전환 효과가 재생된다.

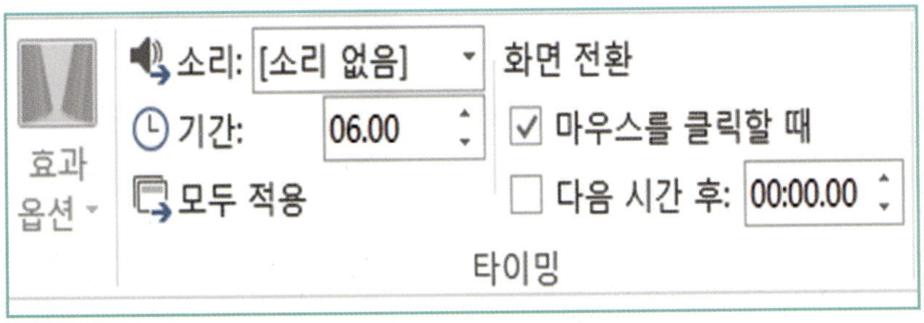

[화면 전환 속도]는 빠르게, 중간, 느리게 등 화면전환 속도를 다양하게 선택할 수 있다. 화면 전환 속도는 빠르게 진행하는 것이 지루하지 않아 프레젠테이션 효과로 좋다. 그리고 모두 적용 단추는 모든 슬라이드에 동일한 화면 전환 효과가 적용된다.

슬라이드 1을 선택 후 [전환] 메뉴 – [타이밍] 그룹 – 소리 [박수]로 선택 – [화면 전환] 그룹 – [다음 시간 후 00:05.00] – [모두 적용]으로 설정한다.

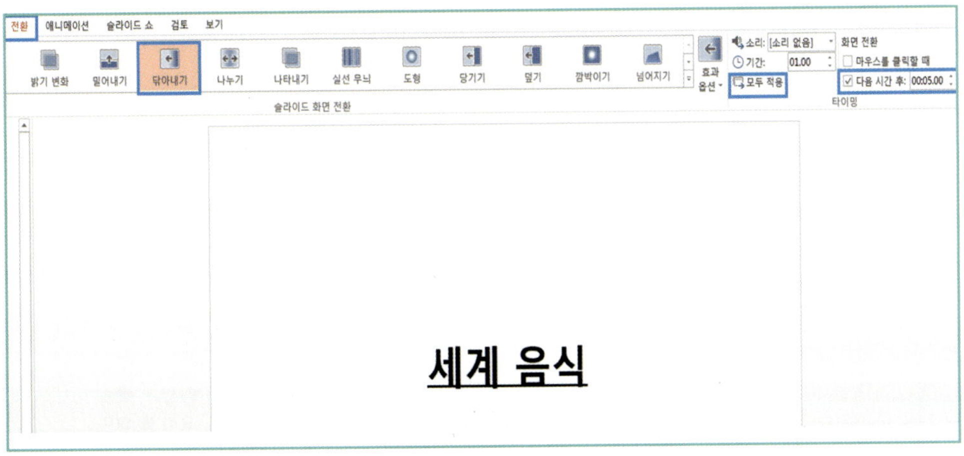

[슬라이드 쇼] – [처음부터]를 클릭한다.

그러면 마우스 클릭 없이도 자동으로 5초가 지나면 다음 슬라이드로 이동한다.

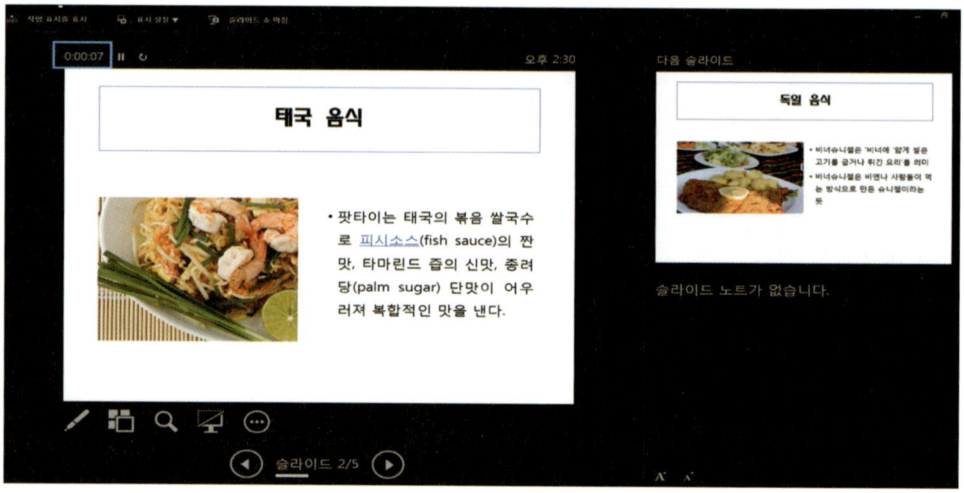

5-5 트리거

[트리거]를 사용하면 슬라이드 쇼 중에 슬라이드의 특정 개체를 클릭하거나 특정 비디오 부분을 재생할 때 애니메이션 효과를 표시할 수 있다.

슬라이드 3의 텍스트 상자 선택 후 [애니메이션] 메뉴 – [고급 애니메이션] – [트리거] – [클릭할 때] – [제목 6] 명령을 선택한다.

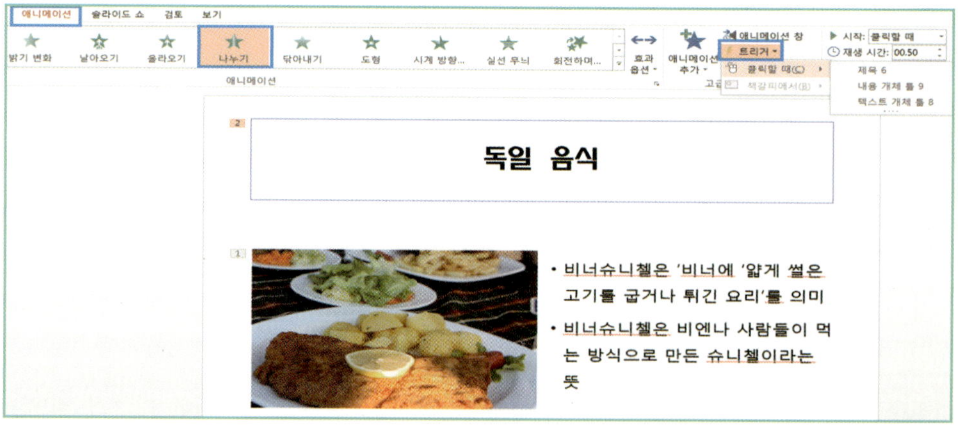

5-6 애니메이션 복사

특정 개체에 적용되어 있는 애니메이션 효과를 다른 개체에 그대로 복사해 재사용 할 수 있다. 애니메이션 복사를 통해 좀 더 쉽고 빠르게 애니메이션 기능을 설정 할 수 있어 자주 사용되는 기능이다.

슬라이드 2의 애니메이션이 적용 된 그림 선택 후 [애니메이션] 메뉴 – [고급 애니메이션] – [애니메이션 복사] 클릭 – [텍스트 상자]를 클릭한다.

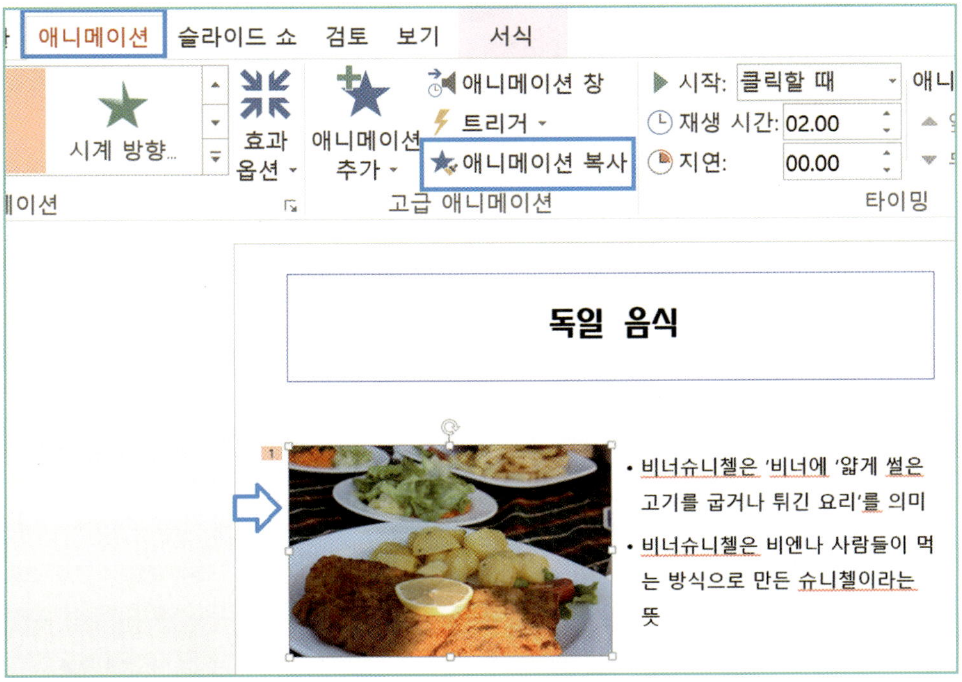

[슬라이드 쇼] 선택 – [현재 슬라이드부터]를 클릭한다.

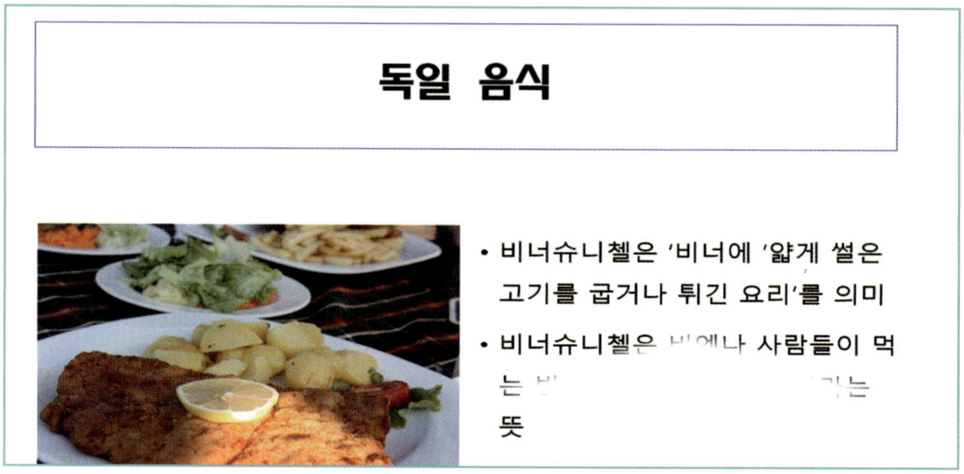

5-7 슬라이드 쇼 재구성

[슬라이드 쇼 재구성]은 모든 슬라이드를 발표하는 것이 아니고 일부분만 발표하고자 할 때 사용하면 유용하다. 진행 시간이나 상황에 맞게 슬라이드의 핵심적인 슬라이드로만 순서를 재조정 할 수 있는 기능이다.

임의 슬라이드 선택 후 [슬라이드 쇼] 메뉴 – [슬라이드 쇼 재구성] – [쇼 재구성]을 선택한다.

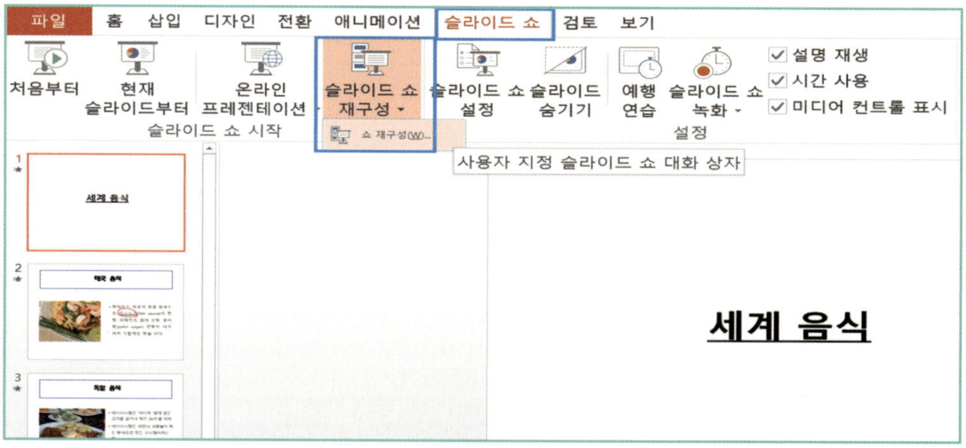

슬라이드 다중 선택 시 [Ctrl] 키를 이용하여 여러 개의 슬라이드를 선택할 수 있다.

[새로 만들기] 클릭 – [슬라이드 쇼 이름 : Europe FOOD] 입력 – [독일 음식, 이탈리아 음식] 체크 – [추가] – [확인] 단추를 클릭 한다.

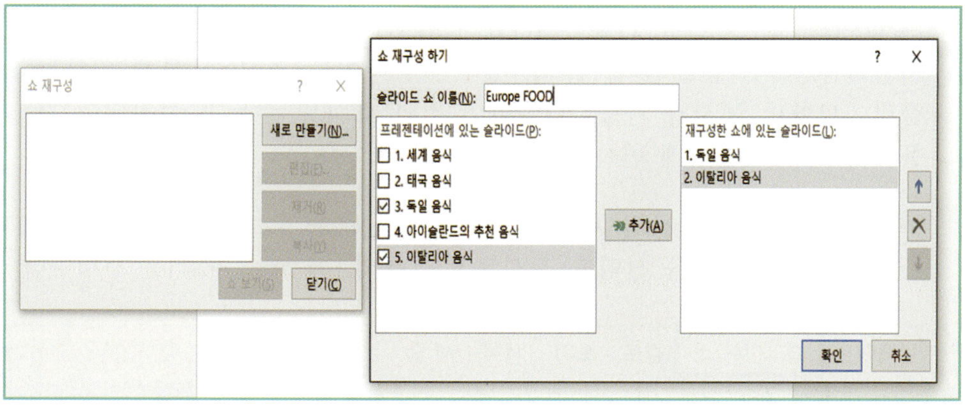

그리고 [쇼 보기]를 클릭한다. 그러면 두 개의 슬라이드만 쇼가 진행됨을 확인할 수 있다.

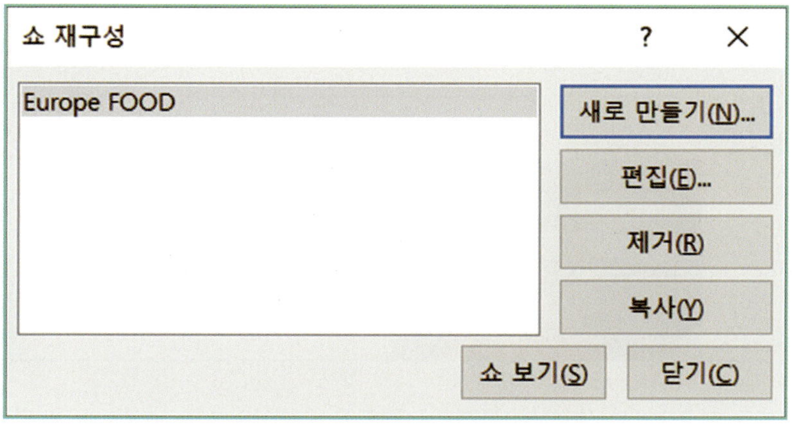

[슬라이드 쇼 재구성] 작성 방법은 [슬라이드 쇼 이름]에 재구성하고자 하는 이름을 입력한다. 그리고 추가할 개별 슬라이드를 선택한 후 재구성할 쇼에 있는 슬라이드로 [추가] 단추를 이용하여 재구성한다. 재구성한 슬라이드는 인쇄와 슬라이드 쇼 설정 그리고 하이퍼링크로 재구성한 쇼로 진행할 수 있다.

5-8 슬라이드 쇼 설정

[슬라이드 쇼 설정]을 이용하여 [표시 옵션]에 있는 [애니메이션 없이 보기] 기능과 [펜 색] 등을 변경 할 수 있다. [슬라이드 표시]를 통해 원하는 일부 슬라이드에만 표시가 가능하다. 화면 전환 효과도 수동과 설정된 시간 사용을 이용하여 다양하게 변화를 줄 수 있다.

임의 슬라이드 선택 후 [슬라이드 쇼] 메뉴 - [슬라이드 쇼 설정] - [웹 형식으로 진행]을 선택 - 표시옵션 그룹의 [펜 색 : 파랑]을 선택한다.

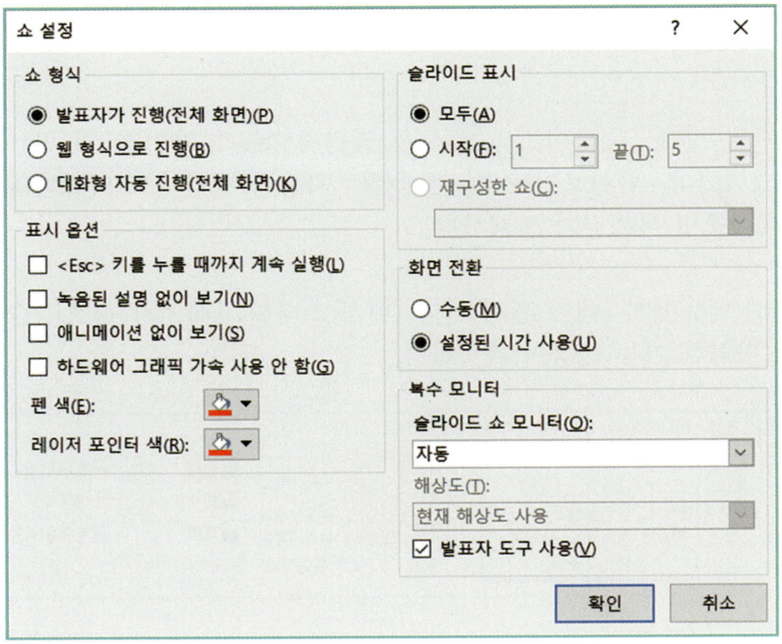

① 표시 옵션

설정된 [애니메이션 없이 보기] 하거나 [녹음된 설명 없이 보기] 등의 작업을 할 수 있다.

② 펜 색

슬라이드 쇼 진행시 펜의 기본 색을 변경 할 수 있다.

③ 슬라이드 표시

슬라이드를 표시할 때 모두 표시하거나 원하는 일부의 슬라이드만 표시할 수 있도록 설정하는 곳이다.

5-9 슬라이드 마스터

[슬라이드 마스터]는 모든 슬라이드의 서식을 일괄적으로 디자인할 수 있는 특별한 디자인 영역이다. 파워포인트 2013에서는 최상위 슬라이드 마스터와 각 슬라이드 레이아웃별 마스터가 존재한다.

[슬라이드 마스터] 메뉴에서 [테마 편집]이나 [배경 스타일] [페이지 설정] [슬라이드 방향] 등 다양한 기능 변경이 가능하다.

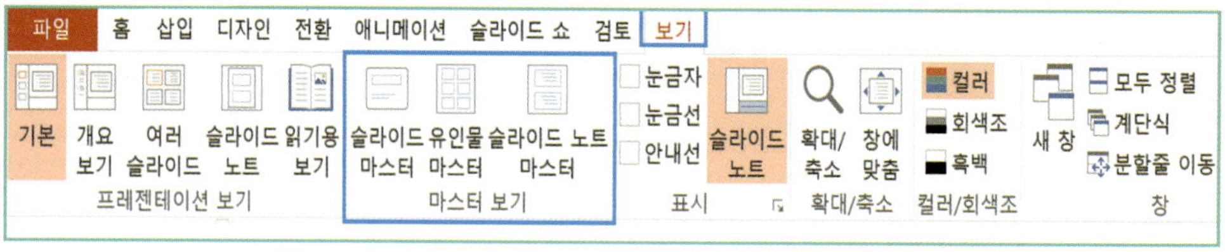

슬라이드 1을 선택 후 [보기] 메뉴 – [슬라이드 마스터] – [상위 슬라이드] 선택 –[테마] 그룹 – [줄기]를 선택한다.

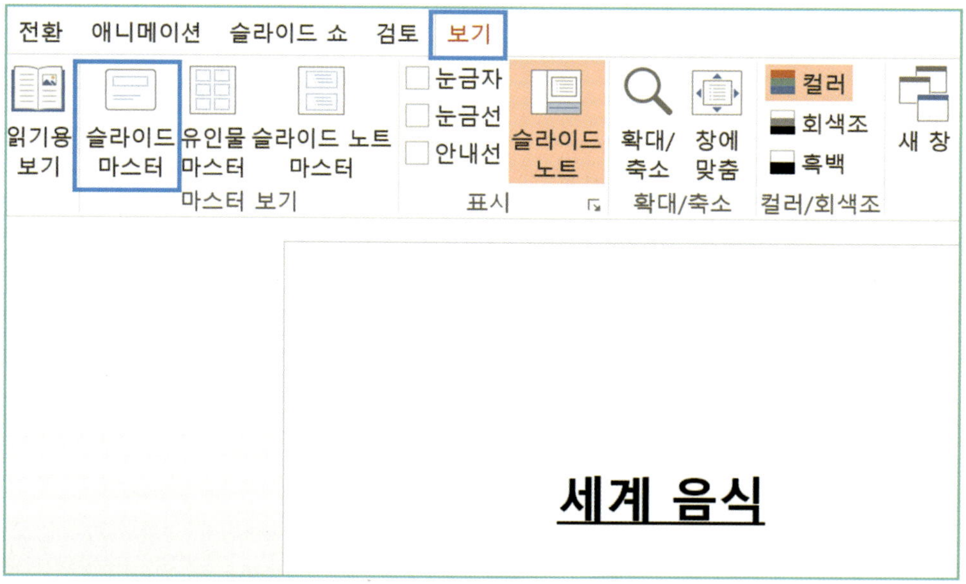

편집 종료 후 [마스터 보기 닫기]를 선택하여 종료한다.

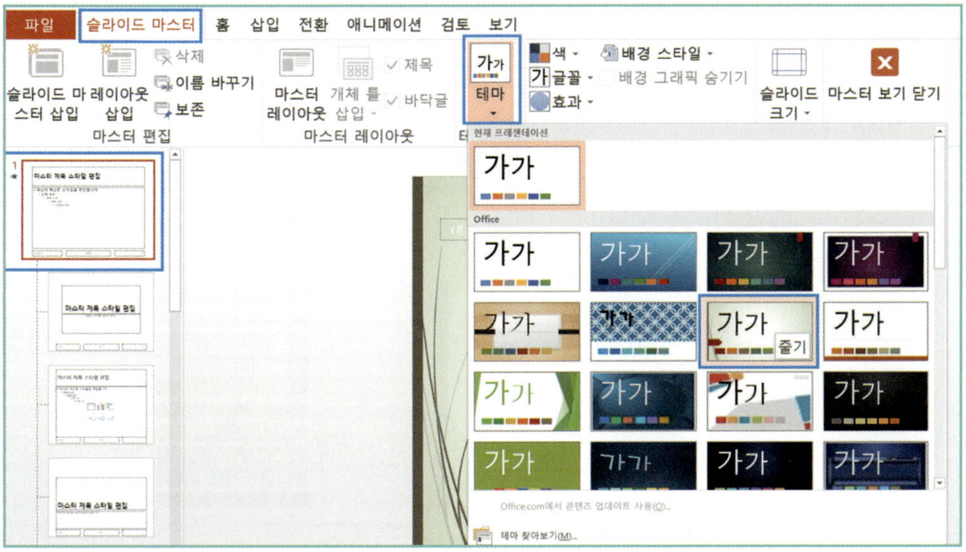

모든 슬라이드 배경에 [줄기]로 채워진 것을 확인 할 수 있다.

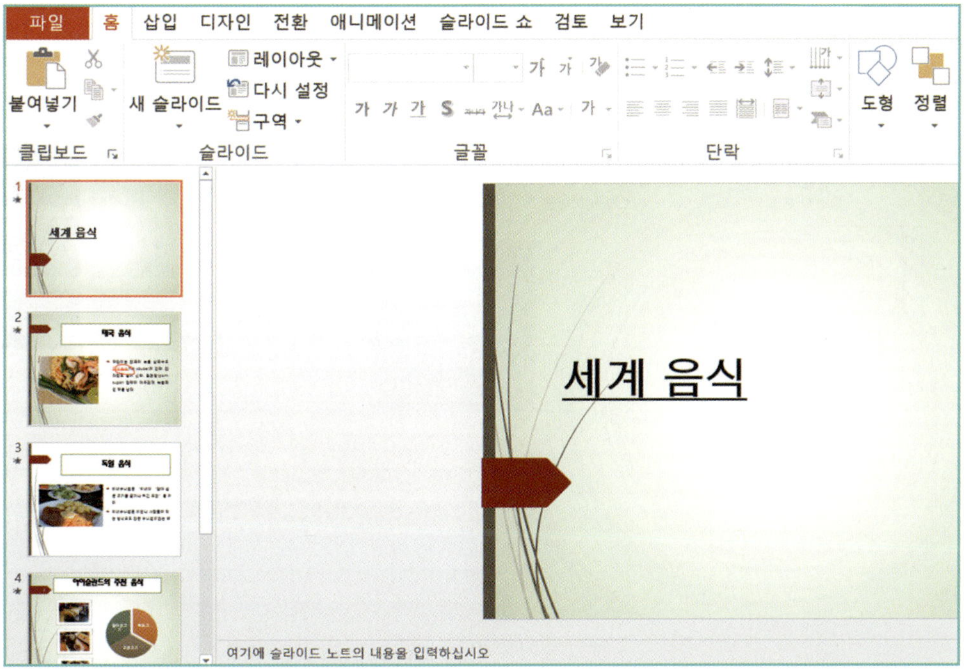

① 테마

테마의 종류에는 고려청자, 풍요, 균형, 오렌지, 광장 그리고 흐름 등이 있어 다양하게 선택할 수 있다.

② 배경 스타일

[배경 스타일]을 변경하면 모든 슬라이드에 적용되고, 개별 슬라이드 레이아웃의 마스터를 디자인하면 해당 레이아웃의 슬라이드에만 변경된 서식이 적용된다. 디자인 된 슬라이드 마스터를 저장한 문서가 바로 디자인 서식 파일(*.potx)이다.

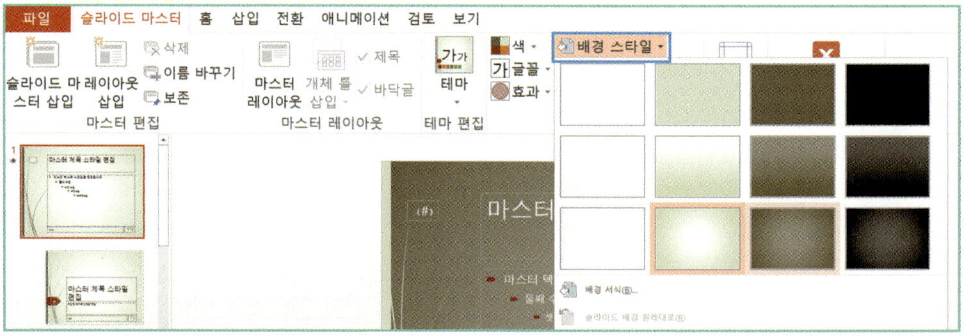

5장 실전예제만들기

다음과 같이 작성하시오

조건

슬라이드 1

- 파일 열기 : 4장 실전학습
- 제목(대한대학교)에 애니메이션 적용 : 바운스
- 서식 복사 : 슬라이드 1 제목을 슬라이드 2 제목에 적용
- 슬라이드 마스터 적용
  - 커피, 커피1 그림 삽입
  - 클립아트 삽입 : 음표
  - 테마 : 그물 적용
- 저장 : 파일명은 '본인 이름'으로 바탕화면에 저장

조건

슬라이드 2

- 화면 전환 효과 적용 : 비행기
- 타이밍 효과 적용
  - 다음 시간 후 : 00 : 05.00
- 서식복사 : [바운스] 애니메이션 서식 복사 후 슬라이드 2 제목인 [개체 삽입하기]에 적용

[완성본]

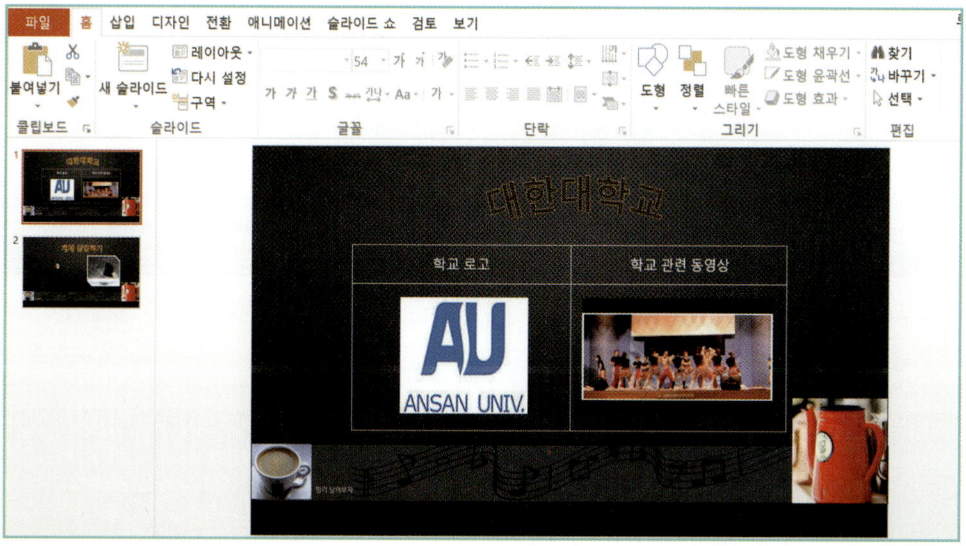

[1번 슬라이드에 작성]

[2번 슬라이드에 작성]

파워 포인트

학 과		학 번		이 름	

도 장				
월　일	월　일	월　일	월　일	월　일
월　일	월　일	월　일	월　일	월　일
월　일	월　일	월　일	월　일	월　일
월　일	월　일	월　일	월　일	월　일
월　일	월　일	월　일	월　일	월　일

찾아보기

ㄱ

ㄷ

ㄹ

ㅁ

ㅂ

ㅅ

컴퓨터 활용

파워포인트 2013

초판인쇄 2017년 3월 3일
초판발행 2017년 3월 7일
저　　자 한혜경, 윤정희 공저
펴 낸 이 오 성 걸
펴 낸 곳 오성미디어
주　　소 132-916 서울시 도봉구 창 3동 491-1
전　　화 02)997-0136
F A X 02)997-0137

등 록 2000. 5. 12　　　제 7-212 호
ISBN 978-89-6628-428-3　　　　　　값 12,000 원